就这几招 让孩子胜出

孩子早教高手的速成课

林大有 · 著

百花洲文艺出版社
BAIHUAZHOU LITERATURE AND ART PRESS

图书在版编目（CIP）数据

就这几招让孩子胜出／林大有著.——南昌：百花洲文艺出版社，2014.1
ISBN 978-7-5500-0863-2

Ⅰ.①就… Ⅱ.①林… Ⅲ.①儿童教育-家庭教育
Ⅳ.①G78

中国版本图书馆 CIP 数据核字(2014)第 010060 号

就这几招让孩子胜出

林大有 著

出 版 人	姚雪雪	
责任编辑	郑 骏	
美术编辑	大红花	
制 作	董 运	
出版发行	百花洲文艺出版社	
社 址	江西省南昌市红谷滩世贸路 898 号博能中心 9 楼	
邮 编	330038	
经 销	全国新华书店	
印 刷	北京嘉实印刷有限公司	
开 本	787mm×1092mm 1/16	印张 13.5
版 次	2014 年 8 月第 1 版第 1 次印刷	
字 数	280 千字	
书 号	ISBN 978-7-5500-0863-2	
定 价	22.90 元	

赣版权登字 05-2014-9

邮购联系 0791-86895108
网 址 http://www.bhzwy.com

图书若有印装错误,影响阅读,可向承印厂联系调换。

前　言

　　您是初为人父母的 80 后年轻家长，还是家有青春期叛逆儿童的苦恼父母？您正在为毫无教子经验而苦笑，还是在为找不到正确方法而懊恼？这些都不再是问题，打开这本书，我来教您几招，不仅让您轻松解决教子问题，更能让您的孩子脱颖而出。

　　成功的教育是一种唤醒艺术，也是一种帮助孩子脱颖而出的力量。一些教育专家认为，让孩子过早地接触竞争会有一些不合适，我们的一些家长也在刻意消除日益激烈的竞争对孩子的影响，但我们也终要明白，孩子总有一天要面对激烈的竞争。

　　每位家长都期望孩子能成"龙"成"凤"，将来成为有用之才，能建功立业。但现在很多父母，在如何教育子女成才的问题上，仍摆脱不了传统观念的束缚，在教育方法上走入了误区，使孩子无法健康成长。他们没有真正地明白"只有失败的教育，没有失败的孩子"这句话的含义，而一味地要求孩子这样或者那样，去实现一个又一个他们为孩子设定的目标。而从不考虑那是否适合孩子的天赋条件和自身特点。这样做自然不会取得良好的效果。

　　让孩子胜出的秘诀不是打败别人，而是让孩子做更好的自己。本书从实际出发，全面而实用，将最科学的教育理念与具体实例结合起来，朴实而生动地为您展示如何培养一个优秀出众的孩子，如何让孩子做到最好的自己，一步步地引导您的孩子脱颖而出。

　　孩子的培养是一次充满喜悦的发现之旅，平凡的孩子也能培养成才！在这个神奇的过程中，我们要做的就是要发现孩子，培养孩子，让孩子努力做最好的自己！读完本书之后你会发现，原来这么几招就可以让自己的孩子胜出。

目 录

第四章 养成良好习惯

第五章 培养意志

第六章 寻求最佳方法

第七章　教养最大化

第八章　练出好性格

第九章　看待孩子求胜心

第十章　让孩子敞开心扉

第十一章 把握天分

第十二章 培养孩子情商

第一章 激发兴趣

好奇是孩子的天性，而兴趣是孩子成长的动力。对事物充满兴趣是孩子探索精神的体现，是一切发现、进步和创造活动的精神动力。

唤醒好奇心

好奇是儿童的天性，也是人的探索精神的体现，是人类一切发现、发明和创造活动的精神动力。美国大发明家爱迪生"孵蛋"的故事众所周知。爱迪生小时候就是一个特别好奇的儿童，有一天，他看到老母鸡蹲在窝里孵蛋，他很好奇，就去问妈妈是怎么回事。妈妈告诉他："母鸡在孵小鸡。"到了吃饭的时候，爱迪生不见了。全家人到处去找，最后发现他蹲在邻居的鸡窝里。妈妈问他在干什么，他一本正经地说："我在孵小鸡。"正是由于爱迪生从小有强烈的好奇心和刻苦学习钻研的精神，才成长为大发明家。

好奇在儿童身上的出现，标志着儿童的高级神经活动已经有了较高的发展，儿童的分析综合能力、逻辑思维能力开始发展。孩子出生后，大脑通过感觉器官接受外界的大量信息。这些信息在大脑中开始时是孤立的，相互之间还基本没有什么联系。

随着儿童年龄的增长和大脑的发育，儿童感知的事物逐渐增多，传入大脑的信息之间也有了联系，大脑皮层能够对信息做一些分析和综合了，开始有了简单的思维活动。但是，儿童的大脑还没有发育到能对大多数信息得出结论的程度，还不能理解事物的本质。这样，大脑中的许多悬而未决的问题就以"是什么"、"为什么"形式提了出来。

好奇心也是儿童高级情感发展的表现。儿童的高级情感是在认识周围社会和人们的交往过程中发生的。儿童由好奇提出问题，问题得到解答时，儿童不但获得了知识，在精神上也会得到满足和感到愉快。这就是对理智感的体验。

好奇心能促使儿童像海棉吸水一样去寻求知识；好奇心能引导儿童细心观察世界，进行新的创造。因此，鼓励孩子好奇、好问，积极培养孩子的好奇心，是开发儿童智力，发展儿童创造力的基础工程。

如何唤醒孩子的好奇心

孩子往往都会十分聪明，他们有探索的欲望，想获得新知的欲望，那么怎样保持孩子求知的欲望，唤醒孩子的好奇心呢？

1.在满足孩子好奇心的同时，锻炼孩子的生活能力

假如孩子对电视遥控器或者其他事物发生了兴趣，与其担心他们毁坏物件，不如教给使用的方法，满足孩子想要自己操作的好奇心。例如，家长在厨房忙碌时，孩子总喜欢跟进去摸摸这里摸摸那里。这时，家长就可以安排孩子干些力所能及的事情，如让他洗黄瓜、西红柿、拌凉菜，帮着家长拿调料等。在这一过程中，孩子就可以了解一些蔬菜的特性，观察食物生熟前后的变化等，使好奇心得到了进一步的满足。而且，还有可能更好地激发孩子更深层次的好奇心，培养探索事物的能力。如此做法，既可满足孩子的好奇心，也给了孩子锻炼的机会，有助于孩子更好地积累生活经验。

2.不要以成人的思维约束孩子

由于孩子的认知有限，因此常常会问很多奇怪的问题或者产生很多奇怪的想法。当孩子对某项事物产生兴趣的时候，就会坚持不懈地打破沙锅问到底。面对孩子奇怪、超出成人逻辑的设想，家长一定要认真对待，切忌以成人的思维方式来束缚孩子的想象力。比如，孩子揪小草了，家长提醒孩子不要揪小草，孩子指着自己小手上的绿色很认真地说："这样小草会哭的。"家长可以说："那就让小草会哭吧。"家长没必要一定要告诉孩子小草不会哭。

3.创设满足孩子好奇心的环境

对孩子来说，在他们的生活环境中，到处蕴涵着丰富的可供探索的资源。家里的客厅、厨房、阳台，户外的公园、马路，随便哪个小犄角旮旯儿，都能成为引发孩子好奇心、诱导孩子提出问题的学习场所。家长要做的首先是消除环境中的不安全因素，并根据孩子的兴趣适时适度地提供材料和实践机会，鼓励他们动手体验。聪明的家长会采取一些方法来帮助孩子寻找他们需要的答案，并进一步引导孩子深入探究事物的奥秘。

4.做一个"无知家长"

榜样无时不在,在孩子的学习中,家长就是最好的榜样,要表现出好奇心和开放的思想,并准备随时将自己的假定用事实来检验,甚至要"揣着明白装糊涂"。家长可以通过自己的好奇或"无知"来激发孩子的好奇心和求知欲。

有些家长为了在孩子面前树立权威形象,总想装出无所不知的样子,搪塞孩子的问题。即使对自己不知道或不熟悉的事物也要装作很了解、很熟悉,草率地给孩子所谓的答案。这样的态度一方面可能使孩子觉得提问题是一种不成熟的表现,从而尽量避免提问题;另一方面,一旦家长的"假面"被孩子识破,就可能威信扫地,难以得到孩子的尊重。

5.在游戏中正确诱导孩子的好奇心

孩子到了2~3岁时特别喜欢敲敲打打,家长可以提供几根不同形状、不同质地的棍棒(圆头的、小而短的,木制的、橡胶制的等),让他们尝试敲打不同质地的物品,满足他们的好奇心;也可蒙上孩子的眼睛家长来敲打敲打,让孩子辨别家长敲打了什么。这样就可以引导孩子探究不同质地的棍棒敲打在同一物品上,产生的声音会有什么不同;同一质地的棒子敲打在不同物品上,产生的声音又有什么不同等。这样,会引导孩子在好奇的基础上探索更多事物的奥秘。

6.做个和孩子一样好奇的家长

如果家长对周围事物显得十分冷淡,甚至对孩子的好奇心不以为然,那么孩子的好奇天性就会在无形中受到压制。因此,家长也要在孩子面前做个童心未泯的大孩子,引导孩子去发现问题,并寻找解决问题的答案。比如,带孩子外出的时候,家长可以在野外寻找一些比较奇特的花草树木,比较小鸟、小昆虫的叫声;发现不同种类或者同一种类植物、动物甚至石头、泥土之间的细微区别等。

7.鼓励孩子有更多非常规的玩法

如果孩子的好奇心仅仅停留在好奇的层面上,那么孩子的好奇也仅仅是好奇而已。好奇是创造力的源泉,但是仅仅停留在好奇是远远不够的。这就是为什么这个世界上好奇的人很多,而具有创造力的人却并不多的原因。比如,孩子不按常规的方式游戏,家长不要迫不及待地干涉孩子,试图将孩子拽回所谓正确的轨道。正是通过这种非常规的玩法,孩子才能让他的好奇心得到最好的发挥。比如,孩子在搭积木,说他想搭个房子,但在好不容易把房子搭起来后可能会随即把刚刚搭建成功的房子推倒。孩子这么做可能是想要了解推倒房子会出现一些什么后果：房子倒塌时会发出什么样的响声？房子倒塌时积木块可能会朝着什么样的方向散落？房子倒塌后还能不能恢复它原来的模样……这时候，家长千万不能懊恼地呵斥孩子："看看你，好不容易把房子搭好，我可再不陪你搭了。"

8.和孩子一同探究事物的奥秘

孩子会有很多古怪的想法，比如吃了五香花生他可能会奇怪：这种有很多味道的花生是怎么做出来的？种出来的？煮出来的？面对孩子的好奇心，家长可以引导他们设想很多的可能，然后帮助孩子一一证实，或是一一否决。聪明的家长可以给孩子准备一个花盆，和孩子一同种下花生，再一道亲自下厨煮花生。然后，带他们到超市买各种花生，有可能的话还可以带孩子去工厂看看，让孩子了解这些好吃的花生是怎么做出来的。孩子在做这些活动的过程中可能会遇到很多问题，比如，他们可能会疑惑要怎么才能让种出的花生有各种各样的味道呢？家长不必直接给孩子答案，让他们自己大胆地去设想。也许，孩子的想法在成人看来可能很可笑，如为了让花生有味道，可能想到要把糖、辣椒、花椒、大料等调料连同花生一起种下去。不要嘲笑孩子，只管让他们大胆尝试好了。

9.向孩子发问，引导孩子的好奇心

有的家长和孩子互相"考问"，以培养孩子"打破沙锅问到底的精神"，这是值得提倡的好方法。有时是孩子向父母提问，有时是父母向孩子提问，其问题涉及日常生活常识、历史典故、地理知识、科学技术等诸多方面，可以开发孩子的创新思维。

一开始，孩子根据自己课外阅读的知识向父母提问，逼得父母也去阅读这些书籍，从中吸取知识；然后父母也根据书中内容向孩子提问，加深孩子探索未知世界的兴趣。于是，在互相提问和学习的过程中，父母和孩子的视野都得以扩展，知识得到不断丰富。对孩子而言，这种活动有点像游戏，既能满足他们的求知欲，又有机会和父母就共同话题进行沟通和交流。多数孩子会喜欢这种学习方式，并从中获得巨大乐趣。

不论如何，好奇心是孩子最强烈的心理活动，是创造力和想象力的起点，是他们强烈要求认识世界的表现，需要家长加以保护和支持，千万不能任意扼杀。为了使今天的孩子明天能成才，家长应维护、塑造孩子与生俱来的好奇心，让他们在满足好奇心的过程中获取知识，健康成长。

总之,孩子的好奇心是学习的动机和动力。通过鼓励和帮助,能让孩子长期拥有一颗好学而用于探索的心,也会对孩子的一生产生长远、积极的影响。

这些举措会扼杀孩子好奇心

孩子在 3 岁左右好奇心最强烈,想象力也最丰富,而好奇心和想象力正是一切兴趣与创造的源泉。但在实际育儿生活中,不管是出于对孩子的呵护,还是出于不同的教导方式,家长们却经常有意无意地打击了孩子的好奇心和求知欲望,堵塞了孩子的探索途径。

1.吓唬

盈盈听到厨房里咕嘟咕嘟的声音便跑去看, 原来是电饭锅的盖子上冒着热气,正发出咕嘟咕嘟的声音,于是,伸出小手去掀盖子。奶奶急忙跑过来打她的小手,绷着脸说:“别乱动,小心烫着!”或者“别动,里面有妖怪,会咬人的！”

盈盈对咕嘟声好奇,想弄明白为什么会有这样的声音,可奶奶害怕孩子被烫伤。于是使用了夸大的吓唬手段,想杜绝盈盈的好奇心,叫她永远也不要动电饭锅。第一种用词没错,但错在表情,那种大难临头的表情会让孩子害怕;第二种奶奶给出的答案,估计会让盈盈对电饭锅望而生畏了。

其实我们完全可以抱着孩子站在电饭锅前,告诉他:电饭锅里的水开了,声音是水发出来的,可现在锅很烫,不能随便摸,会把手烫伤;正在焖饭的过程中,不能开锅盖,否则里面的热气跑出来,米不容易熟,饭就不好吃了。这样既解开了声音的答案,也讲解了安全知识。

2.取笑

刚刚会走路的明明喜欢一个人走。天阴沉沉的,远远地传来滚滚雷声。爸爸妈妈急着往家赶,可是明明在后面东瞅瞅西望望,忽然,明明停下了,盯着地上的大雨点,然后围着雨点转圈看。爸爸哈哈大笑:“这小子发现新奇玩意儿啦!”笑得明明再也不看了,把脸贴在妈妈腿上,不时偷眼瞧雨点。

明明看到地上突然蹦出一个大雨点,感到好奇,它是从哪来的? 它为什么一落下来就不动了? 正在研究的时候,被爸爸的笑弄得不好意思了,探究和思考也被打断了。这种不好意思有可能发展成害羞懦弱等性格特征, 最重要的是,在孩子的潜意识里可能会认为好奇是羞耻的事。

告诉孩子,这雨点是从天上掉下来的,指着其他地方的雨点,一一让孩子看。然后,指着阴沉沉的天告诉他,雨马上就要下来了,要赶快回家,或找避雨的地方,然后陪孩子观察下雨的过程。观察中间可以顺便教孩子关于雨的诗或儿歌。如此,孩子对于雨这种自然现象有了初步了解,还培养了对大自然的美感及热爱。

3.训斥

璐璐对一切关在门里的东西都好奇,她总是把家里所有的门打开,翻看里面的东西。衣柜、厨房碗柜、冰箱门、尤其是装着零碎玩意儿的杂物箱。妈妈生气了:"关上!全给我关好!再也不许开!再开就去墙角罚站!"

对于门、洞、神秘小屋等诸类场所好奇几乎是每个孩童的共性,探究被遮挡东西的真面目,对孩子来说是一种带有刺激性的探险行为。可很多都被大人呵止。

聪明的家长会打开柜子让孩子看里面的东西,并告诉她哪些东西易碎,不能随便拿,哪些东西不能玩,顺便讲讲整理衣柜的习惯。如果她想钻进衣柜捉迷藏,那么告诉她玩过以后把弄乱的衣柜整理好,以免给妈妈增加家务活儿。如果时间允许,可以跟孩子一同做些躲藏的游戏,这也是不错的亲子互动时机。

4.拿别的孩子作对比

可可是个爱动的女孩,无论到了哪手脚都不停地动。一上公共汽车,她就开始前摸后摸,一不留神竟然去够车上的安全锤。可可妈赶紧制止说:"可可这么做不乖,妈妈不喜欢了,你看那位小姐姐多乖,妈妈喜欢小姐姐去了。"于是,可可狠狠地瞪着那位无辜的"小姐姐"。

对孩子来说,最害怕的恐怕是爸爸妈妈不喜欢自己吧。可可妈拿一位陌生的小姐姐作比较,企图给可可竖一个榜样,或者由此刺激可可安静下来。恰恰"喜欢"这个词让可可感到恐慌,进而竖起捍卫属于自己妈妈的保护刺,敌视起"小姐姐"来。

一边批评一边比较的方法最易激起孩子的嫉妒心。可可妈只要把安全锤的作用讲清楚,如告诉她不能乱动公共场所的物品,告诉她那不是玩具,而是在危险情况可以解救很多人的重要工具,满足了孩子好奇心的同时又让她明白公共场合的行为规则。

5.强行制止

卡卡生日这天,爸爸特意给他买回来新型的机器人玩具,可没等生日过完,卡卡就把机器人大卸八块了。爸爸一方面心疼玩具费不少钱,一方面很生气,因为卡卡不珍惜自己精心为他挑选的礼物。于是,爸爸一把抢过坏了的机器人扔进垃圾桶,并咬着牙说:"从现在开始,不许玩任何玩具!"

喜欢研究的孩子通常是见什么拆什么,想看看里面的构造,研究动的原理、响的原理。"不要乱跑""不要乱动""你这个破坏王"等对于3岁左右的孩子无效,你只会越来越觉得他不可爱,一会弄坏这个,一会打翻那个。只好"以强凌弱",强加制止。这虽然是最有效的禁止事态延续的办法,但也是最坏的办法。

家长要明白,孩子喜欢拆拆看看,这个过程正是锻炼脑细胞的极佳运动。此时不应强行制止而应抓住这个好时机去促进、帮助孩子动手拆装玩具。孩子研究的愿望满足了,礼物也可以完好无损。这种陪同和满足能培养孩子的兴趣、动手能力,更是不错的亲子沟通。

激发孩子的无限兴趣

每个孩子都对外界抱有无限兴趣。如果仔细观察,我们会发现这些兴趣有着许多共同点,其中最为明显的就是对学习、动手实验、科学、艺术和理财的兴趣。

学习兴趣

儿童对学习的兴趣是可培养、可塑造的。每个家长都应掌握培养孩子学习兴趣的方法,来帮助自己的孩子快速进步。

1.尊重孩子的兴趣

很多家长从孩子一入学开始,就千方百计想孩子学得好,懂得多,所以孩子的双休日、节假日都被各种兴趣班、辅导班占得满满的。事实上,孩子多学点东西是好的,家长这个出发点也是好的,但孩子是否有兴趣呢?家长不顾及孩子的感受,使孩子学得非常辛苦、吃力,产生厌学心理,结果得不偿失。

孩子好比树苗,有的像松柏,有的像杨柳,有的像榕树等等各不相同,不论是什么树苗,都可以成为"有用之材"。所以父母不必花费心思非要把孩子养成"松柏",说不定他更容易长成"杨柳"呢?多给孩子一些自由宽松的空间,让他们自己去选择感兴趣的、喜欢的事。

例如,有些孩子喜欢动手操作,搞一些小制作。而家长认为这与学习无关,就加以阻止,限制他们。其实,孩子在制作的过程中也需要动脑,他们会去查阅有关的资料和书籍,这也是学习的过程,而且这样的学习会让孩子自觉、开心。家长不但不应该阻止他们做,还要根据孩子的这个兴趣特点,为他们提供有关的书籍,创造机会让孩子参加一些有益的活动和比赛。

2.注意把孩子原有的兴趣与知识学习联系起来,以培养和激发学习兴趣

有的孩子一听到写作文就头痛,有很多孩子没有经历过,没有切身的体会,但又不能不写,于是他们只好这本作文书抄抄,那本作文书抄抄,马虎写几句来应付,成了真正"作"出来的作文。但像上文提到的小孩,他喜欢动手操作,如果家长支持他做,并为他提供有关书籍,让他去学习、进步。而一旦涉及到动手操作的作文,他就会得心应手,写出来的文章也必然较具体、真实,有血有肉,他会把自己的制作过程,把自己获得成功的喜悦,遇到困难时怎样想办法克服等等都具体地写出来。所以家长应该让孩子多参加有益的、自己喜欢的活动,并与学习联系起来。

总之,家长应该注意把孩子原有兴趣与知识学习联系起来,将兴趣引导到学习上来,以培养和激发学习兴趣。

3.准确判断孩子不喜欢学习的原因,并帮助解决

孩子不喜欢学习的原因非常复杂,如上学被老师批评了,读错了字遭同学的讥笑,想看电视却被迫写作业等等。这些原因在孩子内心逐渐累积后,他们就会渐渐地对学习失去了兴趣。

父母首先要和孩子自由沟通,以温和的态度和孩子探讨为什么不喜欢学习。不管他的理由多么可笑,父母也不可责骂或取笑。当孩子把不喜欢读书的理由都说出来之后,孩子自己就会发现他不喜欢学习的原因并不是学习本身,而是被老师批评了,被讥笑,想看电视等与读书学习有关的环境。父母了解他的问题所在,就要为他解决。例如,可以和老师谈谈孩子的情况,在孩子喜欢看的电视节目播放时,先让孩子把电视看完再去学习等,这样可以帮助孩子解决学习上的障碍,恢复孩子对学习的兴趣。

4.倾听并和孩子谈论学习生活

新入学的孩子对学校的一切都感到新奇、有趣,他们回到家会兴致勃勃地向父母讲述学校的学习生活,这时,家长应耐心倾听,并和他们讨论学习生活,这对培养他们的学习兴趣是很重要的。

5.使书桌变成孩子感兴趣的地方

孩子学习做功课需要有一个好的环境,一张自己的书桌是必不可少的。把书桌变成孩子感兴趣的地方,就会使孩子对经常在书桌上进行的学习活动感兴趣。

书桌要整洁,抽屉里要备有做各门功课所需的工具,这样当他需要时,立刻就能找到,不会因为缺少某件工具而中断作业,心生烦躁;书桌美观舒适,孩子一有时间就会坐到这里开始他的学习活动;让孩子自己布置书桌,孩子根据自己的兴趣来布置书桌,会让他有愉悦的心情进行学习。

6.每次学习时间不宜过长

家长对孩子的期望普遍过高,他们希望孩子学习、学习、再学习,只要孩子端坐在书桌前,不管其效率如何,父母就感到欣慰,因而总是催促孩子"坐好——开始学习"。殊不知,这种做法很危险:无视孩子的心理特点,任意延长学习时间的做法会使孩子把学习和游戏对立起来,厌恶学习,对学习没有兴趣,还会养成磨蹭、注意力不集中的坏习惯。因此,家长切莫目光短浅,舍本逐末,不能忘记培养孩子的学习兴趣是头等大事。

7.鼓励孩子获得成功,提高子女的成功感

成功是使孩子感到满足,并愿意继续学习的一种动力。孩子一旦获得成功,就感到满足,并愿意继续学下去。因此,家长应该鼓励、引导孩子,让他们体验到成功的喜悦。

每个孩子的智力、接受能力有所不同,家长应该全面去了解自己的孩子,根据自己孩子的具体情况为他们去制定一些容易达到的小目标,这样可以使孩子觉得能够做到,他就有信心,有动力去做,就会获得成功。当他体现到成功的乐趣时,就会有兴趣,有信心去实现下一个目标。随着一个个小目标的实现,孩子就不断取得进步。孩子树立目标,建立方向,是要循序渐进,不能操之过急。家长要耐心引导,具体帮助,使孩子体验到克服困难获得成功的乐趣。比如,低年级的孩子学会拼音和常用汉字后,可让他们给外地的亲戚写封短信,并请求远方的亲人抽空给孩子回信,让他们尝到学习的实际效用,这样能培养孩子的学习兴趣。

8.试着让孩子创造问题,增强子女的求知欲

孩子是学习的当事人,被迫学习,被迫考试,学习处于被动状态,时间久了,孩子对学习生厌是可以理解的。家长指导孩子学习时,可以换一种方法,不是经常让孩子去解答问题,而是采取让孩子创造问题的学习方法。这不仅

会改变孩子的学习态度,而且会激发孩子的学习兴趣。

试着让孩子创造问题,孩子会考虑什么地方是要点,父母也可以在指导孩子学习时以此为中心。另外,孩子一般会对自己理解非常充分或自觉得意的地方提出问题,这对父母来说,就很容易掌握孩子在哪些方面比较擅长,在哪些方面还有欠缺。如果坚持这种学习方法,孩子就会在平常的学习中准确地抓住学习的要求和问题所在。此外,这还有助于提高孩子的表达能力,满足孩子的自尊心,学习自然就会取得良好的效果。

9.让孩子做老师,提供运用知识的机会

父母可以与孩子一起学习,让孩子做老师去教父母,试着交换一下教和被教的地位,孩子站在教方的立场,会提高其学习的欲望,同时,为了使双方明白,自己必须深入地学习并抓住学习内容的要点,这对于其自身的学习有很大的帮助。

10.开展竞赛

"竞争"是支配人类行动的一个重要动力。比起一个人努力,不如和对手竞争能更大地发挥自身的潜力。有条件的家长,可以让孩子和同班同学一起学习,一起写作业,看谁写得既快又好。孩子也可以暗中找一个比自己成绩略高的同学作为对象,暗下决心,争取逐步赶上和超过他。

11.把学习计划公之于众

利用心理学戒烟的一种方法是,向家人或朋友公开宣布:"我要戒烟了!"这样做,会起到一个强迫约束效果。当你忍不住想抽时,马上就会想到:"是否会被别人笑话自己意志薄弱或者太没出息了。"因此就能坚持到底:"无论如何,一定要坚持实行自己的计划。"制定读计划也是同一个道理.不要只自己暗下决心,而是应该向家人或朋友公开宣布:"我要如何如何用功了。"这样,才会产生积极的效果。

12.利用"报酬效应"激发学习兴趣

在做功课时,有想睡觉、看电视、吃零食等的诱惑时,就可反用此法。自己设定在达到某个目标或阶段后,以奖赏的形式来满足自己的欲望,就是说只有达到规定的程度之后才可做自己期盼的事情。如此一来,你可能为了及早得到奖赏而专心致志地学习,并尽可能缩短学习时间以求得满足。像这样快乐的记忆比被迫强记更牢靠、更持久。

13.和孩子讨论他的将来,可激发他读书的意愿每个孩子都会有对未来的憧憬。做父母的，不妨让孩子充分发表他们对将来的希望，不管是多么不切实际的想法。父母和孩子一起讨论为了实现自己的理想需要具备哪些知识，让孩子了解，为了自己的将来，目前辛苦读书是必要的，从而激发孩子学习的积极性。

14.了解子女的学习能力

切记千万不能依照自己的理想模式去强加给孩子，而且每个孩子都有自己的特点，目标的制定还要因人而异，即使制定训练目标后也应不断调整，使之始终处于理想的模式。

15.培养子女善用余暇时间的习惯

在余暇时间中，孩子觉得没有压力，情绪可以得到舒缓，家长更容易通过观察评估孩子的真正学习能力。家长可以让孩子自己安排时间，做一些有益的事，不知不觉地形成对学习的兴趣。

16.家长必须加强自己的求知欲

孩子善于模仿与其亲近的人，通常这个对象是父母，因此家长不仅要重视言教，身教的配合也是相当重要。求知欲强的家长带给孩子的影响是不可估量的。

17.家长的教育方式、方法与孩子学习兴趣的关系

家长要注意自己的行为和态度。经常在家中被打、骂、拿他们和班上的优秀学生比，经常在孩子面前流露出对他的不满等，这样做法只会伤害了孩子的自尊心，使孩子自暴自弃，对学习失去信心，没有兴趣，造成一种恶性循环。所以，家长要注意自己的言行，一定要以一种积极的态度去看自己的孩子，相信自己的孩子是可以改变的。当孩子比以前哪怕有一点点的进步时，家长都要给予适当的鼓励和表扬，让孩子意识到他是在慢慢改变。家长要学会拿孩子的现在和以前比，而不要和其他同学比，因为每个孩子都是不同的。家长还要在行为上做到对孩子的优秀行为及时强化，不良的行为适当惩罚。当孩子没有完成作业时，千万不要给预定的奖励。当孩子在家里有了改变的时候，家长可以和老师联系或沟通，让老师在学校或班里给予鼓励和表扬，及时强化他们的好行为。

18.要让孩子有危机感,要有压力

对于每个孩子和家长来说，要想塑造自觉的人生，这都是一个不可回避而且必须想得清清楚楚的问题。学习动力的形成，最好不是灌输，要形成自觉，

要引导孩子，让孩子自己分析得来。要让孩子对自己成长生活的小环境和大环境有正确清晰的认知，有危机感。关于大环境，而今大家的一句口头禅就是"现在是竞争社会"。要让孩子明白，这个激烈竞争的大环境，是应当热烈响应，并积极参与其中的——要让孩子真心向往竞争。要提醒的是，要让孩子有危机感，要有压力，要让他们对好的生活的向往不停留在白日梦的阶段，这就要让他们知道不好的前途有多么糟糕，要让他们知道自己正走在这好与不好的边缘；但是这危机感又要适度，不能不让孩子有一定的安全感，有护佑，这护佑当然不是权势和金钱，不是父母的代替，而是父母与他一起的努力，一起的奔跑前进，是交流和鼓舞带来的信心。解决了学习动力的问题，接下来就要帮助孩子，建立一个良好的富有成效的学习习惯，也就是培育起一个日常积极、自觉的学习状态。

动手兴趣

著名的学前教育家张家麟先生曾说："要教养一个孩子会动手、做事。"就是指从小培养孩子动手做事的能力。

爱因斯坦说过"兴趣是最好的老师"，孔子也说过"知之者莫如好之者，好之者莫如乐之者"。他们的这些话都说明兴趣的重要性。孩子学习有了兴趣，学习活动对学生来说就不是一种负担，而是一种享受，是愉快的体验，学习就会越学越爱学，越学越想学，有兴趣的学习事半功倍。孩子动手操作也是这样，必须让孩子从兴趣开始。

一、结合孩子年龄特点，提供能引起孩子兴趣的丰富材料

提供丰富的可操作的材料，为每个孩子都能运用多感官，多种方式进行探索提供条件。孩子来自不同的家庭，他们的兴趣、爱好、动手能力各不相同，所以家长与教师提供的材料必须是丰富的，能引起孩子兴趣的。就像孩子看到玩具就想玩一样，孩子看到自己感兴趣的材料就会产生摸一摸，摆一摆，拼一拼，分一分的动手愿望。

一位家长就这样介绍自己的经验：当我的孩子学习数量、多少、分合的概念时，我为孩子提供一盒电动小鱼，一只钓鱼竿。孩子看着这些五颜六色的小鱼，便兴奋得手舞足蹈。我告诉他游戏规则和操作办法，孩子便迫不及待的"钓起鱼"来。小鱼被钓走了几条，"池塘"里还有几条等等他会有清晰的概念。

就这样,在愉快的"钓鱼"活动中孩子学会了数的分合。

二、创设情景,激发孩子动手操作的愿望

环境是重要的教育资源,应通过环境的创设和利用,有效地激发孩子动手操作的愿望。创设情景来培养孩子的动手操作兴趣是一种行之有效的方法。我们可以利用多媒体创设情景, 运用故事创设情景。在多媒体创设的情景下孩子手操作的兴趣很浓, 他们把自己也融入动画之中和动画中的人物一起成长、发展。故事语言生动,情节性强,能感染听者,激发兴趣。

果果的爸爸在给她讲《影子是从哪里来》时,是这样设计情景进行引导的。"森林之王老虎过两天就要过生日了,这可把森林里的小动物给忙坏了。它们有的到商店里选礼物,有的自己在家里给虎大王做礼物。小兔子、小猴子、小熊它们三个合伙做了一个大蛋糕, 准备过几天送给虎大王。小狐狸也想给虎大王祝寿,可是它没有礼物,怎么办呢? 小狐狸眼珠一转,它要去偷小兔子家的蛋糕。在一个月朗星稀的晚上,小狐狸悄悄来到小兔子家,先趴到窗上观察小兔子、小猴子、小熊是不是睡着了。说来也巧,正在这时,小猴子急着去上厕所,一睁眼, 发现了墙上的狐狸的黑影(果果爸爸边叙述,边用手电筒照着墙上的狐狸头饰,果果不自觉地就跟着望去),当狐狸来到厨房的时候,小动物拿着工具把它赶跑了。小狐狸到现在也不知道它被发现的原因, 果果你能用手电筒指出来吗? "

这样的情景,这样的启发,孩子们动手操作的兴趣一下子被激发出来。

三、因人而异,因才施教

因为每个孩子的生活环境不同,他们作用于环境的方式也不同。因而也就决定了孩子在原有经验上的差异性。尊重孩子在发展水平、能力、经验、学习方式等方面的个体差异,因人施教,努力使每个孩子都能获得满足和成功。

在一次《我心中的奥运》活动中,蒋老师先将班上孩子的情况分成三部分:动手能力强的,动手能力一般的,动手能力弱的。分好之后根据实际情况,让不同的孩子完成不同的教学目标。动手能力强的孩子从设计奥运场馆,到剪、帖、画、涂色,全是一人制作。动手能力弱的孩子可以和动手能力一般的孩子结成伙伴,分工合作。谁会画就画一画,谁会设计就设计……这样每个孩子都有事干,每个孩子都在制作的过程中锻炼了自己的动手能力,每个孩子又都在不同的目标下完成了任务,获得了满足。

如果忽视了孩子动手能力的差异性,强求一律,对能力低的孩子一味地进行拔高,他们因完不成任务,久而久之,会对动手操作失去兴趣。

四、赏识评价,引导自信

教育家陈鹤琴说过:"小孩子喜欢奖励的,不喜欢抑阻的,愈奖励他,他愈喜欢学习,愈抑阻他,他愈不喜欢学习。"学习是这样,培养孩子动手兴趣也是这样。在培养孩子动手兴趣时,我们应多采用鼓励性评价,别老盯着孩子的缺点,而应多鼓励孩子在动手操作中的点滴进步。

谢涛什么都好,就是动手能力差。有一次,上手工课,折纸制作《奥运花》,老师在讲解、示范的时候,包括谢涛在内的小朋友都听的很认真,观察的也很仔细,可是在制作过程中其他小朋友都会,就谢涛一人不会。他一会儿看看这个,一会儿看看那个,别人的作品都送上来展示了,而谢涛却迟迟不肯送上来。班上的调皮鬼恭大全,走到他的背后,夺过谢涛的奥运花大笑起来,并引得其他小朋友也哈哈大笑。

如果这时老师也和小朋友一样嘲笑他,讽刺他,那谢涛不但丧失了动手操作的兴趣,有可能再也不愿意上手工课。幸好老师没有那样做,而是微笑着说:"小朋友们,老师小时候动手能力也很差,可是老师不灰心,刻苦努力,你们看现在的我是不是动手能力很强啊?谢涛小朋友不是一个笨孩子,并且也很努力,不会就问。老师相信谢涛小朋友经常像老师一样刻苦努力,笨鸟先飞,动手能力肯定会好起来的。是不是谢涛?"谢涛抬起头看着老师,眼里充满自信的光芒。后来谢涛小朋友在自己的努力下,动手能力进步不小。

五、发挥家庭培养孩子动手兴趣的优势

家庭是孩子永远眷恋且不停课的学校,父母是孩子第一任且老师永不卸任。发挥家庭优势,培养孩子动手操作兴趣,时间充裕,亲情可以作保证。

父母总是担心孩子年纪小,事情做不好,这样怕弄碎了,那样怕弄坏了,什么也不让孩子做,还以为向着孩子,其实是害了孩子。长此以往,孩子变成了衣来伸手,饭来张口的"废人"。所以家长不要代替孩子去做一切,让孩子有点生活能力。如:孩子要自己吃饭,父母就不要去喂;孩子要自己穿衣服,父母就不要给他穿;孩子的房间,可以让孩子自己去打扫;孩子的书包,让他自己收拾整齐;父母闲暇时刻,可以坐下来和孩子一起搭积木,学剪纸,做手影……父母是孩子心目中的楷模、榜样,孩子喜欢去模仿父母,所以父母必须在孩子面前树立一个爱动手操作的好形象。这样,孩子会在父母的潜移默化中渐渐地培养起的动手操作的兴趣。

动手能力和创新能力是一对孪生兄弟。动手能力强,创新能力就强,动手能力弱,创新能力就弱,所以,注重培养孩子动手操作的兴趣,以此来促进孩子动手能力和创新能力的发展,是一件对孩子影响深远的事情。

科学兴趣

苏霍姆林斯基说过:"所有的智力活动都依赖于兴趣。"因此,没有兴趣就没有创造。只有培养孩子对科学的兴趣,才能激发孩子的想象力和创造力,充分发挥其潜能。但对孩子来说,他们自我控制能力差,做事的方向和目标经常会随着兴趣的改变而改变。因此只有以兴趣来正确引导孩子,以兴趣为载体来培养开发孩子的潜能,才是最有效和可实现的。

国内一家幼儿园根据自身特点,在引导孩子科学兴趣方面做了一次大胆、成功的尝试,给家长与幼儿园做出了榜样。

一、组织观察,引起兴趣,激发潜能

农村得天独厚的自然环境是孩子主要的认识对象。观察是孩子认识周围事物的最佳途径。幼儿园不仅组织孩子到大自然中去观察,还积极引导孩子在观察中思考,在观察中学习。通过让孩子们亲自看一看,摸一摸,听一听,使他们对周围事物产生浓厚的兴趣。

比如在认识"四季"这个活动中,幼儿园根据季节的不同组织孩子去观察天气的变化,感受气温的冷暖,欣赏农村自然景物,观察农作物的生长过程,了解人们的劳动情况。让他们自己去寻找四季的不同特征。走出活动室,让孩子置身于美丽的大自然中,感受自然界的美。这不仅陶冶了孩子的情感,同时也增强了对科学的兴趣。

又如在"认识蜗牛"活动中,幼儿园组织孩子到幼儿园的小花园里寻找蜗牛,看一看蜗牛生活在什么地方?说一说蜗牛的外形特征。当孩子捉到一只只蜗牛时，个个都欢呼雀跃，就连平时最调皮的小朋友此时也一动不动地盯着蜗牛看，表现出了浓厚的兴趣。蜗牛为什么能爬？蜗牛的头为什么一碰就缩进去？蜗牛为什么有房子？一个个问题的提出，体现了孩子积极的探索精神。孩子一边观察，一边在探索中寻找问题的答案。有的说蜗牛头缩进去是因为怕人打它，有的说要是人也有像蜗牛一样的房子那该多好！虽然回答很幼稚，但却表现出了孩子对科学的高度热情。

二、动手操作，培养兴趣，发展潜能

在科学教育活动中，让孩子主动参与，亲自动手做一做是探索科学奥秘的有效方法。为了充分调动孩子的积极性，增强孩子对科学的兴趣，在设计科学活动时，幼儿园非常注重让孩子动手操作这一环节，尽可能利用农村丰富多样的材料，让孩子亲自去尝试，去体验。

在认识"沉浮"活动中，幼儿园向孩子提供了许多尝试沉浮的材料，先让孩子试一试哪些材料是沉的？那些材料是浮的？然后让孩子想办法使沉下去的东西浮起来，浮在水面的东西沉下去。孩子在操作过程中个个思维活跃，跃跃欲试。有的做了一只纸船把钉子放在纸船里，使钉子浮起来；有的在木头上放一块小石头，使木头沉下去……多么丰富的想象啊！在操作过程中孩子的表现不仅体现了对物体沉浮的浓厚兴趣，而且还充分发挥了丰富的想象力和创造力。如果在这个活动中，孩子不亲自动手试一试，那么效果就明显不同了。

又如，在"各种各样的树"这个活动中，先让孩子通过看录像来感知树的高矮、粗细，然后让孩子想一想：除了用尺可以来测量树木以外，还可以用什么方法测量树木更方便？有的说用绳子量；有的说用布条量；有的说用手量；有的说用竹子量……最后让孩子自选测量工具去测量树的粗细、高矮。这两个比较抽象的概念，通过孩子动手以后变得具体化了，此时，孩子对测量树木的兴趣也达到了高潮。

三、科学安排，增强兴趣，表现潜能

科学教育和美术活动有机结合起来，能把枯燥、深奥的科学知识变成具体的、感性的、生动的、富有审美情趣的艺术作品，使很难理解和说清的科学现象，变成孩子感兴趣的美术创作，从而使孩子对科学的兴趣得以增强。

在"有趣的叶子"活动中，幼儿园先组织孩子到户外认识各种树叶，并收集了许多叶子，然后让孩子根据叶子形状的不同，创造性地设计出自己喜爱的动物、人物等等。孩子在创作过程中，把千姿百态的叶子想象成不同的东西，构画出了一幅幅栩栩如生的艺术作品。有的将叶子拼成奥特曼和怪兽；有的将叶子拼成了太空人,有的将叶子拼成了一幅《龟兔赛跑》图等等。然后,老师把孩子的作品收集起来,开一个作品展览会,让孩子在展览会上介绍自己的作品。这不仅为孩子提供展示自己作品的机会,而且还为孩子创造了表现语言才能的机会。孩子将自己的作品编成一个个故事讲给大家听,此时,孩子的想象力、创造力、语言表达能力得到了充分的表现和发展。

四、积极评价,巩固兴趣,升华潜能

孩子由于其年龄特征的关系,对任何事物都极易产生兴趣,但往往持续时间不长,经常"喜新厌旧"、"见异思迁"。对于刚培养起来的兴趣,对某些方面的特长要善于发现并加以巩固。而对孩子进行积极评价无疑是巩固兴趣的绝好途径。

在《添画真有趣》活动中,幼儿园老师带孩子去寻找生活中各种各样圆的东西,认识它们的名称。然后让孩子在一个事先画好的圆圈上添上几笔,使其变成一样圆的东西。孩子对此兴趣很高,有的画成闹钟;有的画成西瓜;有的画成了足球;还有一个小朋友竟画了一个绿太阳。太阳怎么画成绿的呢?肯定有原因。老师就让这个孩子说一说画绿太阳的原因,他说:"夏天火红火红的太阳照得人多热呀!一些小花,小草被它晒得垂下了脑袋,多可怜呀。我画个绿太阳,想让它变得凉快些。"瞧,孩子的想象多丰富,心灵多善良。

适时对每个孩子的作品进行评价,促使孩子稚嫩的心灵有成功感、满足感。不管孩子画的怎样,都尽可能地鼓励,让他们的尾巴翘到天上。这样他们才觉得有趣,才能充分发挥想象力,养成敢于想象,善于想象的良好习惯。也正因为巩固了兴趣,孩子的想象、创造潜能才会被充分挖掘,最终实现升华。

每一个孩子生下来就被赋予很强的可塑性,孩子时期是人生成长过程中接受知识最快、智力发展最迅速的时期之一,同时也具有很大的潜能需要开发。作为教师与家长,如果能以兴趣为纽带,以兴趣为载体,从各个角度积极开发、挖掘他们的潜能,使孩子的潜能得到充分的发挥,孩子的能力必将有很大提高。

艺术兴趣

为什么要培养孩子的艺术兴趣呢?伟大的科学家爱因斯坦曾说:"想象力远比知识更重要,因为知识是有限的,而想象力概括了世界的一切,并且是知识的源泉"。严格地说想象力是科学研究中的重要因素,爱因斯坦正因为有着无穷的想象力和创造力,才能成为伟大的科学家。巴特尔也说:"现实中,一点创造力都没有的儿童是根本不存在的"。

生活中,孩子的想象力和创造力是没有限制的,关键在于育人者如何看待孩子的创造力。孩子的成长过程,就是艺术创造的过程。唱好一首歌,说好一句话或者画好一幅画对孩子来说就是艺术创造。正如日本教育家木村文一所说:"如果孩子的兴趣和热情得以顺利发展,就会成为天才。"这也说明了想象力是迈向成功的翅膀,没有丰富的想象就不会有创造,也不会有科技进步,不会有牛顿定律、不会有相对论。

创造力,特别是利用孩子喜欢的艺术活动;如音乐、画画、故事等活动更好地启发孩子,使他们思维活跃、想象丰富、富有创造力。有位家长这么介绍她的育儿经验:

女儿喜欢书法,在我的鼓励下多年来一直坚持练习,现在她的书法作品也是有模有样,俨然一个书法小达人。然而当初,女儿对书法可没什么兴趣,看到笔墨就头疼。

在她五岁的时候,为了培养她的艺术情操,我给她报了个书法兴趣班,可她总不喜欢去,每次上培训班前,我总要苦口婆心、威逼利诱一番她才肯悻悻地去,这事让我跟先生伤透脑筋。那时候我就在想,有没有一种方式,即使不用读兴趣班,也能让孩子在潜移默化中提高对书法的兴趣,提升她的艺术素养,为孩子开启一扇艺术的大门呢?

有一次,我休假在家看电影,忘了是什么名字,但其中有一段情节启发了我:

主人公带着他的孩子小杰克去美术馆,原本是为了去执行一次秘密任务,但没想到小杰克完全打断了他的计划。小杰克很快就被美术馆内的各种艺术品所吸引。他指着画作中的蛇对主人公说:"爸爸,画上的蛇,扭啊扭啊,就扭成绿色的了。"小家伙一边说着一边模仿蛇的样子身子左右扭动着,非常开心。当小杰克看到一个矮墩墩的雕塑时,又问道:"爸爸,你看他像谁啊?很像你睡觉的时候啊!那一次你睡着了,我用橡皮泥捏了个雕像,跟这个很像的。"

长达一个多小时,小杰克居然一直饶有兴趣,而且喋喋不休。自然,主人公只好放下任务,陪着儿子慢慢欣赏。

这段情节让我恍然大悟。在西方国家,带孩子去博物馆、美术馆看展览其实是一件很平常的事情,就像我们周末带孩子逛公园一样,把它当做一种消遣。而这种消遣恰恰能拓宽孩子的视野和思维方式，为孩子开启一扇艺术的大门。而中国的父母为了培养孩子的艺术修养，往往是给孩子报各种各样的兴趣班或者才艺班，将孩子牵绊在课堂与书本上。其实，我们也可以学习西方的做法，带孩子去看展览，让孩子在潜移默化中提高兴趣，提升艺术素养。

国庆那天，展览馆刚好举办书法展，书画界的朋友邀请我和先生去参观。与先生商量后，我们决定带孩子前往，让孩子身临其境，享受一场书法盛宴。

出发前，我跟先生商量：会展上尽量不要给孩子讲解太多，给孩子腾出想象的空间。因为讲解只会限制孩子的思维，艺术本来就是很个性化的东西，让孩子自由想象，更能让孩子体会到艺术的真正魅力。

书画展上，真、草、篆、隶风格各异的书法作品、来来往往的人流让女儿变得异常兴奋，女儿脖子上挂着相机，神气地走来走去。看到好看的东西就拍下来，有时候还会竖起耳朵聆听周围人对作品的评论。我们静静地跟在女儿身后，在确保孩子安全的情况下，尽量不去约束她，让她与大师们的书法进行零距离的接触。

在许许多多的展品里，女儿因为找到了自己的最爱：行书作品。那神形兼备的行书作品让女儿眼睛一亮，她伸出手，不自觉地跟着临摹起来。我趁机引导她谈自己的想法以及喜欢的理由，我与先生还轮流对作品进行一番评价，并介绍一些古代书法大家的奇闻异事。在我的启发下，女儿对书法家崇拜不已。三个小时的参观过程中，女儿始终兴致盎然，直到闭馆了才恋恋不舍地离开。在回家的路上，女儿还滔滔不绝地谈论刚才见到的作品。对此，先生与我相视一笑。我们知道，书法艺术的种子已悄悄在她的心里生根发芽。

从上面的例子中我们不难发现，孩子的艺术兴趣是可以培养的，是一个由无到有的过程，关键在于家长的引导方法。

一、营造良好的氛围，鼓励孩子大胆创造

陶行知先生曾说过："创造力最能发挥的条件是民主。为孩子们创设一种宽松、自由、民主的气氛，让他们能够自由思索、大胆想象、主动实践，才能萌发最大多数孩子的创造力，并使最大多数孩子的创造力发挥到最高峰。"

以音乐为例，音乐活动本身就是一种创造性的活动形式。只要我们为孩子提供充足的游戏时间，选择适合孩子的音乐材料与活动，让孩子情不自禁地投入到音乐的角色中，在音乐的熏陶下随心所欲、无拘无束地欣赏音乐、理解音乐,创编歌曲和动作,孩子就会对音乐产生浓厚的兴趣。在充分满足孩子好奇心与兴趣需要的同时,促进其积极性、能动性、创造性的发展。

比如孩子在演唱歌曲的时候,经常搞不清而串了歌词。这时候可通过启发孩子创编动作来帮他们记忆歌词,表达情感。如歌曲《种瓜》:我在墙根下/种了一个瓜/天天来浇水/天天来看它/发了芽/开了花/结了个大西瓜/大西瓜呀大西瓜/抱呀/抱呀/抱呀抱不下。这首歌曲的歌词具体生动并完整地讲述了"我"是怎样种瓜的。充分利用歌词,让孩子想象"我"当时种瓜的心情,自由创编动作来表现。家长还应鼓励孩子大胆地创设情景,用动作来表现。这样的活动中,孩子是快乐的、自由的,不受拘束的,他们创造的激情同样也是高涨的。通过这样边唱边表演的活动,孩子们既不会忘记歌词,又便于表达歌曲的情绪,还有利于孩子音乐创造力的培养。

二、挖掘各种材料,提供孩子创造的广阔空间

艺术有它的不随意性,也有它的随意性。只要有艺术的效果,就不必拘泥于它的工具、材料及形式。因此,在活动中应当为孩子们提供各种各样的材料,如毛线、各种纸、布条、空瓶子、木板、各种瓜子壳、鸡蛋壳、吸管、树叶、树枝、棉花、颜料、墨汁、水粉等等。让孩子自由地选择自己感兴趣的材料去进行操作、创造。如在纸上拼贴布条、布块。开始,当孩子们把布条或布块随意进行摆放时,家长就鼓励他们充分发挥想象,"这像什么?"房子、电冰箱、饼干、马路、树干、小狗、裙子、椅子、汽车……当孩子们海阔天空地进行想象时,我们要持肯定的态度。积极鼓励每个孩子参与到活动中来,从而激发每一位孩子的想象的欲望,让他们从单一到复杂,不断地创新。

事实也证明,孩子们在玩废旧物品时,总是非常地投入,他们的创作空间也更广阔。也可以利用各种环境布置,让孩子在各种环境布置的过程中充分地发挥想象,创造性地表达自己的意愿和想法。如利用各种布条拼贴图画;在纸上撒点水粉或墨汁进行吹画;用树枝在沙子里画画、写作、垒城堡;在木板、鸡蛋壳上进行创作……这些东西都是每位孩子百玩不厌且极富创造性的活动。在这些活动中,每位孩子不在乎自己所创作的东西有多么的形象,多么的逼真,他们只在乎这些东西能表达自己的想法,能表达自己对美好生活的向往。在活动中能把自己的想法充分的表达出来就行了。

艺术其实并没有那么遥不可及,有生活的地方就有艺术。展览、话剧、音乐会,或者各种活动、雕塑展、图片展等,生活中的插花、水果拼图、衣服的色彩搭配、家居的摆设、摄影等等,都是艺术,只要家长注意观察,营造氛围,都能

提高孩子的艺术修养,开阔孩子的眼界。

理财兴趣

莉莉花钱没有节制,不管妈妈给多少零花钱,叮嘱多少次要她节省,每一次她也会把钱一下子花完。莉莉的妈妈想限制孩子的零花钱,打算每次都给她刚好够用,但又感觉这样不利于培养孩子的理财能力,所以没有实施。

有一次,莉莉随妈妈一起逛街,看到了一个漂亮的储蓄罐,非让妈妈给自己买下来。莉莉的妈妈眼睛一亮,知道这个储蓄罐激起了孩子的兴趣,有可能会让孩子喜欢上储蓄,这就能帮助孩子学会节省了,因此就毫不犹豫地买了下来。

自从买了储蓄罐以后,莉莉每天花钱都很节省,剩余的零花钱就放在储蓄罐里,无意中就养成了储蓄的好习惯。

随着经济的增长,人们生活水平的提高,父母给孩子的零花钱越来越多,如果孩子没有理财兴趣,就会像上例的莉莉那样,父母给多少钱都能把它花光。

孩子没有体会到理财的益处,不管父母如何叮嘱节俭花钱都不管用,因此很多父母都为给孩子多少零花钱而头疼,给多了害怕孩子养成花钱大手大脚的毛病,给少了又怕对孩子学习理财、合理支配金钱不利。因此左右为难,不知如何是好。

其实要解决这个问题很简单,虽然孩子对理财没有什么概念,也不明白它最终会给自己带来哪些好处,但父母只要培养孩子的理财兴趣,孩子就会热衷于此,可以为此不惜牺牲自己当前的利益,从而学会节省,知道储蓄,孩子理财的能力也会和莉莉一样得到提高。

培养孩子的理财兴趣,需要根据孩子年龄大小,针对各个年龄阶段,从多方面不入手,这样才会收到良好的效果,孩子的理财能力才能有很快的提高。

父母应该这样做

方法一:培养孩子的理财意识

孩子大多都没有理财意识,不会计划消费,不知道去买实用且物美价廉的东西,基本上都是只要手里有零花钱,见了自己喜欢的东西就买,不管对自己是否有用,钱用完了的时候,该买的物品却没了钱去购买。

因此,父母要培养孩子的理财意识,这样才能避免孩子盲目花钱。

方法二：让孩子体验到理财的好处

父母教孩子花钱要有计划，告诉孩子怎样合理支配零花钱，给孩子定下一个理财的目标，让孩子体验到理财带给自己的好处。

父母在孩子达到目标后要给孩子一些奖励，比如带孩子去旅游，或者给孩子买样喜欢的东西。孩子体验到了理财带给自己的诸多好处之后，理财的兴趣就会增加，理财的行为才能继续下去。

方法三：通过游戏培养孩子的理财兴趣

父母与孩子比谁用同样的钱买到质量更好的物品，或者让孩子与同学比赛谁能够控制住自己的购买欲望，节省下更多的金钱等等。用游戏的方式让孩子学习理财，能够增加孩子对理财的兴趣。

方法四：给孩子买一个储蓄罐

孩子花钱不知道节省，父母可以给孩子买一个储蓄罐，最好是透明的，能够让孩子看到钱一天天增多，以此来吸引孩子的注意力，提高孩子存钱的兴趣，这样孩子就会有意识地节省零花钱，把它存入自己喜欢的储蓄罐里，从而达到让孩子储蓄的目的。

方法五：让孩子亲自感受钱能生钱

孩子的零花钱储蓄到一定的数目，父母可以到银行给孩子办张银行卡，还要带孩子经常去查看钱的数目，让孩子知道银行的利息能让自己账户上的钱增多，还要使孩子明白再取出钱会增加多少，让孩子亲自感受到钱放在银行能生钱，这样可以提高孩子存钱的兴趣，把节省下来更多的钱存入银行，最终会帮助孩子养成攒钱的好习惯。

教孩子学理财，如果以兴趣为基础，一切问题就会迎刃而解。因此父母不但要善于发现孩子对理财的兴趣，还要学会培养孩子理财的兴趣。

行动胜于说教

某大学请一名著名教授讲学，学生们踊跃参与，讲学当天座无虚席，教授走上讲台时突然滑了一跤，险些摔倒，教授仔细观察后发现居然是一块香蕉皮，教授不由勃然大怒，指着香蕉皮大声说："你怎么可以呆在这里，你应该呆在垃圾桶里睡觉，你怎么这么没有公德心，要是有人踩到你怎么办？"

听着听着，教室里传来了笑声，教授没有理会，继续对着香蕉皮发火，学生有些不耐烦了，终于有人大声说："算了吧，教授，你不能把香蕉皮骂进垃圾桶。"教室一下子静了下来。教授低头捡起香蕉皮扔进垃圾桶，接着说："对，你不能把香蕉皮骂进垃圾桶，这就是我今天要讲的题目。"

"记住，垃圾是不会被骂进垃圾桶的，你得行动，从现在开始行动捡拾可能让你跌倒的垃圾。"现场一片掌声。

是的，你不能把垃圾骂进垃圾桶。

教育孩子、激发孩子的兴趣也是这样，责骂、订规矩只是简单粗糙的手段，它不能起到好的作用，只会使情况更加糟糕，当你责备孩子的同时，有没有想过孩子心里是如何想的呢？有没有考虑过孩子的兴趣成长呢？我们都是从孩子一步一步走过来的，难道真的不能和孩子来一次换位思考：如果我是他情况会怎么样？

爸爸、妈妈是和孩子一起成长的，应该平等、尊重、真诚，像朋友一样无话不谈、相互勉励，共同进步。所以，当你责备孩子不爱看书、对学习没兴趣的同时，请仔细想一想自己是否爱书如命，是否表现出强烈的学习兴趣呢？当你责备孩子调皮捣蛋，自制力差的同时，请仔细想一想自己是否花费了足够的时间陪护，释放了孩子过剩的精力？当你责备孩子没有艺术天分的同时，请仔细想一想自己是否真正发现了孩子的兴趣，并做到正确引导呢？

不要再无动于衷，或者喋喋不休，你要让自己行动起来，用平和的心态看待孩子的成长，尊重孩子的兴趣，以身作则，从自身做起，放下家长的架子，多给孩子鼓励和夸奖，引导、帮助孩子跨越一个又一个阻碍孩子健康成长的绊脚石，让孩子生长在阳光下，做一个阳光灿烂、健康可爱的好宝贝。

第二章 开掘潜能

成功的教育是一种唤醒的艺术，唤醒孩子心中沉睡的自信、自尊和潜能。在每一个"差生"的背后，都有不成功的父母与老师。每一个孩子都有无限潜能。

每个孩子都有无限潜能

著名儿童心理学家皮亚杰曾说过："孩子的潜能是个巨大的宝库，要仔细观察和发现，懂得开发。"国内一些心理专家也得出相同的结论：每个孩子身上都有巨大的潜能，这些潜能(也包括学习的潜能)一旦被挖掘出来，孩子就能成长为一个在某一方面成就卓著的人。即便是小小的婴孩也是有着巨大潜能的，家长应该从孩子出生那天起就要注意观察、发现孩子的潜能。

虽然每个人的先天禀赋有高有低，但是后天的教育也是非常重要的，教育的目的就是及时开发儿童的潜在能力，否则，错过了最佳的开发时期，潜能就会递减。

作为父母，我们与其整天嚷嚷着"我的孩子太笨了，太平凡"，不如多花一些时间和心思观察一下我们的孩子。其实，只要你用心观察，就会发现：每个孩子都有别人所不及的一面。让孩子无法更优秀的障碍，不在孩子有没有潜能，而在于认定孩子一无是处的这种错误认识。我们如果认真了解在各个行业、各个领域成就很高的那些所谓成功人士，就会发现：其实这些人也不一定就是最聪明的人，只不过是他们在某一方面的潜能得到了最大程度的释放，从而成就了他们的优秀。

优秀的家长就是做一个出色的"探矿人"，发现孩子的潜能并帮助孩子发挥这些潜能。每个孩子都有独特潜能。

开发潜能首先要顺应孩子的天性。每个孩子都是独特的，都有自己独特的爱好和兴趣，家长应尝试着站在孩子的角度看待问题，而不要把自己的意愿强加给孩子。

只要家长们耐心细致地留意观察,留心孩子的行为举止,喜好憎恶,在他与别人玩耍、交谈或在自己阅读、游戏时,就可以察觉出他虽不爱弹琴却喜欢绘画,虽没有耐性却有创意,虽不擅言词却很热心,把这些蛛丝马迹记录下来,你就能归纳出孩子的性格趋向或者说擅长的一面,从而诱导激发他的潜能。

一旦发现孩子对某一方面有兴趣,就要好好爱护和培养。

我国围棋国手常昊的成功就是一个非常典型的例子。

常昊还没上小学的时候象棋就下得非常棒,常爸爸都要甘拜下风。他常常在放学回家的路上中途"失踪"看别人下棋去了。少儿围棋班开课之后,常昊又迷上了围棋。六岁的小常昊居然能一坐一整天地看别人下围棋。其他的六岁孩子坐半个小时就要跑路了。兴趣本身就是一种才能,这引起了邱百瑞老师的注意。邱老师经常给常昊开小灶,终于成就了今天的常昊。

那么究竟要怎样来开掘孩子的潜能呢?

我们应该相信,每个孩子都具有一定的潜能。教育,就是要在充分了解每个孩子潜能的基础上,充分地把他们的潜能开发出来。我们要努力的为他们创设一种良好的教育环境,在他们可以看得见的远处树一面旗,在他们的心灵深处点亮一盏灯,鼓励他们去追求,去实现,从而让自己的个性得到充分的展现。在其过程中,并给予适当的保护、帮助和激励。对此,我们在培养孩子的方式上应当实现三个转变:

变控制为服务。长期以来,我们的教育是一种管束式的教育,因为学生是家长、教师教育的对象,教师就有权管束学生,就把各种观念、知识灌输给学生,教你服从,夸你听话;让你什么时候都得做"正经事",没事词语抄十遍也是好的,既方便了管理,又能为管理者(教师)挣得工作成绩。教育在教育的实际中总给人以一种"居高临下"的感觉,学生更多时候是处于被动应付的状态,"他主"太多,"自主"太少。教育呼唤着一种平等的师生关系,学生不仅是教师教育的对象,学生更是教师服务的对象。只有让学生成为教师服务的对象,学生的潜能才有可能得到真正地发展。教师要服务学生,就要增强服务意识,不能总以管理者自居在上面指手划脚,而要努力成为学生的朋友和知己，尊重他们的人格，要深入他们中间，了解他们的实际潜力。要让学生随时感受到教师的帮助而不是教导。这样学生的心灵就会处于一种自由开放的积极状态。

变抱怨为赏识。有人说："中国的教师和家长最爱孩子，却也最不会爱孩子。"为了孩子行，却总在抱怨孩子的不行，眼睛老是盯在孩子的缺点和弱点上，久而久之让学生自己也感觉到"不行"，这样亲手把教育效果推向了反面，"好心办坏事"，但仍不觉醒。自信是自主精神的核心。一个人丧失了对自己能力的信心，就不可能有真正的自主和创造。要让孩子自信，要让孩子感觉到自己行，教育就得变抱怨为赏识。首先要相信孩子，相信他们的潜力，相信人人都能成才，并让孩子感受着这份相信，在相信中增强自信；其次要激励孩子，要让孩子人人都能感受到自己通过努力后的成功。这就要淡化横向比较，注重纵向的评价，不能采用统一的标准，而要因人而异。承认差异，允许失败，让孩子感受成功就是各显其才，各尽其能；最后要善于发现孩子，引导孩子。你想让孩子向什么方向发展，就在那里寻找"闪光点"，通过表扬激励让其发扬光大。甚至可以制造"闪光点"，让孩子不断地"追求胜任"，从而真的具备了该优点，因为研究表明，人人都有追求胜任的心理。

变填充为选择。尊重孩子、相信孩子，就要敢于放手让学生自主地选择和决断。我们的教育已经习惯与让孩子做填充题，把学生的时间规划得满满的，让他们在既定的框架内填写相同的内容，无需选择，一切老师早已包办代替好，你只要照着完成任务就是了，这实际上是对孩子主体性的极大藐视和侵害。怎样让孩子有自主的精神，教育首先要还给孩子选择的权利，还给孩子自由支配的时间，让他们干一些自己高兴干的事，学一些自己渴望要学的知识。教师与家长做什么？努力为学生创设一种"海阔凭鱼跃，天高任鸟飞"的环境和机制，让他们自由地翱翔！

具体来说，可行的操作办法有以下几点。

给孩子展示才能的机会

了解孩子的性格趋向与喜好之后，别忘了给他机会多加练习。比如，家人朋友过生日的时候，鼓励孩子表演一个节目，每周轮流朗读短文并发表心得，让孩子把当天经历的有趣的事叙述一遍或记录下来。

更重要的是，随时给机会让孩子帮你的忙，只要是他力所能及的，如洗碗、拖地、收衣服等。这样越做越熟练，越有信心，孩子才不会退缩在自卑自闭的角落里。有些父母一时叫不动孩子做家务事就干脆自己做；嫌孩子不会买东西索性自己出门；认定孩子念不好书，便帮他一题题复习久而久之，孩子生出惰性，心想反正父母一定会伸手援助，便乐得坐享其成，让自己的"天资"睡着了。

所以，当父母埋怨孩子懒惰时，不妨扪心自问，是否对孩子缺少耐心，把孩子的表现机会"洗劫"一空。一个人，只有当他有成功的欲望时才会有行动的冲动，才会最大限度地调动整个身心的能量。潜能好比埋在地下的种子，最终能不能发芽出土、茁壮成长，家长的开发作用至关重要。

用耐心、爱心保护孩子的潜能。

作为家长，如果你不知道如何激发孩子的潜能，至少要做到注意纠正孩子生活、学习中的诸多不良倾向，因为有时正是这些看似无足轻重的行为和思想倾向，让孩子本来具备的潜能消失得无影无踪。

一般来讲，当家长发现孩子贪玩，不爱学习时，通常会非常失望、恼怒，进而斥责孩子，逼孩子努力学习。最后往往会发现，这样做效果并不好。孩子如果不是真心想学，那么再逼他也是没有用的。只有多与孩子沟通，以爱心、耐心、细心、恒心来帮助孩子，关爱孩子，才能点燃孩子心头的希望之火，让孩子变得勤奋，养成爱学习的性格。

"妈妈，我今天不想去上学了！"七岁的南南这样对妈妈说。

"为什么？上学有什么不好吗？"

"我就是不想上学，不想去！"南南仍然坚持自己的意见。

"不行！哪有孩子不上学的道理。"南南的妈妈没有答应孩子的要求。过了一会儿，妈妈又问南南："你是哪里不舒服，还是和同学相处得不好？"

"没有呀！就是不想上学。"南南很诚实地回答妈妈。

"那好吧，你给妈妈一个理由，如果妈妈认为你有道理，妈妈再考虑你的要求。"妈妈这样回答南南。

南南上学的时间就要到了，妈妈仍旧耐心地等待南南的"理由"。最终南南支支吾吾地对妈妈说："我没有理由，我明天给你理由行吗？"

"你明天给妈妈理由，那妈妈就明天再考虑你的要求，但今天你必须去上学！时间到了，我们出发吧。"

在送南南去学校的路上,妈妈对南南讲了很多"爱学习的小发明家"的故事。

南南认真地听着,此后再也没有提起"不想上学"的事情。

应该说,南南妈是一个懂得教育孩子的好妈妈,面对南南的厌学情绪,她能耐心地进行诱导,而不是简单粗暴地压制。假如南南妈换一种教育方式,比如生气地对孩子吼叫:"小小年纪就逃避学习,等你长大了,那还了得!"这样训斥孩子会收到什么效果呢?但是这样的父母在我们的生活中却不在少数,他们不但没能收获到好的教育效果,反而让很多孩子变得更加厌恶学习。

保护孩子潜能也是考验家长耐心的一个过程。有太多父母受着急功近利心的驱使,常常迫不及待地想要孩子在八岁时就搞定一切。他们想要孩子有完美的成绩,希望孩子的学习能力不逊色于班上的任何一个竞争对手。要是孩子的学习成绩单没有都写着"优秀",父母就开始烦恼,认为小孩可能有学习障碍或是学习能力不足。在这些家长眼中,孩只有两种类别:"没有能力学习的"和"有天分的"。但是他们唯独忽略了这样一个事实:孩童的智力发展是时断时续的,是要给予足够的时间的。

没有哪一个孩子会全部拥有各个领域的无限潜能。但是只要方法正确,却可以让任何一个孩子都有所建树。父母们需要的不过是放松一点,更有耐心一点。

犹太教认为,每个小孩都是上帝按照一定的意愿创造出来的。如果家长们忽略了孩子的内在力量,一定要让他活出成人眼中的所谓"非凡成就"的话,家长就是在破坏上天的旨意。在父母的这种压力下,孩子往往最后不是变为了成功人士,而是会成为心理治疗师的常客,他们在成年之后多半会患有睡眠及饮食失常、长期胃痛、抑郁等症状。虽然这并不是家长们的本意,但他们的错误做法却在事实上造成了孩子的不幸。所以,当自家孩子很平凡,学习成绩、各方面表现不如其他的孩子时,就对孩子很失望的家长们,动辄火冒三丈,大声斥骂,甚至体罚孩子。这种没有耐心的教育方法不仅起不到促进孩子爱学习的效果,相反还会使孩子产生自暴自弃和逆反心理,久而久之,更会影响亲子关系。

改变孩子的不良习惯不是一件容易的事情,不能有半点儿急躁心理,也没有任何捷径可走。所以,父母需要有很好的耐心,要耐心地教育孩子,耐心地陪孩子玩,耐心地为他讲道理,耐心地听他说。

我们常说"可怜天下父母心",以此来感叹父母对子女的无私的爱。但在现实生活中,我们又会经常听到有些父母这样抱怨自己的孩子:"这么不争气,养你有什么用?""上学有什么不好?这样不爱学习的孩子扔掉算了!"也许这些都是气话,但孩子会很容易当真,而且从另一个侧面来说,这也反映出许多家长的一种心态对孩子的爱不是无条件的,而是有条件的,至少需要孩子用听话、爱学习来交换。

爱是一种意识形态,需要有一个持久的意会过程。许多父母并不明白这一点,以为自己付出了爱,孩子就应该马上感受到,就应该立刻做出回应,这实在是一种过于主观的想法。要想改变孩子的厌学情绪,付出爱心是基本的要素之一。家长对孩子的爱是发自内心的、是无私的、不求回报的,重要的是,能让孩子感受到这种爱,并在爱的鼓励下积极地行动。

每一个孩子都有自己的性格特征、兴趣爱好。孩子的这些性格、个性,表现在学习方面就会是:有的孩子喜欢学习,有的孩子则不太喜欢学习,甚至于对学习还会产生种种厌恶情绪。从孩子的心理发展角度看,这样的孩子也是正常的。作为父母,你的爱心和耐心就是开启孩子潜能的金钥匙。

用鼓励、赞赏挖掘潜能

当孩子自己动手做、开口说时,应该给他适度的赞美和鼓励的掌声。因为,即使是个天才,也需要有一个练习的机会来酝酿信心,而后越走越顺。如果只是一味的打击、批评,孩子会窘得抬不起头,再也不肯尝试。

著名成功学家拿破仑·希尔从小曾经被认定是一个坏孩子。母牛走失了,树莫名其妙被砍倒了,每个人都认定是他做的。甚至父亲和哥哥都认为他很坏。人们都认为母亲死了,没有人管教是拿破仑·希尔变坏的主要原因。既然大家都这么认为,他也就无所谓了。

有一天,父亲说要再婚,大家都担心新妈妈不知道是什么样的。希尔也打定主意,根本不把新妈妈放在眼里。陌生的女人终于走进家门,她走到每个房间,愉快地向每个人打招呼。当走到希尔面前时,希尔像枪杆一样站得笔直,双手交叉在胸前,冷漠地瞪着她,一丝欢迎的意思也没有。

"这就是拿破仑",父亲介绍说,"全家最坏的孩子。"

令希尔永生难忘的是继母当时所说的话。她把手放在希尔肩上，看着他，眼里闪烁着光芒。"最坏的孩子？"她说："一点也不，他是全家最聪明的孩子，我们要把他的本性诱导出来。"

继母造就了拿破仑·希尔，她相信他是个好孩子。对一个人有这种信心，他就会成功。

这个故事说明的道理就是：赏识导致成功，抱怨导致失败。

不是好孩子需要赏识，而是赏识使他们变得越来越好；不是坏孩子需要抱怨，而是抱怨使他们变得越来越坏。

心理学家的千百次的实验与观察发现：未成年的小孩子对自己的看法完全取决于周围人的评价，特别是父母的评价，哪怕是一句话，或者是一个眼神，都会对孩子产生终生的影响。小孩子在无意识中按照父母的评价调整自己的行为，达到父母赞扬或者抱怨中屡次提到的"期望"。

另外，开掘孩子的潜能，家长还要注意避免以下一些认识误区。

挖掘孩子潜能就是多学习技能

不少家长认为挖掘孩子潜能就是让孩子学习各种技能。

对于家长的良苦用心，专家提出忠告。"儿童早期潜能开发不等于从幼儿时期就让孩子学这学那"，过早地逼迫孩子学习过多的技能，会让孩子产生抵触和厌烦心理，甚至有可能扼杀孩子的潜能，可能会得不偿失。虽然孩子的早期经验对孩子今后的成长与发展至关重要，但是真正的早期教育应该从儿童的心理出发，这同时也是培养习惯教养的重要时机。

家长这种"一切唯学习成绩是从，其他都是次要"的想法是非常可怕的。一方面，这对孩子来说极不公平，因为学习成绩在孩子一生的成就和幸福中所占的分量，并不像家长们想象得那么大，将来社会的需求考查的不仅是书本上的学问，不管他搞经营、做管理、当教师、经商、从军或者只是个普通的职员，书本之外的技能、心理素质起着更关键和直接的作用。另一方面，孩子的潜能不一定是在学习方面，也有可能是在音乐、绘画、文学、交际、管理或者动手能力等方面，孩子在哪一方面的潜能被充分挖掘出来，前途都是不可限量的。

催逼孩子

一些恨铁不成钢的家长一时看不到孩子的潜能就有些心急，开始催逼孩子要努力,要怎样怎样。要知道,很多天才的失败就是来自父母、社会的极度催逼。

也有的父母拿孩子的某项特长到处显摆,甚至在专业和职业上早早地就给孩子订了"终身",回到家再进行"魔鬼训练",要求越来越高,将孩子的兴趣和激情化成了负担甚至是仇恨。有个孩子学钢琴,母亲辞了职陪学,记者问:打算作为专业吗?母亲说:那当然,我把一切都豁出去了。孩子还小,如果以后他有另外的选择呢?母亲斩钉截铁地说:不能的。只给孩子一条路,此路不通时,就难免悲剧发生了。

画地为牢

5岁的妞妞喜欢背乘法口诀表,而且背得很溜。父母喜出望外,期待她在数学方面有特殊的天分,并为她报了数学兴趣班。但是当幼儿园的考试成绩出来后,他们感到很失望——只不过是平均水平。原来家长经常带孩子背乘法口诀表,孩子喜欢上了这种自言自语的游戏,只会死记硬背,死记硬背只是掌握计算所必须的一种亚技巧,孩子并没有真正懂得用数字来匹配物体的数量。这种记忆只是暂时的,如果一段时间不强化,孩子会很快忘记。这并不是妞妞真正的潜能的表现,而是被家长圈定为妞妞的潜能,不得不说这是一种"画地为牢"的表现。

另有一个事例,一位父亲觉得自己的女儿记忆力超常,也辞了职专事教育。孩子每天要记忆背诵好几个小时,家里满墙的文字公式定理,此外父亲也会带着她进行体育锻炼,适时进行娱乐。

父亲很自豪又得意地讲解他的家教"宏大"计划。但是孩子的眼中却看不到那种清亮亮的喜悦和能力非凡孩子的从容,细心人的会发现:这个孩子很听话,但也很紧张,在与其他孩子在一起时,她不太合群。

孩子也是"社会人",在她的每个年龄段,都应该有自己的精神空间和行为空间,有自己的缤纷世界,她需要更多跟孩子们在一起欢笑,需要宣泄情感和体能,这种种加起来才称得上幸福。如果她整天只跟家长在一起,狭小的世界会限制她,孩子的想像力和创造力会萎缩,况且家长不惜辞职孤注一掷,执著一念,会给孩子带来巨大沉重的压力。

开发孩子右脑

人的大脑分为左右两个半球,我们习惯于称它们为左脑和右脑。左脑主要负责人类的理性、语言、文字、分析等,右脑主要负责音乐、形象、经验、直观等认识,因而右脑"感觉"更强,我们常说的"创造性思维"也更多是右脑的产物。

科学和经验告诉我们,孩子在6岁之前,对事物的思考主要以右脑为中心,也是右脑最活跃的阶段,适当的良好的刺激可以让右脑功能发挥更优秀。及早对宝宝进行感官训练,促进他的右脑发育,对宝宝的整体发育,包括智力心理及学习生活能力等,都有重要意义。右脑的开发时时刻刻存在于孩子的生活当中,只要得到科学的指导,父母也会成为好的老师。

调查显示,95%以上的人仅仅使用了大脑的一半,即左脑。为什么会出现这种现象呢?这主要是和人类的生活习惯有关,人类总是习惯于用右手使用工具,而使左脑每天都受到不同程度的刺激,再加上语言中枢、逻辑分析、数字处理、记忆等,都由左脑处理,所以造成左脑满负荷运转;另一方面是由于传统应试教育,使孩子缺少非语言思维能力的教育,许多学校和家庭不重视右脑的开发,不注重逻辑思维能力培养。2-6岁是人一生中识字黄金周,既接受快,而且可以培养记忆力、思维力、动手能力、观察能力、语言能力和理解能力。开发孩子右脑,对于孩子潜能的开掘有着至关重要的作用。

学音乐

心理学家发现:音乐可以开发右脑,尤其古典音乐对孩子右脑的开发有很大影响。听钢琴曲时让孩子用左手模仿按琴健的姿势、听小提琴曲时让孩子模仿压琴弦的样子。此外,还可以在孩子从事其他活动时,创造一个音乐背景。

培养绘画感觉能力

右脑具有绘画感觉能力。让孩子练习绘画,能培养其观察能力。尽情欣赏绘画作品、自然风景,陶醉其中。带孩子参观花展、盆景展,直观整体地欣赏作品。涂鸦也是一种综合训练,包括视觉感受、动手能力、听觉描述、语言理解等能力,对右脑刺激也是多方面的。

干力所能及的家务

家长先有意把房间弄乱,然后同孩子一起清理房间。开始时孩子可能会做不好,分不清垃圾的种类、不知怎样用抹布擦桌子等,家长要耐心地指导,教几遍后孩子就会做好。

体育运动

右脑在运动中对形象的感知及细胞的激发比静止状态更快更强。每天跳半小时的迪斯科健身操、打乒乓球、羽毛球等,在打拳或做操时有意识地让左手多重复几个动作,以刺激右脑。

童话故事

童话故事是右脑形象思维能力开发的最佳方法。童话富于幻想,听童话故事,孩子会不由自主地随着情节的发展想象故事中的人物、场面和情景,这对右脑的图形思维能力有很好的促进。睡前给孩子讲讲故事,这时右脑呈现最佳状态,开发孩子想象力的效果比白天紧张时要好得多。

训练空间识别能力

经常变化孩子的环境,送孩子上幼儿园时不妨有意改变路线;玩玩捉迷藏游戏;只给孩子看小动物身体的某一部分,让他想象整个小动物是什么样子;将一幅画的一部分遮起来,让他猜其他部分是什么样等;放一堆糖果在桌上,训练他用目测法判断糖果的数量;下棋也会对孩子的右脑产生很好的刺激。

带孩子逛商场

带孩子一同去商场是开发孩子右脑的另一种有效途径,能够培养孩子综合各种知识及判断的能力。可以教孩子独自挑选自己感兴趣的东西,也可以教孩子如何根据价格来挑选面包或水果等。

手指训练

用左手剪东西、抓玩具、玩石子,玩豆豆等,可以锻炼孩子手的神经反射,促进大脑的发育;闭上眼扣扣,练习写字绘画,可以增强手指的柔韧性;摆弄智力玩具、拍球投篮、学打算盘、做手指操等活动,可以锻炼手指的灵活性,玩积木、橡皮泥有利于动手能力的培养;经常让孩子交替使用左、右手,可以更好地开发大脑两半球的智力。

爬行和梳头

平时多用梳子或以手指代梳给孩子梳理头发,特别是多梳右侧头发,强化对右侧头皮的刺激,加快头皮血液循环。从小训练爬行,对孩子的平衡感及运动细胞都有帮助。

益智玩具

益智玩具是开发右脑的最佳工具。主要以拼插、组装、游戏等活动形式为主。电脑游戏机也是锻炼孩子右脑的好工具,要为孩子选择一个以图形为主的游戏,如想象游戏、猜图游戏等。买新玩具后,父母没有必要按说明书告诉孩子应该怎么玩,放手让他们去摸索。

学外语

研究发现,儿童学会两三种语言跟学会一种语言一样容易,因为当孩子只学会一种语言时,仅需大脑左半球,如果培养同时学习几种语言,就会"启用"大脑右半球。

观看体育比赛

观看体育比赛能够锻炼孩子右脑,提高形象思维能力。每一次惊险的镜头,都会给右脑带来一连串的富于魅力的想像,启发孩子根据场上的变化不断推想可能出现的情况。

发现孩子的闪光点

琼斯在加州一家社区中学教书,这天下班回家后,她意外发现小区门口蹲着一个女孩,眼睛巴巴地望着楼上却犹犹豫豫不敢上楼。走上前一看,原来是邻居的孩子翠西,也是自己的学生。琼斯的印象里翠西一直是个比较内向的女孩,不喜欢和同学交流,成绩不理想,害怕写作,上课时常常咬着笔头发呆,但在网上却很活跃。

看到她在门口,琼斯大概能猜到原因:今天是考试成绩发布的日子,翠西的成绩并不理想,而安德烈夫妇——翠西的父母都是出了名的坏脾气。

琼斯蹲下身子，笑着问道："翠西，怎么不回家呢？"

"您知道的，我不敢回家。妈妈会打我的。"她看到自己的老师，眼泪都要流出来了。此刻，她手上正握着一张揉皱了的数学卷，试卷上红色的"D"格外刺眼。

琼斯摸着翠西的头，温柔地说："走，老师送你回家！"

听到老师要送她回家，也就意味着妈妈不会责备她了，翠西立刻安心了许多。

"最近还经常上网吗？"琼斯问她。

翠西看着老师，有些紧张，生怕老师会因此批评她。

"哦，翠西你不必紧张，老师想拜托你一件事，让你帮我开通'班级博客'，好吗？"

"我？"翠西指着自己，瞪大眼睛，一脸怀疑。

琼斯笑着说："没错，就是你。不要拒绝哦，老师知道你对网络很熟悉，开通班级博客这个任务对你来说小菜一碟啦。"

翠西郑重地点点头，仿佛接下了一项光荣而艰巨的任务。

翠西果然不负老师的期望，在她的努力下，班级博客很快就开通了！翠西跟我商量后，给博客起了个名字叫：超级601。601是我们的班级。

不久，琼斯惊喜地发现，翠西与同学们的交流逐渐多了，关系也变得融洽了。窗外的阳光洒在她的脸上，琼斯仿佛看见自信犹如一粒种子，在她幼小的心灵里生根、发芽，开出灿烂的花朵。

心理学家威廉·杰姆斯曾说过："人性最深层的需要就是渴望别人的赞赏，这是人类之所以区别于动物的地方。"可见，成功是每一个孩子都非常渴望的。在孩子的成长道路上，每一个细小的成功都能够带给孩子无限的信心和动力，孩子就是在不断的成功中不断学习、更上一层楼的。赏识正是催人奋进的因子，它可以激励失败者不断前进，使胜利者保持昂扬的斗志。

尊重和爱是孩子的基本心理需要，由衷地欣赏、赞美孩子，需要家长学会从多个角度发现孩子的闪光点，用发自内心的喜悦感染、打动孩子，使其保持健康积极的心理状态。

全面肯定，赏识孩子小小的优点

调皮的东东常会给父母招惹一些小麻烦，但有时也会主动做些好事，把摔倒的小朋友从地上扶起来，帮粗心的阿姨找到丢在角落里的钥匙……看到东东帮助人的时候，爸爸、妈妈总会充满喜悦地赞扬孩子："东东真懂事，这么小就知道帮助别人，将来长大了一定会了不起！"在父母的赞扬声中，东东一天天懂事了，不再沉湎于捉弄别人带来的小小乐趣，而把精力转移到帮助别人上。

爸爸妈妈发自内心的赞扬是引导孩子一步步走向真、善、美的动力。家长如果老把眼光盯在孩子的过错上不放，就会心生焦虑，对孩子的教育缺乏耐心与信心，会导致孩子往消极的方向发展。在纠正孩子捣乱等错误行为的同时，用心发现他身上的优点，细心捕捉他的每一点进步，及时加以肯定和鼓励。孩子会逐步改掉不良习惯，强化优秀的品质。

正面强化，赞扬孩子众所周知的优点

今年6岁的过过很有环保意识，常把小区里的果皮、纸屑捡起来放进垃圾箱，年前还被小区管理处评为"环保小卫士"。可是，最近过过保护环境没有以往积极了，因为爸爸妈妈觉得孩子环保方面的表现已经受到了肯定，便不再表扬他这种行为，过过拿回"环保小卫士"的奖状时，他们只是随意看了一眼，就再也没有提起。孩子的积极性受到了打击，慢慢失去了保护环境的兴趣。

孩子在表现优秀的时候，最期望听到爸爸、妈妈的鼓励与肯定。积极的正面肯定，才能使孩子感受到父母发自内心的爱和喜悦，给孩子带来愉快的心理感受，强化他正面的表现，促使他努力做得更加完美。

独辟蹊径，赏识孩子的与众不同点

豆豆性格有些内向，常被小朋友冷落。因此她不太喜欢出门，闲下来时就给家里的小狗洗澡、梳理皮毛，把学习和生活中发生的事编成故事说给它听。

豆豆的父母担心孩子将来不能与人和谐相处，但转念一想，光着急也没有用，还不如引导孩子把说给小狗听的故事记录下来。豆豆妈妈把孩子记下的故事投到儿童杂志，竟然有几篇发表了，让豆豆感到了成功与快乐。不少小朋

友也开始要求豆豆讲故事给他们听,时间长了,豆豆性格逐渐变得开朗起来。

世界上没有两片完全相同的树叶,也不会有两个相同的孩子,每个孩子都有自身的特点,有着轻微自我封闭倾向的孩子,有时更会令大人觉得难以理解。

这些特点是孩子人格的一部分,简单的斥责和生硬的要求只能激起孩子的逆反心理,把他推向不健全人格的深渊。发现孩子具有负面的性格特点时,家长先要反省自己的教育方式,寻找孩子特殊性格中的积极因素,因势利导,帮助孩子一步步走出狭隘的天地,在人际交往和社会生活中找到更多的乐趣,逐渐成为一个优秀的孩子。

沙中淘金,赏识孩子错误中的闪光点

刚上小学的小井成绩不太好,很少受到父母和老师的表扬。3月是学雷锋月,很多做了好事的孩子都在学校里得到了表扬,让小井十分羡慕。一天,他交给老师一百元,说是在上学路上拾到的,当天就受到了学校广播站的表扬,这让小井兴奋得满脸通红。

那一天,他读书的声音特别响亮,作业写得特别工整,红领巾比任何时候都系得整齐。可是第二天,小井却垂头丧气地来到了学校,原来他为了得到表扬,竟然偷拿了家里一百元,被爸爸发现后暴打一顿。幸亏老师了解到真相后及时和家长联系,做父母的也检讨了自己的冲动行为,肯定了孩子出发点是好的,才慢慢让小井又找回了笑容。

在工作和生活中,成人因为期望得到别人的尊重与肯定,偶尔也会犯些连自己都难以置信的错误,小小年纪的孩子又怎么能够避免呢?发生这样的事情时,家长一定要头脑保持冷静,客观分析孩子这样做的深层原因。

如果孩子是为了获得尊重和肯定而犯的错误,至少有令人欣慰的地方:孩子想听表扬,想要上进。家长要肯定这一点,多找机会表扬孩子,满足他的心理需要,在此基础上引导孩子用正确的方式来获得肯定。

其实,所有的孩子都是好孩子,他们身上都有很多亮点,只是许多亮点、长处常常被埋没,被忽略,就像蒙上了灰尘的金子,没有被别人发现。如果每一位家长都能用爱的目光,去发现孩子的亮点,每一个孩子,都能像金子一样闪光!

第三章 利用时间

时间是一个人一生最大的财富。养成良好的时间习惯，充分利用时间能够使孩子快速成长并对他的将来产生影响。但是许多家长不明白孩子浪费时间的原因，不知道如何去引导孩子，在这一章节，我们就利用时间的问题进行讨论。

同样的时间，不同的结果

爱迪生一生只上过三个月的小学，他的学问是靠母亲的教导和自修得来的。他的成功，应该归功于母亲自小对他的谅解与耐心的教导，才使原来被人认为是低能儿的爱迪生，长大后成为举世闻名的"发明大王"。

爱迪生从小就对很多事物感到好奇，而且喜欢亲自去试验一下，直到明白了其中的道理为止。长大以后，他就根据自己这方面的兴趣，一心一意做研究和发明的工作。他在新泽西州建立了一个实验室，一生共发明了电灯、电报机、留声机、电影机、磁力析矿机、压碎机等等总计两千余种东西。爱迪生的强烈研究精神，使他对改进人类的生活方式，作出了重大的贡献。

"浪费，最大的浪费莫过于浪费时间了。"爱迪生常对助手说。"人生太短暂了，要多想办法，用极少的时间办更多的事情。"

一天，爱迪生在实验室里工作，他递给助手一个没上灯口的空玻璃灯泡，说："你量量灯泡的容量。"他又低头工作了。

过了好半天，他问："容量多少？"他没听见回答，转头看见助手拿着软尺在测量灯泡的周长、斜度，并拿了测得的数字伏在桌上计算。他说："时间，时间，怎么费那么多的时间呢？"爱迪生走过来，拿起那个空灯泡，向里面斟满了水，交给助手，说："里面的水倒在量杯里，马上告诉我它的容量。"

助手立刻读出了数字。

爱迪生说："这是多么容易的测量方法啊，它又准确，又节省时间，你怎么想不到呢？还去算，那岂不是白白地浪费时间吗？"

助手的脸红了。

爱迪生喃喃地说："人生太短暂了，太短暂了，要节省时间，多做事情啊！"

历数古今中外一切有大建树者，无一不惜时如金。古书《淮南子》有云："圣人不贵尺之璧，而重寸之阴。"汉乐府《长歌行》有这样的诗句："百川东到海，何时复西归？少壮不努力，老大徒伤悲。"晋朝陶渊明也有惜时诗："盛年不重来，一日难再晨，及时当勉励，岁月不待人。"唐末王贞白《白鹿洞》诗中更有"一寸光阴一寸金"的妙喻。法国作家巴尔扎克把时间比作资本。德国诗人歌德把时间看成是自己的财产。鲁迅先生对时间的认识更深刻。他说："时间就是生命。无端地空耗别人的时间，其实无异于谋财害命。"法拉第中年以后，为了节省时间，把整个身心都用在科学创造上，严格控制自己，拒绝参加一切与科学无关的活动，甚至辞去皇家学院主席的职务。居里夫人为了不使来访者拖延拜访的时间，会客室里从来不放坐椅。76岁的爱因斯坦病倒了，有位老朋友问他想要什么东西，他说，我只希望还有若干小时的时间，让我把一些稿子整理好。

而我国宋朝的苏洵，世称苏老泉，苏东坡的父亲。在年轻的时候，苏洵一点儿也不愿意念书，成天东游西逛，无所事事，一直到了27岁。他有点小聪明，自认为文章写得很不错，整日浪费时间，虚度光阴，最后他连秀才都没有考上，屡试不中。幸好他幡然悔悟，回到家里，把自己的文稿翻出来就一把火全烧了，然后，他就闭门苦读，手不释卷，学问于是就大有长进。

珍惜时间的人与浪费时间的人同样都是一生的时间，但结果却不会相同。珍惜时间者积极向上，生活充实，会有很美好的结果，而浪费时间的人，只能郁郁而终。

为什么孩子会浪费时间

关于时间的俗语有"时间是就是金钱"、"一寸光阴一寸金"。时间的把握很重要。然而许多孩子不会合理地运用时间，把时间都浪费到一些琐碎的事情上，下面讲一些孩子们不合理利用时间的地方。

一、时间分配不合理

人的思维能力在不同时间内会呈现出不同的状态和效率。如不依照这种时间规律安排学习内容，就会导致学习效率降低而浪费时间。

比如，按照遗忘规律来讲，是先快后慢，越往前遗忘的越多、越快，所以学过的内容应及时复习，可是有些同学老是先玩后复习，或攒到一块再复习，严重的甚至干脆做作业而不进行复习。再比如，大脑的工作也有个时间限度，用久了就会产生疲劳，如果不适当休息，那就不但不会学好知识，甚至还会影响已学过的知识。

再比如，未依照大脑的特点来安排时间，学什么总没有个固定的时间，就说数学作业吧，今天早上做，明天自习做，后天也许就晚上做。类似的学习内容没有固定时间来学习，都是学习盲目的表现，结果大大地降低学习效率，也就无形地造成了时间浪费。

二、张冠李戴，粗心大意

有一些孩子，也许天生就具有一种躁性，老想一下子就把学习任务完成，然后到他自己的"小天地"去，结果在学习上就马马虎虎、粗心大意，不是丢东就是落西。数学中忘了一个符号；语文中张冠李戴，缺乏一种严谨认真的学风。要知道，这种马虎的学习态度，不仅会使自己返工、丢分，甚至还会浪费一生的精力。

三、忙忙碌碌不讲效果

"勤"是获取学习成功的灵丹妙药，因为古人说过："书山有路勤为径，学海无涯苦作舟"不错，不勤不能成才，但要明白，光勤也不一定就能成才。

其实，大部分孩子们都是很勤奋的，但是，为什么有的学习好，能金榜题名，而有的学习平平呢。可以这样认为，这些孩子眼中的"勤"仅仅是"不闲着"的代名词，似乎在读、在写、在练、在背就是"勤"，是充分利用时间了。要知道，"勤"只有和"效"结合起来才有意义。请问，如果一天读了 500 页书，练 2000 个字却没有记住一页，甚至一句话，没有记住一个字的结构特征乃至一个笔划的写法，那这种"勤读勤写"还有什么意义呢？

四、学习作风拖拖沓沓

有些孩子一方面大喊时间不够用，有压力，而另一方面学习有十分拖沓，干什么都紧张不起来。

你叫他起床，他就说"再说一会儿"，等到起来了又说时间不够了，匆匆忙忙地糊弄两口,甚至牙也未刷;晚上做作业呢,家长一催他便说:"一会儿做",即使关在小屋里,也是磨磨蹭蹭,紧张不起来,临到睡觉了这才着了慌,又贪黑的苦熬起来。

这样的人,也许大家并不陌生吧,其实,这就是懒惰的表现,而懒惰是时间的小偷啊!

五、用品摆放没有条理

经常有这样的孩子,用过的东西随便摆放,今天放在桌上,明天就会跑到沙发上,后天又飞到了床上。而需要用什么东西时,却又急的团团转,如此,无形中浪费了不少时间。

六、没有意义的时间耗费

有些孩子喜欢做些毫无意义的事情。比如:摆弄不干胶、贴画面;到游艺厅去;买块泡泡糖嚼个没够,类似的事情还有很多。要知道,这样的"小事"做的时间久了,就会形成一种不好的习惯,可以说这是一种对时间的极大浪费,须知,不把时间放在毫无意义的事情上面,就是对自己生命的最大珍惜。

家长们要帮助孩子们杜绝这些浪费时间的地方,帮助提高孩子的时间利用效率。针对孩子浪费时间的具体表现,专家提出了许多意见。

1.磨洋工

原因之一就在于他们对学习产生了畏给情绪,缺乏毅力。

如果你的孩子属于这种情况,就要有意地去磨练孩子的意志。可以带孩子做一些体育锻炼,体育锻炼是培养孩子意志的最好方法。

第二个原因就是孩子缺乏对学习的兴趣。

如果你的孩子是因为这个原因磨磨蹭蹭,学习效率低下,一定注意不要急于责备孩子。可以"以退为进",先让孩子放松一下。

无论孩子是因为哪一种原因而导致时间利用率不高、学习效率低下,作为父母,我们都要积极地寻找原因,与孩子多沟通,才能真正达到帮助孩子的目的。

2.不守时

怎样才能改变孩子迟到的不良习惯呢?

父母要以身作则。改变孩子迟到的坏习惯,父母首先就要以身作则。不熬夜,早睡早起,按时起床后带着孩子锻炼身体,这些都有助于培养孩子养成遵守时间的好习惯。

不要为孩子的迟到编理由开脱。

3.家长"抽"一下转一下

首先父母要对孩子的学习常抓不懈。

每天晚上抽出十分钟,看看孩子当天的作业完成情况,与孩子聊聊这一天的学习感受,都是对孩子很好的督促。

家长要督促孩子制定并坚持执行学习计划。

督促孩子学习还要谨防督促过头。

4.做事乱糟糟,没有头绪

首先,可以帮助孩子列清单。

其次,让孩子每天晚上为第二天上学做好准备。

第三,让孩子把自己的学习用品分类归放。

第四,让孩子自己清理房间。

第五,与孩子一起做一个家庭日程表。

第六,适当地运用小"惩罚"。

第七,家长要以身作则才能了效果。

5.不爱作总结

首先,要端正孩子对总结的认识。

再者,父母应该保持一种轻松的心态。

最后,父母还要引导孩子进行总结分析。

6.作业不能及时完成

如果孩子没有消化理解老师上课讲的内容,他们在写作业的时候速度当然就会慢,而且容易出错。这种情况下,一方面可以和老师取得联系,对孩子的情况有针对性地补习一下;另一方面,也可以要求孩子自己在课后多复习一下老师讲的内容,理解之后再写作业,就可以改变完不成作业这种情况。

如果孩子是因为没有好的学习习惯,这种情况,家长可以与孩子一起制定一个学习计划,严格规定在哪些时间里应该完成哪些作业,定好计划之后,如果孩子不能够遵守,就要及时地批评指正。

家长应该怎样督促孩子更好地完成作业呢?

首先要及时督促孩子。

其次要检查孩子完成作业的质量。

第三要保证写作业的速度。

最后切忌搞题海战术。

7.爱睡懒觉

首先,父母们要试着改变自己。

再者,不要溺爱孩子。

最后,制定一个作息计划,给孩子充足的睡眠时间。

8.无节制地上网

首先,要允许孩子适度上网。

父母可以与孩子签一个协议,一般说来,孩子每天完成了功课、做好了复习,这时,父母可以允许他们在睡觉之前上一会儿网,这既是对他们完成功课的一种鼓励,也是满足他们对网络的好奇心的一种方式,可以促进他们更好地去完成功课。同时,在周末、节假日,可以适当地延长孩子的上网时间。当然,在孩子上网的时候,要对孩子上网的内容有所控制,可以安装一些"安全上网"软件,避免孩子看到不健康的内容,也可以避免孩子沉迷到网络游戏当中。

其次,要提高孩子的自制力。

最后,要多与孩子交流,多关心孩子。

9.在学习上总与父母"讨价还价"

首先,要帮助孩子树立"为自己而学习"的观念。

其次,要改变对孩子提要求的方式。

最后,还可以与孩子一起制定规则。

10.学习没有兴趣

首先,要尊重孩子的兴趣。

其次,孩子学习的时间要适量,督促孩子提高学习效率。

第三,鼓励孩子取得进步,提高他们的成就感。

第四,鼓励孩子的好奇心,增强孩子的求知欲。

第五,让孩子做老师,给他们提供运用知识的机会。

第六,帮助孩子制定一个学习计划,培养孩子的毅力。

第七,和孩子讨论他的将来,激发他的读书愿望。

第八,改变自己教育孩子的方式。

最后,要求孩子有适度的休闲和锻炼。

11.喜欢熬夜

为了避免熬夜,要注意以下三点:

首先,要注意平时的积累。

其次,要注意上课听讲,紧跟老师的节奏。

最后,还要科学地做学习计划,安排时间。

时间观念培养越早越好

孩子良好的时间观念是长期形成的,在这方面家长对孩子的教育越早越好。

一个好的习惯往往能令人终身受益。所以,从这个意义上说,良好的时间观念与孩子的健康成长也是密不可分的。那么,如何才能培养出孩子的时间意识呢?专家认为:"时间"这个看不见、摸不着的概念,很难通过解释说明的方式,让孩子了解到它的意义。因此,家长应该通过培养孩子有规律的生活,将时间概念以非常自然的方式融入日常生活,让吃饭、睡觉,都变成培养时间观念的一个环节。

一、教会孩子学会认时间

对于幼儿时间观念的培养,不宜一开始就给孩子灌输过多的道理,这时候的孩子有不少还分不清年、月、日和具体的时间,应该教孩子先学会最基本的认时间,如看日历、看时钟。对于家里的挂历、日历,可以让宝宝认识并教宝宝主动去撕下昨天的那一页。对于年月日,多数孩子应该可以很快就知道的,看时钟可能难度大一些。如果是较小的孩子,可以先认识长短指针的含义,大一些的孩子会认整点或半点的时间,接下来可以教会孩子认识准确的几点几分。

二、让孩子自己制订一天的计划表

可以教孩子学会把一天的时间安排分为上午、下午、晚上三个时段,再根据事情的轻重缓急来安排自己要做的事情。由于是自己制订、自己做主的,孩子往往能够积极主动地执行。即使暂时忘记了,经过大人的提醒,"宝宝,现在几点钟了?""现在该做什么事情了"?他会很不好意思,"对哦,差点忘记了",赶紧自觉执行计划表的内容。孩子自己制订计划表,能够让他明白时间的重要性,计划好的事情要按时完成,否则后面的计划就无法完成。制定计划表,可以有效地培养孩子的时间观念,珍惜时间。

三、参照时间表有规律地生活

有了"时间"这根无形的指挥棒,可以让孩子从小就养成有规律的生活习惯,孩子也比以前更"听话"了,做事也不会那么磨蹭了。以前孩子做事也许总是爱拖拉磨蹭,引入"时间"后,只要孩子想故意磨蹭,家长就可以指指墙上的时钟,或者问他现在几点几分了,孩子就会明确时间,做自己该做的事。至于起床、刷牙、洗脸、吃饭这类每天必做的事情家长也不用再反复催促了,孩子会乖乖听"时间"的指挥了。用规律生活来培养孩子的时间观念,需要家长的身体力行,如果家长本身的生活就没有规律,孩子在认识时间、遵守时间方面就会无所适从。只有规律的生活作息,才能使幼儿对"时间"这个抽象概念有深刻的认识和理解。

四、遵守约定适当奖励

如果刚开始孩子还没有时间观念,在做某件事情前家长要和孩子约定好时间,先约法三章,这样可以减少不必要的冲突和亲子关系危机。由于都是事先约定好的,到了约定的时间,就一定要遵守约定。可能刚开始孩子会耍赖,家长可以事先承诺:如果遵守约定,将会得到一定的奖励。有了奖励的刺激,孩子会更认真地遵守约定。例如看电视或DVD,约定好这个节目结束或看20分钟,等到时间到了或演完,让孩子自己关闭电视机。对于"屡教不改"的孩子,家长可以和孩子比赛"遵守约定",互相监督。不管是谁,没有遵守时间的,就要受到一点小惩罚,而遵守约定的人可以得到奖励。有了比赛这一动力,孩子会积极争取胜利,遵守约定就在游戏中做到了。

针对不同年龄段的孩子,有不同的具体操作方法。

0~1 岁

0~1岁的孩子,主要依靠生理上的变化产生对时间的条件反射。孩子1个月时就会随妈妈的生活安排产生初步的时间观念,如饿了,便知道喝奶的时间到了;吃奶后过了一段时间要排尿,孩子会哭着要妈妈换尿布;吃饱、睡醒以后又哭着要求大人抱;玩累了入睡……如此反复循环。对时间的认知,孩子主要依靠自身的生物钟来完成。

1.顺应孩子的生物钟。出生后不久,孩子就形成了按时吃奶、睡眠、玩耍等生活规律,妈妈按照孩子的生理需求来安排他吃、喝、拉、撒、睡,不要随意调整他的作息时间,以免打乱生活秩序。否则,孩子不能对时间建立很好的条件反射,也不可能建立良好的时间观念。

2.灌输秩序概念。这个年龄段的孩子能理解诸如"妈妈先跟我打招呼,然后给我喂奶,再给我洗澡"这类的秩序概念,因此,周岁之前是向孩子灌输秩序概念的最佳时间。如果你随意改变计划,秩序被打乱,孩子就会以发脾气、哭闹的方式进行"抗议",拒绝合作。为此,在照顾孩子的时候,不妨给他讲述做事情的过程,如"现在我们穿鞋,然后去公园";需要做另一件事时,提前给他提醒:"故事讲完后,就是洗澡时间啦。"让孩子从秩序概念中理解时间概念,一点一点地积累逐渐形成时间概念。

3.帮助孩子用活动区分时间段。1岁左右,孩子的睡眠时间逐渐减少,多了许多活动时间。这时你可以调整他的作息了,如固定白天玩耍、睡午觉的时间,晚上陪他进行较安静的活动,如看画报、讲故事等,作为睡前的信号。让他初步感知用玩耍、睡眠等活动来区分白天与黑夜。

1~2岁

周岁以后,孩子能用简单的语言表达想法了,对时间的认知有了快速发展,虽然对几点几分的数字化时间仍没有概念,但已经能认识一些特殊活动的时间了,如午餐时间、睡觉时间。他还可能知道一周有 7 天,如果你说这天不用上班,他可能会说这是周末。

1.指导孩子用动作和语言来建立时间概念。如早上,孩子起床后会要穿衣,随后指着毛巾要洗脸、洗手,走到桌边吃早餐,挥手向上班去的爸爸妈妈说再见;晚上累了会走到床边要求睡觉。慢慢地,你会发现,孩子不需要你的指点可以自己做一些事情了,表明他已经形成"运动定型",这将使他养成遵守时间、做事不拖拉的好习惯。

2.带孩子出游前制定出游的过程,并用语言描述给他听。如:我们到车站乘公交车去公园,然后一同吃午餐,之后一起做游戏……让孩子理解时间的相对概念:现在、之前、之后,等等。

3.使用形象化计时工具,如计时器、闹钟等。先将时间设定好,时间一到就发出声响,孩子会作出反应:"哇,时间到了,我要快一点儿。"也可以选用图像化的挂钟,如以十二生肖代表数字的钟,用它来提醒孩子:"当短针走到'老虎'的时候,你就要把饭吃完。"这个时候的孩子思维还停留在具体形象化阶段,将抽象的时间具体为声响与动物,更容易理解,教育效果也会更好。

2~3 岁

到两三岁,孩子的时间概念基本形成,言谈中越来越多地使用与时间有关的字眼。对时间的认知,局限在与事件的联系上,总是借助于大自然与周围环境的变化、生活中的具体事例为指标,将吃饭、睡觉、看电视、做游戏等视为时间概念的指针,特别是生活作息,在他对时间的理解上起着决定性作用。在孩子眼中,"早晨"就是起床的时候或天亮的时候,"白天"就是游戏的时间,"下午"就是午睡起来之后。只有到三四岁时,孩子才能知道白天、黑夜、早上、晚上,甚至今天、明天等时间概念了。

1.尽量用孩子理解、熟悉或亲身经历过的事物来教他认识时间。如告诉孩子"下午三点钟我们去动物园",他可能无法理解,但换成"睡完午觉后我们去动物园",他就知道是怎么回事了。

2.有意识地使用时间词汇。虽然孩子的时间概念发展大都跟不上他对时间词汇的掌握速度,但学习使用时间词汇能增进他的时间概念。为此,你可以有意识地在他面前使用时间词汇,如"你今年两岁,明年就三岁了。"或教他唱一些和时间有关的儿歌,如"雪花飘,冬天到。"等。

3.制定一个合理的作息时间表,指导孩子有条不紊地执行。如早上7点起床、7点半吃早餐、8点自由活动,中午12点吃午饭、午睡1~2个小时、自由活动,下午6点或6点半吃晚饭,晚上8点半上床睡觉。

4.督促孩子严格遵守时间。无论画图、玩玩具,还是做游戏,都要按时开始,按时结束,从小养成守时、惜时、对时间有紧迫感的习惯,避免日后做事"慢吞吞"、"拖拖拉拉"。

良好时间习惯的养成

守时

儿子刚上一年级,每天的作业起码1小时才能完成。他一会儿吃饼干,一会儿看电视,一会儿玩一下足球,结果作业做完了,又错过了睡觉的时间,直接导致第二天赖床不起。我和儿子约定,如果他在规定时间内按要求完成作业,就奖励他看动画片。在我的监督下,他开始时完成的不错,也能够准时做到,但好景不长,慢慢地就又变回老样子了。

经常会听到父母抱怨孩子已经上大班了,起床后还磨磨蹭蹭,没有时间观念,他们在一边干着急,孩子却无动于衷、我行我素。遇到这种情况,有的父母干脆代劳,替孩子完成分内的事情,性子急的父母就强行执行自己的意志,甚至和孩子产生冲突。久而久之,这种做法就容易造成孩子的被动型人格,影响孩子心理的健康发展。作为父母,应该采取怎样的方式来解决这样的问题呢?

一、用生活实例给孩子建立时间概念

孩子年龄小,可能对时间的概念有些模糊,家长应当用一些具体的事例来帮助孩子建立时间的概念。让一个2岁的孩子告诉您2分钟是多长时间,也许比较困难,但是如果您把2分钟说成“洗完一个苹果”,就很容易让孩子理解。5岁以前的孩子不太关注一天中早上、中午和晚上这几个时间点的区别,他们的时间概念需要一个标志性的事件来衡量,这就需要家长为孩子建立一个相对稳定的生活程序。家长可通过和孩子一起建立一套合理的生活作息制度的办法,来帮孩子建立时间概念。

二、摆出事实并支持孩子做出自己的选择。

孩子的注意力是极不稳定的,他们往往没有明确的目标,关注点总是随着自己的兴趣而转移,他们一旦发现了好玩的事物,就会完全沉浸其中而忘却周围环境和本来的任务。了解了这个特点,父母就不必为孩子三心二意而不守时的举动感到不可理解和困扰了。遇到这种情况,父母需要做些什么呢?孩子是独立的、有思想的个体,他们有权决定自己的行动并能乐于承受结果,父母所要做的就是客观地向孩子摆出选择所可能产生的一切结果,告诉孩子守时是人们的美德,同时相信孩子能做出明智的选择并支持孩子的选择。

比如,孩子在游乐场玩耍,由于没有时间观念,他们玩起来没完没了,天快要黑了,可孩子还是不舍得离开。这时,爸爸妈妈也许会认为现在该回家了,时间不早了,可孩子只知道自己觉得很好玩,并不知道回去晚了会有什么不好结局。您可以让孩子体验一下没有时间观念的结果:遭到游乐园工作人员的催促;回家的路上正好赶上了堵车以致错过了自己喜欢的动画片。因此,您可以告诉孩子如果没有“时间概念”即不按时回家,可能会遇到的一些问题,给孩子非常清晰地一个个列举出来,然后让孩子自己来决定继续玩还是回家,这样不仅让孩子养成了一定的时间观念,而且还培养了孩子的自主意识。

三、制定并严格执行生活作息制度。

时间有一定的延续性、顺序性和逝而不复性,对于 6 岁左右的孩子来说,掌握时间概念是一件难度较大的事情。根据心理学的研究成果,5 岁之前的孩子对一天之中的三个较大时间单位(早上、中午、晚上)掌握都较差,他们对于时间的理解往往与自身的生活经验联系起来, 比如起床刷牙的时间是早晨,看动画片的时间是晚上等, 他们的时间需要一个标志性的事件来衡量, 这就需要为孩子建立一个相对稳定的生活程序。因此,父母应该征求孩子的意见,和孩子一起建立一套合理的生活作息制度,并辅以相关的奖惩措施,孩子认可后,就应该自觉地执行。

四、以身作则,为孩子树立榜样。在家庭中,父母是孩子的榜样,他们通过言传身教影响孩子,而于孩子身教更重于言传。孩子就是父母的镜子,什么样的父母就会培养出什么样的孩子。所以,身为父母,应该以身作则,注重时间观念,养成守时惜时的好习惯。比如和孩子约好什么时候接他回家,什么时候去动物园都要严格履行, 如果做不到, 就要诚恳地向孩子道歉请求孩子的原谅,并采取相应的补救措施;相反,如果孩子不能履行约定,父母也要毫不留情地让孩子体验不守时而造成的后果。

五、借助故事中的人物形象树立榜样。

在孩子的世界中,故事占据了他们的大部分生活,几乎所有的孩子都爱听故事, 因此借助故事来培养孩子的时间观念是一个很自然也很容易奏效的策略。当弦子出现不守时的状况时,可以搬出他最喜欢的人物形象,"Mlckey 可不会这样哦,他是一个守时的孩子,他很希望你和他一起做守时的孩子呢!"只要是孩子喜欢这个角色,诸如此类的话都会对孩子产生效果。久而久之,孩子就会很自然地没有任何阻力地守时了,孩子的时间观念也就相应地形成了。

总之,孩子不会像成人那样惜时如金,他们往往是懒散、懈怠、拖拉的,这就需要父母结合孩子的特点, 想出切实可行的办法帮助孩子树立遵守时间、珍惜时间的良好习惯,为以后的小学生活打下良好的基础。

惜时

有一次,一个青年向著名教育家班杰明请教如何才能获得成功,他们约好了地点与时间。等到了那一天,青年如约而至,可是,班杰明打开门的那一瞬间,让青年惊讶不已,原来他的房间乱七八糟,一片狼籍。看着青年惊讶的表情,班杰明马上说到:"你看我房间,太不整洁了,请你在门外等一分钟,我收拾一下你再进来吧。"说完,不等青年开口,他就关上门,一分钟之后,他再次把门打开,并热情地招呼青年进入了房间,此时青年看到一切已变得井然有序。青年在心里感叹班杰明的速度,可是没等青年把问题讲出来,班杰明就非常客气地说:"好吧,你可以走了。"青年一下子愣住了,既尴尬又非常遗憾地说:"可是,我还没向您请教呢。""这些,难道还不够吗?"班杰明一边扫视着自己的房间,一边微笑地说:"你进来已经有一分钟了。""一分钟?"青年人若有所思地说:"噢,我懂了,您让我明白了一分钟的时间可以做许多事情,也可以改变许多事情的深刻道理。"向班杰明道谢后,青年人开心地走了。

这是一个简单的故事,也是一个耐人寻味的故事,故事告诉我们一个道理:一分钟的时间很短,也很渺小,但是却可以做很多事情,也可以改变很多事情,我们的人生就是由无数个一分钟构成的,如果把握住每一分钟,我们的人生就会活得有意义。

家长在学习过程中培养孩子惜时的习惯,可以从以下两方面入手:

首先,在学习过程中用一些名人"惜时"的故事鼓励孩子们。孩子的智商、情商都在发育之中,家长应当把握孩子的发育规律,经常用一些健康、向上的事例来鼓励孩子,给孩子带来榜样与精神力量。

青青园中葵,朝露待日晞……少壮不努力,老大徒伤悲。古往今来,许多有着杰出成就的优秀人才都有惜时的习惯。

人们问富兰克林:"你怎么能做那么多的事呢?""您看看我的时间表就知道了。"他的作息时间表是什么样子呢?5点起床,规划一天事务,并自问:"我这一天要做些什么事?"上午8点至11点,下午2点至5点,工作;中午12点至1点,阅读,吃午饭;晚6点至9点,用晚饭、谈话、娱乐、考查一天的工作,并自问:"我今天做了什么事?"

朋友劝富兰克林说:"天天如此,是不是过于……""你热爱生命吗?"富兰克林摆摆手,打断朋友的话,"那么别浪费时间,因为时间是组成生命的材料。"

在钱学森的履历介绍上常有"任国防部五院副院长、院长"的字样,可实际上钱学森是先当院长,后当副院长。当年 45 岁的钱院长虽然精力充沛,但他既要为中国的导弹事业举办"扫盲班",又要带领大家进行技术攻关,还要为研究院一大家人的柴米油盐操心。有时研究院的报告和幼儿园的报告会一同等待他批示。这些行政事务占用了他很多时间,为此他给聂帅写信,要求"退"下来改正为副,专心致力于科学研究和技术攻关,上级同意了他的要求。

其次,家长应严格执行学校的时间制度,通过奖惩来使孩子养成惜时的习惯。对积极的孩子给予表扬,给迟到的,拖沓的孩子一些批评,在孩子之间形成对比,并对孩子进行正确的引导,那么孩子们就会认识到彼此间的差距,从而越来越珍惜时间。

有一次,鲁迅的父亲病重,鲁迅一大早就去当铺和药店,回来时老师已经开始上课了。老师看到他迟到了,就生气地说:十几岁的学生,还睡懒觉,上课迟到。下次再迟到就别来了。鲁迅听了,点点头,没有为自己作任何辩解,低着头默默回到自己的坐位上。第二天,他早早来到学校,在书桌右上角用刀刻了一个"早"字,心里暗暗地许下诺言:以后一定要早起,不能再迟到了。

在当今社会,我们的生活很舒适,有些孩子就走向了生活与学习的误区,抛开学习,恣意攀比,沉迷幻想,徘徊不前。孰不知世界上最快又最慢,最长又最短,最平凡而又最珍贵,最易忽视又最令人后悔的就是时间。时间对每个人都是公平的,对每个人都是重要的,从古到今,凡是为人类做出贡献的人,他们都非常珍惜时间,他们都把握住了人生的每一分钟。只有缺乏意志,毫无志向的人才认为今天的事情没有做完明天还可以继续,也只有这样的人才会一生庸庸碌碌,一事无成。

培养孩子惜时的学习习惯,要求孩子珍惜时间就必须从珍惜每一分钟做起,从现在做起。只有养成了惜时的习惯,孩子们才能攀上理想之峰,才能到达成功的彼岸。

合理安排时间

曾有人戏称:读书是件辛苦的事,必定劳你心志,累你筋骨。其实,累与不累是一个人的态度问题,也是一种方法问题。

目前,孩子的升学压力之大、学习时间之长是有目共睹的。孩子们每天都在不停的学习、学习,效果如何且不论,孩子们倒是经常学出"毛病"了。

学习时间过长、学习效率低下,不仅对学生的生理、心理造成一定的影响,对任课教师的危害也不容忽视。医学研究表明:中学生的最佳睡眠时间是每天9小时,成人每天8小时。高中学校的学生和教师处于严重的睡眠缺乏状态。睡眠不足给师生造成的危害主要体现在以下几方面。

1.影响大脑的创造性思维

实验研究表明:人的大脑要思维清晰、反映灵敏,必须要有充足的睡眠,如果长期睡眠不足,大脑得不到充分的休息,就会影响大脑的创造性思维和处理事物的能力。

2.影响青少年的生长发育

现代研究认为,青少年的生长发育除了遗传、营养、锻炼等因素外,还与生长素的分泌有一定关系。生长素的分泌与睡眠密切相关。

3.导致疾病发生

经常睡眠不足,会使人心情忧虑焦急,免疫力降低,由此导致种种疾病发生。另外,由于长时间的静坐,学生及教师得腰间盘突出、颈椎病的比例相当高。睡眠过少,还可能让人感到压抑,心理承受能力明显下降。

建议:

1.改进作息时间的安排

学校作息时间的制定要科学、合理,与青少年的健康成长相一致。学习时间过长,势必学习效率低下,由于睡眠长时间严重不足,许多学生上课时打瞌睡,影响听课,长此下去,形成恶性循环。我国古代兵法强调"一鼓作气,再而衰,三而竭",长时间的疲劳学习,学生们如强弩之末,最终结果可能更不理想。所以,改进作息时间,提高学习效率才是科学有效的途径。

2.引导学生科学地利用时间,改善睡眠,从而更好地学习

心理学中后摄抑制的实验研究表明,睡眠对记忆有促进作用,所以对高中生来说,午睡应该提倡。午睡可以保证下午和晚上的高效学习,对早上和上午所学知识的记忆也有促进作用。此外,还可以不定期地请学生当中的优秀生讲讲自己的学习方法,让其他学生看看身边的尖子生是如何学习的,利用榜样的示范作用来引导学生要有科学的学习方法。

3.做好学生的思想工作,适当降低学生的压力和焦虑水平

心理学研究表明,焦虑水平与学习效率之间呈倒U曲线关系,即中等焦

虑水平学习效果最佳,焦虑水平太高或太低对学习都不利。高中生的学习压力及焦虑水平本来就大,教师应做好学生的思想工作,教育学生要重视学习过程,看轻学习结果,降低焦虑水平,达到最佳学习效果。

归根到底,还是没有合理安排学习时间的问题。有些同学忙一阵子数学,烦了再看语文,累了就看一会电视,一晚上下来,什么东西也没学到。也有些同学认为晚上学习效率高,熬夜到三更半夜,导致白天疲惫,精神不集中,脑子反应迟钝。这些做法都是不可取的。而如果学会了合理安排学习时间,学习效率就会大大提高。

首先,要充分利用白天的学习时间,因为白天精神状态好,记忆力强,思维活跃,白天一小时的学习效率相当于夜晚的一个半小时。同学们每天上课前在头脑中做一个简单的学习计划,给自己订一个小目标,防止无目的的听课。课前把学习用品准备好,对所学知识作一下简单预习,上课有重点的听课。还有,不要只注重整段时间,不把零碎的时间放在眼里。"不积跬步,无以至千里"抓紧零碎的一两分钟,长期积累下来会有惊人的效果。灵活利用挤出来的时间,如课前、课后、乘车时间来记几个英语单词,背一些英语句子,完成一些学习上的小任务,可以把大块的时间留给课外的提高练习。

其次,要统筹安排课外学习时间,分清各项学习任务的轻重缓急,防止"捡了芝麻,丢了了西瓜。"可采用"ABC"时间分类法,将学习任务按轻重缓急分为A(重要)、B(次要)、C(一般)三类。重要的事情要先做,如当天的作业和课堂知识的复习与巩固;次要的事情,包括课外阅读或预习等,可随后处理;一般的事情,如超前自学新的课文,可以按照所剩时间的多少来灵活处理。如基础很差,就不必急于去加做什么课外补充练习了,应该把主要精力放在巩固所学知识和弄懂课本内容上。但如果课下作业很轻松就完成了,就该多做一些提高能力、发散思维、拓展延伸的课外题。做作业时要调整自己的状态,尽量使大脑、体力、情绪处于最佳状态,这样才会有效率。要尽量避开情绪低落、无精打采的不利时间,在头脑最清醒、记忆力最好的时段,安排记单词、背课文或做一些有代表性的数学题;在情绪低落、记忆力减退和精神不集中的时段,就要安排难度不大且自己感兴趣的学习内容,如听听英文歌曲、看一些小故事等,或者干脆闭目养神,休息一下,等精力旺盛的时候,再坐下认真学习。

另外,在学习时间安排上,有一个著名的公式:8-1>8,意思是从8小时中拿出1个小时进行体育运动、娱乐或休息,表面上只学习了7个小时,但由于精力充沛，其效率远大于连续不断地学习 8 个小时。这也就是我们常说的学习要注意"劳逸结合"。在学习感到大脑乏力，精力不集中，有厌倦情绪时，就要停下来，休息一下，做一些文体活动，这样才能使自己头脑保持清醒，以充沛的精力做下一件事。

适当奖惩有助孩子形成良好时间习惯

正确、适度地使用奖惩手段，可以强化取得的教育效果，更好地帮孩子形成良好时间习惯。但家长一定要把握好"奖惩有度"。

一、要明确奖惩使用的范围

奖惩对孩子的发展具有激励作用，因此，父母在对孩子进行奖惩之前，首先要明确孩子的哪些行为是应该奖惩的，哪些是不该奖惩的，这样，才能给予孩子适当的奖惩，取得预期的教育效果。

教育中的惩罚现象应该伴随着违犯道德规范的行为而出现的。即当孩子违犯道德规范，在道德方面出错时才可以采用惩罚，而不应因学习成绩差而惩罚孩子——因为惩罚不仅不能提高孩子的学习成绩，而且还会使得孩子对相关的学习心存恐惧，并最终对相关的学习失去信心。

孩子重复地犯同样的错误时才给予惩罚。对孩子因缺乏某方面的知识和经验而首次犯某方面的错误时，不要惩罚孩子；否则，这将会使孩子终日处于不安之中——他们总是担心犯错误和犯错误后被惩罚，进而变得胆小、懦弱、无主见，凡事都不敢去尝试，凡事都要征求成人的意见才敢去行动，这将会成为孩子发展的一个大障碍。

孩子已经认识到所犯错误的错误所在，并有悔改的意愿，成人就不应该再惩罚孩子。因为惩罚的目的是要使孩子知错、改错。

孩子因探索欲望驱使而损坏物品，不应受到惩罚，否则，会使孩子因此而逐渐失去了探索求知的欲望，不利于培养孩子的探索精神，更不利于孩子从探索过程中获得经验，获得发展。

好心做坏事不能惩罚。惩罚孩子要考虑动机，不能光看结果，由于能力和经验的限制，孩子常会"好心"办"坏事"，如，孩子想"自己的事自己干"，自己倒水喝，水倒多了溢了出来。这时家长就不能批评，否则，将会挫伤孩子做事的积极性。

对孩子表现出来的一些心理行为问题,如吮手指、吃衣角、咬嘴唇、咬指甲、拔头发、发脾气、强迫行为、恋物行为、性自慰行为等,不能采用简单的惩罚手段来处理,因为孩子出现这些行为的根本原因是内心紧张和不安,惩罚不能解决他们内心的紧张和不安的问题,相反还会加重其内心的紧张和不安,进而使得类似的行为发生的频率会进一步的提高,使相关的问题行为变得更加严重。

孩子完成了对他而言是具有挑战性的任务时,应该给予表扬奖励——这样,有利于培养孩子的进取心和自信心。

孩子以独特而有效的方式完成任务时,应该给予表扬奖励——这样,有利于培养孩子的创造性。

孩子表现出了我们所渴望的行为、态度和良好的习惯时,应该给予表扬奖励——这样,有利于培养孩子的相应的行为习惯。

不要用事先许诺的奖励来激励孩子。有的教师有时为了让孩子听从要求往往会采用事先许诺的奖励来调动孩子的积极性。如,"你先别闹了,你不闹的话,妈妈就给你一块糖。""你帮妈妈擦桌子,等一下妈妈给你10元钱。""不要再把洗澡水倒在地板上,听话,过会儿吃了晚饭后,我给你吃冰淇淋。"等等,家长的这些许诺确实可能会在一时一事上发挥积极作用,孩子在得到家长的许诺后,确实出现某些好的行为;但是这种事先许诺式的表扬奖励,如果用多了,其不良后果也是十分明显的,它会使得孩子变得非常功利,使孩子在采取行动之前,只计较自己是否得利,或利大还是利小,使得孩子养成斤斤计较、见利忘义、自私自利等浓厚的功利主义意识和品质,使其难以认识到自己对待事情应负的责任,以及行为对他人和社会的意义,这就使得其今后很难与人共事、共处。

当孩子出于内在的兴趣或进取心而表现出好的行为时,家长如果给予孩子过多的表扬奖励,反而会削弱孩子的兴趣和上进心。比如,孩子自己非常喜欢画画,他并不需要家长的表扬和物质奖励,而只要获得认可就足够了。如果孩子画出很美的画,家长只要关注一下就行了,但如果家长说:"宝贝,你真棒!等一下我给你朱克力吃!"这样的强化多了,反而会使孩子去画画的兴趣逐渐减弱,甚至会使孩子出现厌烦心理。

二、以表扬奖励为主,批评惩罚为辅

心理学研究表明:表扬奖励与批评惩罚的比例最好控制在3:1。如果远远超过了这一比例，那么，你的表扬或许已不太真诚或者就有点夸大其辞的成分；如果低于这一比例，那么，你就可能是个过于挑剔的父母，这将令孩子情绪长期不安，进而会破坏孩子的自然成长，使其成为神经质、怯懦，或者不诚实，甚至还可能学会用粗暴的态度对待他人。

父母要多看到孩子的优点，要多看到孩子的进步，要多给孩子以肯定式的评价，要鼓励孩子把自己的优点发扬光大，这样有利于孩子不断地进步，而不要总是盯着孩子的缺点不放，更不要认为只有孩子把所有的缺点改正完了才是好孩子，有缺点的孩子也可以是好孩子，真正没有缺点的孩子是不存在的。

三、奖励惩罚，要让孩子有相应的"感觉"

奖励，要让孩子感觉到"甜"的滋味；惩罚，要让孩子感觉到"痛"的滋味。只有这样，奖惩才能触及孩子的内心，才能对孩子的发展有意义。

如，小牛每次生妈妈的气时，都会或打、或踢、或咬妈妈。这时妈妈总是告诉他：妈妈被他打得好痛，所以不可以再打妈妈了。可是，这个方法对小牛没有产生任何改善作用。后来她听了一位专家的建议，改变了应付的态度。当小牛打妈妈时，妈妈很轻松地说："你要和妈妈玩打架游戏是不是？"然后，妈妈趁机打一打小牛，不要太用力，但要比小牛打的力量大一些，是真的打。结果小牛受激怒再回打妈妈，妈妈还是同样做法，只是第二次稍稍用力。妈妈再继续和小牛玩游戏，结果，小牛很快就没有兴趣打了。此后，小牛不再打妈妈。

又如，孩子不好好吃饭，父母可以由他去，只要让孩子多几次在下一餐到来之前尝一尝由于不好好吃饭而挨饿的"痛"，孩子以后到吃饭的时候自然而然就会好好吃饭。

再如，孩子玩水，你可以悄悄将总水龙头关掉，当孩子要用水时发现没水了，你可以说：因为你刚才玩水浪费得太多，孩子经过没有水用的难受后，下次就知道玩水不是件好事。

很多时候，对孩子讲再多的道理都是没有教育意义的，只有让孩子从自己的不良行为中获得了"痛"的感受，其相应的认识才会真正到位，其改正不良行为才会有内在的动力。

同理，奖励也要研究孩子的需要，奖品或奖励的形式是孩子比较想要或比较喜欢的，这样的奖励才会对孩子具有激励作用。

四、奖惩不宜过多，过滥

过多的惩罚，会使孩子自卑；过滥的惩罚，会让孩子对批评惩罚产生"免疫力"，而使批评惩罚失去其应有的教育效果。过多的奖励，会让孩子变得对奖励"上瘾"——对自己所做的任何琐事都期望得到表扬，或者会使孩子对奖励产生依赖心理——有表扬奖励的就去做，没有奖励的，应该去做的也不去做，过度的奖励还会减弱活动本身对孩子的吸引力，同时还会泯灭孩子的自我激励能力和创造能力。

另外，心理学研究还表明，过多奖励和惩罚，会使孩子形成在别人的评估下学习生活的习惯，久而久之会使孩子缺乏主见，善于察言观色，过于注意他人的评价。而一个人总是为了别人看法而学习生活是很痛苦的，为了迎合别人的看法，不得不伪装自己，隐瞒自己的观点，甚至失去是非观念，失去个性和自信。

奖惩仅仅是一种外部强化的教育手段，它的目的是培养孩子在没有奖惩的情况下仍然能自觉地去做他该做的事，即奖惩是为了不奖惩。因此，我们应努力创造条件，让孩子从活动本身带来的成功和快乐中得到强化，从自律中得到满足。切记孩子的学习、发展的积极性绝不能仅仅靠外部强化来实现。

第四章 养成良好习惯

有位教育家说："习惯就仿佛是一条缆绳，我们每日为它缠上一股新索，不要多久就会变得牢不可破。"所谓习惯决定一生并非虚言，好习惯会给孩子带来美好的人生。只是习惯的培养不是一蹴而就，而是需要长期的养成。习惯养成越早越好，教育孩子更要重视孩子良好习惯的养成。

习惯定终生

任何一个人在成长过程中都离不开教育,而教育就是培养人的良好习惯。家庭是教育的最好教室, 父母是孩子最重要的老师。父母的第一责任是教育孩子,而教育孩子的第一位就是培养孩子的好习惯。教育孩子,先从做一个好父母开始,做好父母,先从培养孩子好习惯开始。

一位父亲习惯在每天工作之前,到酒馆里喝上一杯酒,这已经成为他的习惯。在一个大雪纷飞的早晨,他依然在吻别了妻儿后,又径直走向酒馆。没有走多远,他感觉有人跟在他的后面,当他转身时,发现他不满8岁的儿子正踩着他留在雪地上脚印,并且兴奋地说:"爸爸,你看,我正踩着你的脚印!"孩子的话使他为之一振,心想:我要到酒馆喝酒,儿子却在跟随我的脚印。从那天起,他改掉了每日早晨喝酒的坏习惯,再也不光顾酒馆了。

有道是,身教重于言教。父母的所作所为,直接影响着孩子。于是,许多时候,当我们仰视那些中外名人的成就时,心里不禁要问:他们早慧成才的奥秘是什么?当我们翻阅那些成功父母家教个案时,心里不禁要想:他们的父母是怎样培养孩子的好习惯的?任何一个人在成长过程中都离不开教育,家庭是教育的最好教室,父母是孩子最重要的老师。叶圣陶说:"什么是教育,简单一句话,就是要养成良好的习惯。"父母的第一责任是教育孩子,而教育孩子的第一位就是培养孩子的好习惯。

拿破仑·希尔说:"播下一个行动,你将收获一种习惯;播下一种习惯,你将收获一种性格;播下一种性格,你将收获一种命运。"我们共同拥有一个称呼:"爸爸"和"妈妈"。"爸爸"和"妈妈"是一本书,书中的每一页都记载着父母对孩子爱的深沉与无私,记录着父母对孩子爱的过失与遗憾。透过纸背,书中呈现出这样的经验:做人难,做父母更难,做一个好父母更是难上加难。家庭,是人生的第一课堂,是孩子生长的摇篮。孩子,在这里生活、成长;习惯,在这里养育;教育,从这里开始;情感、是非、好坏、善恶和信念,在这里奠定。家庭最初及持续灌输的是非观念、善恶标准、为人原则和习惯养成等将影响他的一生。

父母,是孩子的第一任老师,也是孩子的朋友。每一个孩子从生下来到长大成人,其间要遇到无数个第一次:第一次啼哭,第一次说话,第一次自己吃饭,第一次穿衣服,第一次坐汽车,第一次上学……在这无数个第一次中,孩子逐渐走进人生的世界。这些第一次摆在他们面前的各式各样事物,使他们觉得陌生而好奇,同时所遇到的各种困惑和疑虑,都需要父母来帮助、诱导与解答,而这些第一次灌输的观念和认识,会给他们留下极其深刻、乃至是终生的印象与影响。如果你为孩子培养了一种好习惯,那么,它就会处处让你看到未来生活里的希望,在通往成功和梦想的道路上,它就会成为你灵感的源泉,成为开启你智慧之门的金钥匙。我们做父母的,也许不能给孩子万贯家产,也不能给孩子金山银山,但如果给孩子一个美好的童年,使孩子从小养成一个良好的习惯,就会使孩子多一份自信,就会使孩子多一份享受生活的能力,就会使孩子有一个积极的人生,就会使孩子多一份成功的机会。

如果说生命是一座五彩缤纷的百花园,那么,好习惯就是这座花园中盛开的一朵美丽的小花,她的果实对生命的成长往往影响深远,就像鸟儿偶尔衔落到一个荒岛上的一粒树种,这不起眼的种子往往就是覆盖荒岛的森林的孕育者,是改变荒岛的"荒之命运"的制造者!

如果说生命是一片充满生机的原野,那么,好习惯就是这片原野上悄然踏出的一条心灵之路,有了这条路,就不会再因误入荆棘之丛而被伤害,就不会在漫漫的岁月里迷失自我;有了这条路,就能去漫游我们的理想之国,就能一天比一天的更走近我们渴望中的新生活。

如果说生命是一部激越高亢的乐章,那么,好习惯就是这部乐章中用不断的拾取愿望的音符独自创作的一首迷人的歌,唱着这首歌,就能享受到生活的节奏之美;唱着这首歌,内心深处就会涌动着一种催促着自己奋发向上的力量。

有一个旅行者,他每到一地,都有寻找奇异的小石子作留念的习惯。有一次,他却在一座山下的一条融雪汇聚成的冰一样的溪流里,发现了一颗硕大的钻石。是的,好习惯就是让我们不断发现成功钻石的寻宝图,是一本在生命的银行里不断扩展我们人生价值的存折。

每一个孩子都有不同的习惯,养成好习惯使孩子终身受益。反之,一旦养成坏习惯,改变起来就比较困难,不仅会影响孩子的学习、生活、性格、行为等,而且会影响孩子的将来,甚至会耽搁孩子一生的前程。

坏习惯就像是行驶在岁月之海上的理想之轮里的老鼠,早晚有一天会把船底啃穿,使其在不知不觉中沉没,而好习惯则是高挂在这理想之轮上的风帆,有了这风帆,不管是哪个方向的来风都能让它成为推动我们前进的动力,从而把我们送到自己渴望到达的港湾。

一个人的反复的行为便形成了习惯,而习惯又反过来塑造了你独特的自我。因此,好读书和思索的人,收获知识和智慧;处处总是习惯为他人打算的人,收获的是快乐和幸福;遇事总是抱着积极的心态、习惯往好处想的人,收获的一定是成功和人生的辉煌……

合群:不要让孩子性格孤僻

我的儿子四岁了,可能从小受环境的影响,所以现在不太合群,也不喜欢交朋友,都是自己跟玩具玩。据老师说在幼儿园里他也是这样,不喜欢跟别的小朋友接触,而且爱与人对着干,请问如何纠正他的坏毛病?

不合群的孩子虽然说不上是什么病,只能算是一种气质类型,但却妨碍他们去适应环境和学习新知识,这样的孩子长大以后很难与人合作,也很难适应今后社会发展的需要。调查表明,合群的孩子在知识范围、语言表达、人际交往等方面均明显优于性格孤僻、不爱交往的儿童。

孩子不合群,性格孤僻,不仅脱离周围的小朋友,而且明显地影响孩子的进取心,甚至损害身体健康。孩子不合群,跟先天气质有关,但更主要的原因是父母封闭式的教育所致。父母整天把孩子关在家里,把电视机当保姆,与玩具、游戏机和小人书等为伴,不让孩子出去和其他小朋友接触玩耍,担心与别的孩子一起会产生矛盾,甚至会染上坏习气,有个孩子在日记里写道:"我没有兄弟姐妹,爸爸妈妈又不让我和别的小朋友玩,唉,我只好把养在笼子里的两只小鹦鹉作为我的伙伴了。"这样下去,天长日久,孩子也成了笼中之鸟了。

孩子是否合群不是天生的,而是通过后天的学习、教育培养逐步取得的。所以,为了使孩子成人后有个良好的人关系,就需要从孩提时代注意培养孩子的交往能力,注意尽量多地提供孩子与外界接触的机会。

孩子不善交往的原因在父母

其实孩子从三四岁以后,就有了与小伙伴相处的愿望,此时孩子与家庭成员的交往需求已扩大到周围的环境和更多的小朋友。如果家长阻止孩子的这种社交行为,就是对孩子的压抑,日久天长会使孩子形成孤僻性格,一旦与人相处自然就会不合群。此外,一些自尊心过强和过弱的孩子在集体中也会感到不适应。自尊心强的就会看不起别的小朋友,缺乏自尊心的孩子也会胆小、懦弱,缺少与小伙伴交往的信心和兴趣。即便勉强在一起也常是不欢而散。

引起孩子不合群的原因与父母对孩子的态度以及家庭环境有重要关系。

父母对孩子的过度关切,事事代为安排,往往令孩子失去发展合群性的机会。例如当孩子学习自己玩的时候(约六个月大),父母常过分注意他,拿东西给他、抱他,令孩子不能充分、自由地发展自己的兴趣。这样的孩子很少向人打招呼,因为总是父母先开口,教他叫叔叔或姨姨。父母常喜欢拿他来向人炫耀,次数多了则令孩子感到尴尬。孩子生病时,父母总是不眠不休的细心照顾,同样,当孩子顽皮时,父母也往往把事情看得太严重,以致小题大做。凡此种种,使孩子太少练习出口得其乐之道,不懂如何合群与讨人喜欢。

入学以后,这类孩子也难以适应学校生活,不容易结识朋友。与同龄的伙伴玩耍时,也不能相安无事,不是争吵打架,便是畏缩,最后被群体孤立。

正因为以上原因,使独生子女的社会适应能力普遍发展较缓慢。如果不能及时辅导,孩子便逐渐养成孤僻、内向、软弱怕事、沉默寡言的性格,没有一般小朋友的天真活泼气息。另一方面,也会造成做事非常认真,追求完美,以至容易钻进"牛角尖"。

另一项使孩子不善于交际的原因,便是父母过于严肃,尤其是一些初为人父母者，由于缺乏教育孩子的经验，望子成龙之心亦过于急切，便常有管教过严的情形出现。就像一个初学骑马的人，心情紧张，不懂得如何配合马的动作，而对待马的方式也常常过于霸道。在这情形下，马和骑士两方面都非常吃力。然而，有经验的骑士，便知道应如何放松自己去顺应马的运动，怎样才能坐得稳，以及怎样温和地指挥马。带孩子与骑马当然是两回事，但是在精神上，两者是相同的。因此，父母应该放松心情，表现出和蔼、友善的态度与孩子接近。

如何培养孩子合群的性格？

要培养孩子合群的性格，父母应该主动进行教育，而不应等到孩子不合群后才被动进行纠正：

父母要挤出时间亲近孩子，每天有一定的时间跟孩子在一起交谈。节假日带孩子去公园或亲朋好友家走走，积极创造条件让孩子与小伙伴一起玩耍。开始时父母可陪伴在旁与他们一起做游戏，当熟悉之后可让他们自己玩。每次游戏后父母都应比较夸张地表扬孩子玩得好、玩得有趣，使孩子在玩乐中感受到小伙伴的可爱以及集体的欢快。

父母要有意识地培养孩子的合作能力。父母可以交给孩子一些单独一个人难以完成的任务，鼓励孩子与别人合作完成，或向父母求援完成，增加他与别人交往的机会。教孩子懂得一个人的力量很小，有些事情办不到，而大家一起做事情就好办了。

让孩子学会交朋友。心理健康的孩子都有自己要好的朋友，在孩子与小朋友的交往中，父母要教育孩子严于律己，宽以待人，互相信赖，彼此尊重，以培养孩子团结合作的精神。对于爱捣乱、爱逞能、惹是生非的孩子，父母要纠正他们的行为，慢慢地孩子就会融入集体之中。

父母应允许孩子的小伙伴到家中游戏，并鼓励孩子热情接待，如不吝惜地将玩具拿给小朋友玩。如果发现孩子们不太安静，搞得家中很乱，也不要发脾气，而应迂回地指示或与他们商量，如"孩子们，咱们的游戏可否先告一段落，大家动手整理一下屋子，喝点水，休息一会再玩好吗？"这样既起到改善环境的作用，同时又很亲切，不会给孩子兴致勃勃的情绪泼冷水，还教会他们如何遵守规范。

鼓励孩子参加各种体育活动。体育是一种直接与人正面接触和竞争的群体活动。不论是棋类还是球类，不论是田赛还是径赛，它总是要有两个以上的人参与才有意义。更重要的是，体育活动不但需要智慧和力量，而且需要胆量。这胆量，正是人际交往所必需的一种要素。鼓励孩子经常参加各种体育活动，既有利于提高孩子的身体素质，有利于培养兴趣，也有利于提高交际能力。孩子一旦爱上体育，就会主动寻找对手，这种寻找，就是交际；合适的对手，往往就是友谊的伙伴。

另外，多与性格外向的小朋友接近、让胆小的多与勇敢的小朋友在一起，这就是最好的互补法。

坚强：不做温室里的柔弱花朵

我是一名父亲，有个 8 岁的儿子斌斌（化名）在读小学四年级。斌斌的学习成绩在班上一直拔尖，平时还算听话，可特别爱哭。

原来孩子还小，我们没觉得不对劲，随着孩子年龄的增长，他依然那么爱哭。他的眼眶里打转，与他嘴唇上日益清晰的胡须轮廓是那样的不协调。为此，我曾多次试图用一些豪言壮语来激发他男子汉的勇气和坚强，但始终未见效果。

有一次，斌斌的班主任打电话来，说斌斌背课文背了一半背不出来，竟当众抽泣起来。事后她找斌斌谈心，尚未开口孩子倒先哭起来。当晚，我和妻子尽量以朋友的口气与他沟通。谁知，我俩刚问了几句，斌斌就叫了起来："当众出丑，我还不如死了好！"他的话，使我们一下愣住了，半天没敢吱声。

心理学家的研究证明，那些成绩卓著的智力优秀者，并非只在智商一项上出类拔萃，而且与其性格特征有密切关系。其中最重要的是具有"坚强的性格"。

坚强性格是成就事业不可缺少的条件，有坚强性格的人也往往是生活中的强者。那么，怎样从小培养孩子的这种性格呢？

一、注意培养孩子独立克服困难的习惯

家长的包办代替，是孩子形成软弱性格的重要原因之一。要培养孩子成为强者，父母首先要鼓励孩子做力所能及的事情。

家长应该首先了解自己的孩子现在能做什么和不能做什么，凡是孩子自己能做的，如单独活动，同陌生人谈话，与别的小朋友来往，自己完成作业等，即使有一定困难，也要让孩子自己去做。因为只有孩子经常完成具有一定难度的事情，他才能体现克服困难而成功的喜悦，从而增强自信心，变得坚强起来。

二、相信和尊重孩子，委派孩子在家庭中担负一定责任

比如，家长可以委托孩子负责监督家庭的卫生工作，对家庭成员的卫生状况进行检查和提出要求，这样可以培养锻炼孩子的自我要求能力和坚持力。心理学的研究也证实，让孩子担任一定的角色，可以使孩子的性格向这个角色靠拢。例如，日本心理学家长岛真夫等人曾做过一个实验：从小学年级的一个班级中挑出一名在班中的地位较低的学生，任命他们为班级委员。一个学期后，发现他们在班级中的地位显著上升，并且这些孩子在自尊心、安定感、活动能力、协调性、责任心等方面都有明显的改善。这个例子说明，孩子性格的形成受家长和社会期望的影响很大。所以，在日常生活中，家长应当把自己的子女当作坚强的孩子来教育和培养。

三、加强对孩子独立性的教育

独立性强的人有明确的目标，并用这个目标来支配和调节自己的行动，不指望别人的帮助，不受别人的暗示，能够主动地做事，有想把事情做好的热情。对孩子来说，需要发展两种独立性：一种是日常生活中的独立性，如自己的事情自己做等；另一种是精神活动方面的独立性，如人际交往的积极性、自信心、创造性等。许多孩子都具有第一种独立性。但是从培养坚强的性格来说，孩子更需要有第二种独立性。因此，家长培养孩子的坚强性格，除了要培养孩子独立生活的能力和习惯外，还应当给孩子设置力所能及的目标，为发展孩子精神方面的独立性创造条件。

四、保持和增进孩子的身体健康

这是培养孩子坚强性格的重要基础。一个身体虚弱的孩子对自己的身体没有信心，心情不好，必然怕这怕那，对人、对事积极不起来，性格就很难坚强起来。相反，孩子的身体素质好，有信心，有勇气，就容易培养起坚强的性格。

五、发展孩子的良好品德和智力

这也是培养孩子坚强性格的重要基础。良好的品德受人喜爱、尊重，知识和智慧使人有信心。人的各种心理品质是相互影响的，培养孩子各种积极的、良好的心理品质，都能有效地促进孩子的性格变得坚强起来。

六、给孩子一些适当的劣性刺激

困难：父母应该常给孩子制造一些经过努力可以克服的困难。

饥饿：父母可以适当让孩子尝一下饥饿的滋味，让孩子学会控制自己的偏好。吃苦：父母不妨有意识地让孩子我参加一些野营活动，让孩子吃点苦头。

批评：孩子做了不应该做的事情，就要接受批评、惩罚，有时还要严厉一些。对于孩子犯的较大的错误，父母应该给予适当的惩罚。

忽视：父母在生活中不要处处把孩子作为重心，有时候可以适当忽视孩子，让孩子学会调整心态，从而帮助孩子在与人交往中保持良好的心态。

我们如此强调坚强性格对孩子成长的必要性，并非毫无根据。许多具体事例都证明，当一个复杂的问题摆在人们面前时，需要人们明确而及时地作出决定。如果是个性格坚强的人，往往能够冷静地分析问题，设法排除各种不利因素，做到当机立断。性格软弱的人就不同了，他们往往犹豫不决，以致坐失良机。由此可见，培养坚强性格对孩子的成长是多么重要。

节约：孩子应有的美德

勤俭节约是中华民族的传统美德，勤俭节约能使孩子具备很多良好的品行，更有利于孩子健康成长和未来发展。勤俭的人能够更好地致富，节约的人能够更好地守财，一个人只有具备了致富与守财的能力，才能让自己永远不为财富发愁。因此，父母要从小就培养孩子勤俭节约的好习惯。

建议一：父母要做到勤俭节约

宋朝开国皇帝赵匡胤生活俭朴，反对奢侈。一次，他见女儿穿了一件用翠羽装饰的短袄，就命令她脱去，以后不许再穿。在他影响下，一时节俭风气举国盛行。

培养孩子勤俭节约的习惯要先从父母做起，生活在什么样的家庭孩子就会养成什么样的生活习惯，如果父母知道节俭，不浪费，孩子自然就能学会勤俭节约。如果父母根本不注意日常生活，总是在吃穿等方面与他人攀比，孩子自然也会学会攀比。

建议二：让孩子不浪费食物和学习用品

培养孩子勤俭节约的习惯就要从日常生活中的小事做起，从孩子小的时候就教起，不能等到孩子浪费的习惯已经养成再让他改，也不要认为小事情无所谓，只要不浪费大的东西就可以。俗话说"由俭入奢易，由奢入俭难"一旦养成奢侈的习惯就很难变得节俭了。

因此,在孩子小的时候就要严格要求孩子不要浪费食物,吃不完的东西留着下次吃,在外面吃饭点食物的时候要按自己的饭量来确定,不能什么都要,到后来剩下。不能浪费纸张和铅笔等学习用品。衣服,鞋子能穿就行,不要总是和别人攀比。让孩子懂得一粒米。一滴水、一度电来之不易,都是人们辛勤劳动换来的。历史上的陶侃(东晋时大官)由于受他母亲良好的教导,一生勤勉俭朴,连造木船剩下的碎块木屑都收藏好,备以后用,这一美谈流传至今。

建议三:让孩子用挣钱来懂得勤俭节约

让孩子学会节约最有效的手段就是让孩子直接参与到财富创造的过程,让孩子学会自己去挣钱,知道挣钱的辛苦和不易,孩子在生活中就不会大手大脚花钱了。比如让孩子做家务赚零花钱。

让孩子自己挣钱不是目的,而是通过这样的手段让孩子明白钱是怎么来的,并不是一张口就有的。体味到挣钱的辛苦,当然就不会随便浪费了。同时也会想到父母挣钱不容易,知道感恩父母,节约开支。

建议四:让孩子看到祖辈是怎样生活的

父母的行为可能给孩子的感触还不深,爸爸可以让孩子和祖父母,外祖父母多接触一下,让孩子从他们身上看老一辈人是怎么样生活的。

祖辈们很多都经历过穷苦年代,他们更能做到勤俭节约,爸爸让孩子和他们接触,让他们给孩子讲一些早年间他们是如何生活的故事等,使孩子对铺张浪费现象有所反省,进而做到节约。

建议五:指导孩子如何使用零花钱

首先家长给孩子零花钱要有计划,要限止数额,不要有求必应。应根据孩子年龄大小、实际用途和支配能力,定时定量给予。读一二年级的孩子,每次可少给些,时间间隔可短些,随着年龄增大,一次可给得稍多些,时间间隔也可长些,如每星期或每十天给一次。其次,家长要过问孩子把钱花在了什么地方,每次给钱时,可让孩子说说上次的零花钱用在哪里。用得不当,应予批评,甚至暂停"援助"。有些家长要孩子记账,过几天查一次账,这不失为一种好办法。另外,家长要鼓励孩子该用的地方要大大方方地用,能少用的就不要多用,能不用的尽可能不用。总之,要教育孩子既不乱花钱,也不要养成吝啬的"守财奴"性格。

建议六:给孩子准备一个旧物收藏箱

父亲可以给孩子准备个旧物收藏箱,让孩子把暂时不用的东西都放进去,

这样不仅能给孩子以后带来美好回忆,还能让孩子养成节约的习惯。、

因为有了这样一个箱子,孩子可以盛放自己当前不想用的衣服、鞋帽、玩具、别人送的有纪念意义的东西等。当孩子需要买什么东西的时候,可以到箱子里找找或许能让这些东西再发挥作用。这样就会节约一笔买新东西的钱。

建议七:最后,要培养孩子理财投资意识

新加坡的青少年在这方面受到的教育是首屈一指的。"节俭和储蓄是美德"这种传统的价值观在人们生活中始终牢固不变。由于社会、学校合力引导孩子学会花钱、学会节俭,他们都很会存钱。教育部和邮政储蓄银行每年都开展全国性储蓄运动,每年的运动都有不同的主题,如:

——1990 年:现在节省,终身受益

——1991 年:储蓄的将来计划

——1992 年:积少成多

………

而我们很多父母鼓励孩子把钱放进储蓄罐,等到一定时候,打破罐子得到一笔不少的钱财,却少了利息。我们不妨给孩子办个零存整取,或搞个贴花储蓄,这些不但有储蓄效果,还能得到一笔利息。有没有投资意识,具不具备理财本领,对跨入新世纪的人来说,是十分重要的。

养成勤俭节约的习惯,既能培养孩子合理分配财物的能力,又能锻炼孩子独立生存的能力。能够做到勤俭节约的孩子,将来一定取得更大的成功。

责任心:负责是一种态度

儿子今年读初一,有一次,他不小心把家里的相机摔坏了,一点内疚的感觉都没有。无奈之下,妈妈扣了他两个月的零花钱,用来抵维修的费用。不料,他恼羞成怒,绝食抗议。"儿子一点责任心都没有,真不知道该怎么办?"

孩子责任心缺失谁之过?

在培养孩子责任心的大部分案例中,孩子没有责任心,往往不是孩子的问题,而是家长的教育出了问题。

1.带有强烈情绪的责骂

在父母的责骂中,孩子关注更多的不是自己的行为,而是爸妈的情绪。这

样的方式往往会让孩子变得胆小、懦弱,对自己没有信心,从而不相信自己有负责任的能力。

2.无奈地收拾残局

有时面对孩子的要赖父母变得心软,或者看到孩子总做不到自己期望的结果, 就开始放弃教育自己代办,这样的消极教育会让孩子每当遇到需要负责任的时候就会要赖,或者失去自信,不愿对自己负责。

3.一贯代办,全权处理

当父母或者爷爷奶奶、阿姨大包大揽地全权处理孩子的一切时,就会养成孩子饭来张口衣来伸手的以自我为中心的不负责任的习惯。

4.讲大道理

教育孩子,我们提倡讲道理,但是如果只讲道理,会让孩子也陷在道理里而不知如何控制自己的行为, 这样, 就会让孩子感到自己很笨, 什么都做不好,从而丧失信心,阻碍责任心的建立。

培养孩子的责任心

责任心是指个人对自己和他人、对家庭和集体、对国家和社会所负责任的认识、情感和信念,以及与之相应的遵守规范和履行义务的自觉态度。责任心是孩子健全人格的基础, 是能力发展的催化剂。责任心培养应遵循这样一个规律:从自己到他人,从家庭到学校,从小事到大事,从具体到抽象。责任心,是一个人日后能够立足于社会、获得事业成功与家庭幸福至关重要的人格品质。那么,作为爸爸妈妈应该怎样培养孩子的责任心呢?

1.树立父母的榜样作用

父母要做孩子的好榜样。家长自身对家庭、对社会的责任心如何,对孩子来说是一面镜子,父母的责任心水平可以折射出孩子的责任心。一个对家庭、社会毫无责任感的父母,不可能培养出有责任心的孩子。

"印刻效应"告诉我们,人在幼年时期,父母与环境对身心产生的影响远比我们想象的要深。而父母的行为更是比他们的言语更有说服力。假使父母嘴上说,责任心很重要,但他们对自己、对家庭、对社会不负责任,那么孩子习得的就是父母的行为而非言语。

我一直跟所有我认识的爸爸妈妈强调一句话:说到做到。这其实也是我们对自己负责任的表现。

2.让孩子做一些力所能及的事情,并及时肯定

心理学研究表明,积极参与家务劳动的孩子,在责任心上明显优于其他孩子,而且因为对家庭作出了贡献,孩子觉得自己是有价值的、有力量的,于是自信心也会普遍提高。

因此,我们可以为孩子创造很多小机会,当然一定是符合他们年龄特点的,如果要求太高,孩子会因为达不到而感到挫折,从而打击他们参与的积极性。

同时,在孩子完成后一定要及时肯定、表扬,不要觉得这是孩子本就该做的。这是孩子最初行为的动力。孩子在没有形成正确的自我认识之前,需要成人的正面评价帮助他们逐渐形成良好的自我认识。

另外,我们要重视过程而非结果,孩子参与、负责任的意愿一定要及时得到成人的关注与认可。

3.鼓励孩子做事情要有始有终

孩子好奇心强,什么都想去摸摸、去试试,但是随意性很强,做事总是虎头蛇尾或有头无尾。所以交给孩子做的事情,哪怕是很小的事情,爸爸妈妈也要有检查、督促以及对结果的评价,以便培养孩子持之以恒,认真负责的好习惯。

4.给予孩子帮助与引导

孩子的行为能力是随着年龄的增长慢慢成长的,而且也是需要用心培养的。有时,孩子会因为不知道怎么做而放弃。这时的他们需要我们耐心地陪伴,需要我们情绪上的支持,并且需要成人的一些提醒与帮助。从最初的陪伴到最后能独立完成,我们及时的肯定与引导,对孩子来说是弥足珍贵的。

5.让孩子信守诺言,要对自己的言行负责

父母为孩子做出遵守诺言的榜样。无论作出什么许诺,都要尽可能地实现,如果不能实现的话,一定要向孩子说明。告诫孩子不要轻许诺言,一旦许诺,就必须遵守。积极支持孩子参加学校的公益劳动和集体活动,培养孩子对集体的责任心。

6.让孩子为自己的过失行为负责

很多爸妈在孩子出现过失行为时,内心焦虑,不自觉地会把孩子成长中的小错误放大,担心孩子今后的品质会有问题。其实,这是大可不必的。批评只能让孩子认为自己不好,降低自信心;而"贴标签"更会让孩子内心留下阴影。

合适的做法是:把孩子出现的过失当做是成长中的小插曲,同时让孩子承

担起相应的责任,用事先与孩子约定好的小惩罚让孩子明白这是不应该的,是要承担责任的。另外,在孩子有进步时,一定要及时发现与肯定。

7.给孩子承担责任的权利

孩子们第一次单独做事难免让人不满意,这是正常的。一杯好喝的饮料洒了,孩子只能少喝甚至不喝,这是他完全能够承担的,不需要重新给他一杯。收拾桌子时孩子打碎了碗,让他自己收拾掉,不过要小心,别划破手。我们只是在必要时提供适当的帮助,而绝不是全部包揽。孩子在承担后果的过程中逐渐明白,在任何时候,他们都必须对自己做过的事承担责任。

8.给孩子战胜沮丧的信心

孩子的认知水平和能力均非常有限,他独立做事时常常心怀良好的愿望,当事情的结果与他预料的反差很大时,常常不能接受结局。他不知所措,叫喊,发脾气,这种脾气是冲着他自己发的。他的自信心开始动摇,感到非常沮丧,仅有的判断力也随之消失。此时,父母可以平静而温和地告诉他,你已经尽力了,你做得很棒,我相信你能够挺过来。此时,父母的平静足以唤起孩子战胜沮丧的信心。

9.通过讲故事、做游戏等方式让孩子明确自己的责任

有时道理在孩子心中显得过于深奥,他们未必能明白,我们应该用讲故事、做游戏这样隐喻的方式,因为更符合孩子的接受能力。此时的引导也是尤其重要的,我们看来浅显易懂的道理,对孩子就需要花费更多时间去引导,在孩子没有明白之前,一定要耐心地等待与解释。

作为家庭中的一名成员,孩子既应该享受权利,也应承担一定的家庭责任,包括建立家庭中的岗位,承担一定数量的家务劳动。父母可通过鼓励、期望、奖惩等方式,督促孩子履行职责,培养责任心。如果一个孩子在家庭层次的责任心难以确立,将来走上社会也难以向社会层次的责任心过渡。

对孩子责任心的培养应该大处着眼,小处着手。要让孩子在家庭岗位上感受责任的分量,倒一次垃圾、洗一块手帕都应给予表扬鼓励,失责时应给予批评和惩罚。只有这样,才能让孩子走出自我中心,强化对他人和周围环境的责任心。

责任心的培养要通过孩子自身的实践体验,家长越俎代疱是无济于事的。有的家长代孩子整理书包,帮助孩子检查作业,这是责任心的"错位"和"越位"。让孩子自己承担失责的后果,孩子才能懂得上学读书不是个人的私事,

而是对家庭和社会的一种责任。

创新：让创新思维成为习惯

孩子有些内向，五六岁的小男孩不爱活动，也没有其他孩子古灵精怪的想法和行为。作为一个母亲和一位教师，孩子的母亲很担心这种状况。丰富的想象力与天马行空、不着边际的幻想才是这个年龄的孩子应有的面貌，也正是孩子创新能力的来源。如果儿子在这样下去，只会失去创新的兴趣与能力，成为一个按部就班的人。

培养孩子的创新能力，专家给出了一下几点建议：

方法一：为孩子营造充满创新意识的家庭氛围

孩子出生后到幼儿期，家庭是他们的主要生活环境，接触最多的是父母。父母的言行举止都在影响着孩子，并且，孩子的模仿能力很强，他们会模仿父母的做事态度和方法。

因此，为了培养出具有优秀创新能力的孩子，父母一定要在孩子面前树立创新的形象，同时，还要给孩子传达乐于创新的态度。

当孩子要玩新游戏时，父母如果说："别玩那个，危险。"或者说："你现在还玩不了那个。"孩子想了解新鲜事物的兴趣就会受到压抑，无法尝试新游戏就会产生挫败感，这就会压抑和打击孩子的主动探索精神，创新能力的培养就更无从谈起了。

父母要创设宽松、和谐、平等的家庭气氛，做具有现代教育理念的父母，采用开明的管教方式，遇到事情多从几个新视角分析和解决，帮助孩子解答难题也要从多个角度考虑，这样，孩子会从父母那里获得积极的学习榜样。

父母要给孩子充分的自由，鼓励孩子尝试有难度的游戏，让孩子发挥自己的创造性。一旦发现孩子的天赋，就要积极鼓励和培养，让孩子的创造性天赋得到发展。

方法二：善于激发孩子的好奇心

好奇心是激发孩子创新能力的内驱力，是孩子有所成就的动力，它可以唤起孩子的内在潜能，使孩子完全投入到创造性活动中去。富有创新精神的孩子，一般都有较强的好奇心，许多发明和创作并不是事先预料到的，往往是在好奇心的推动下,经过创新性思维得出来的。

孩子只有对客观世界的事物怀有强烈的好奇心,才有可能发现改进和改变的方面,而这正是创新思维的基础。好奇心越强,掌握的现实材料就越多,就越有利于创造出新的成绩。

刚刚的爸爸很喜欢养花,家里的花很多。一天,刚刚突发奇想地剪下了几枝月季花和太阳花,悄悄地埋到了泥土中,还煞有介事地为它们浇水。过了两天,他看到月季花都蔫了,但是太阳花却开花了,还冒出了几个新芽。

孩子很纳闷,因为两种花是按照同样的方法种的,可却是不同的结果。他带着自己的疑问去找爸爸。爸爸看见自己的花被孩子破坏了,心里很生气,但他转念一想,这正是孩子好奇心的体现啊。

于是,爸爸控制住自己的情绪,给孩子讲了为什么会出现那样的情况。他相信,鼓励孩子的每一点新想法,对孩子会是莫大的帮助。

孩子的头脑通常是开放式的,对外界新鲜事物往往怀有浓厚的兴趣,因此,他们会以好奇的心态向父母提问,这些问题是孩子了解世界、培养创新能力的重要途径,父母千万不要对孩子的问题置之不理,或是嫌弃孩子,否则,孩子会逐渐失去好奇和热情。

父母要珍视并且善于保护孩子的好奇心,正确激发和引导孩子的好奇心,为孩子提供安全的创造环境,点燃孩子学习新鲜事物的欲望。父母可以耐心地回答孩子的提问,经常陪孩子出去走走,使孩子的好奇心向正面发展;而如果一味地斥责、制止孩子的探索行为,则会阻碍孩子的好奇心发展,或者会把孩子引向错误的方向。

方法三:重视培养孩子的观察力

观察力是创新能力的基础,对于孩子创新能力的培养至关重要。孩子从外界获取的信息,80%都是通过观察获得的。孩子学会观察,才会记忆和思考,因而观察力是思维的出发点,创新能力的发展离不开观察力,孩子只有在生活中多听、多看,才会掌握更多的知识,积累更多的经验,找到事物的内在联系,才能顺利发挥自己的创新思维去解决问题。

孩子的创新性除了受遗传因素的影响外,还受到教育和环境的影响,父母要从孩子小时候开始,为孩子创造良好的环境,帮助孩子拓宽视野,让孩子敢于观察、善于观察,以开启孩子的创新性。

李四光是我国著名的地质学家,他以具备洞察各种现象的超强观察力著称。他无论走到哪里,都会注意观察周围,处处留心,时时注意,从不放过任何一个细小的观察机会。出国讲学、参加会议、旅游等,他都会进行实地观察。

当他出国讲学取道美国时,横跨美洲大陆,期间停下来最少六七次,专门爬山考察地质。他从英国回国途中经过意大利和瑞士,也进行了野外地质考察。

最终,他创立了地质力学,帮助中国摘掉了"贫油国"的帽子。

如果孩子生活单调,观察的机会少,就会使其脑细胞较多地处于压抑的状态,大脑皮层发育迟缓,智力也会随之受到限制。

相反,如果孩子生活在丰富多彩、充满新鲜事物的环境中,大脑就可以接受到很多新鲜刺激,常处于兴奋状态,智力发育就较快,创新能力也会得到相应的发展。由此可见,要想让孩子具备良好的创新能力,父母就必须有意识地带孩子多出去走走,培养孩子的观察力。

孩子幼儿期时,观察力缺乏稳定性,持续的时间短,也缺乏系统性和概括性。父母应该教给孩子基本的观察方法,有意识地引导孩子观察身边的事物,让孩子学会有目的地观察,逐渐具备条理性和概括性,在提高孩子观察力的同时,发展孩子的创新能力。

父母还要教给孩子从表及里、由近及远、从局部到整体的观察方法,培养孩子良好的观察习惯,为孩子的创新能力准备好源泉,以促进孩子创新能力的提高。

方法四:教孩子掌握创新技巧

科学的方法和技巧是培养孩子创新能力的先导。能够有所成绩的人,无不是经常从他人想不到的角度去思考问题,从他人没有发现的角度去分析问题。

在日常生活中,父母要引导孩子学会多角度地分析和看待事物,培养孩子的发散思维,逐渐形成创新性思维。创新的主要方法有延伸、综合、革新、演绎、变向等,很多经典性的创新都运用了其中一种或是多种方法。只有掌握了这些创新技巧,孩子才会在此基础上发展创新性思维。

比如，家里的曲别针，父母可以引导孩子发现它的其它作用，如代替别针、做鱼钩等。

方法五：鼓励孩子的探索性行为

冰心曾说过："淘气的男孩是好的，淘气的女孩是巧的。"孩子爱玩，喜欢探索未知的事物，并不意味着孩子是坏孩子，相反，这正是孩子创新能力的开始和萌芽，父母不仅不应该制止，还应该有意识地保护和珍惜，给孩子充足的时间和空间，让他们有机会去发现和研究感兴趣的事物及想法。只要孩子是安全的，父母就应积极鼓励他的各种探索。

鲍林是1962年诺贝尔化学奖得主，他的父亲是药剂师，有自己的实验室。鲍林小时候就非常喜欢实验。他很崇拜父亲能够调配药物，非常想亲自动手做实验。

父亲很早就注意到孩子对实验感兴趣，开始有意识地教给孩子如何调配药品，怎么做实验。在爸爸的许可和支持下，鲍林每天都待在实验室做实验，最关键的是，他从父亲那里继承了探索精神。

父亲在鲍林9岁的时候就不幸去世了。鲍林忍受着痛苦，从消沉中走出来，重新进入了实验室。正是在父亲的鼓舞下，鲍林走上了探索科学的道路，后来在化学领域取得了伟大的成就。

父母要学会欣赏孩子的探索欲望，允许孩子的探索行为，包括在家里拆卸一些东西。父母可以提前告诉孩子，在拆卸的时候记住拆卸的顺序，拆卸完之后试着重新组装好。这样做，既满足了孩子的探索欲望，又锻炼了孩子的动手能力。即使孩子不小心将父母的东西弄坏了，也不要轻易地责怪孩子，否则会扼杀孩子的创造性。

计划：做事要有条理性

儿子刚满十五岁，是今年刚进高一。他做事没有计划，比较散漫，想起什么做什么。暑假在家的时候，计划着要跟朋友一起去旅游，结果到了眼前又迷上了一款游戏，旅游的事提也不提了，还说要锻炼身体，可是暑假下来，身上全是肥肉……现在上了高中，学习任务也越来越重，他这样散漫，家长真怕他跟不上学习节奏。

计划,是人们在工作或付诸行动之前预先拟定的具体内容和步骤,也是未来的行动方案,计划就是行动指南。做事有计划,是一个人工作、学习、生活的良好习惯,也是一种积极的生活态度。父母应该从小对孩子进行培养。

现在家庭有很多孩子做事没有计划,想起什么做什么,往往是做了这件事,忘了那件事,到头来什么事情也做不好。孩子做事没条理没计划,说明孩子的逻辑思维能力不强,处理问题缺乏系统性。如果不加以培养和纠正,可能导致孩子做事鲁莽草率,成人后对自己的人生缺乏整体的规划,一生浑浑噩噩。

如果一个人做事没有条理,他又怎么能够很好地料理自己的生活呢?一个连自己生活都不能料理的人又怎么能够很好地进行学习和工作呢?而且,一个做事没有条理、没有计划的孩子在走向成功的道路上将会比其他人更加辛苦。所以父母应该让孩子养成有计划地做事的习惯。

让孩子学会做事有条理、有计划,这对他们一生的成功非常重要。家长要重视此方面的培养,采取一些措施帮助孩子戒掉散漫的毛病,成为一个"有计划"的孩子。以下方法供各位家长参考:

1.告诉孩子:做事有条理是好孩子的重要标志

不论做什么都要让孩子做得有条有理。例如,房间摆设井然有序,用过的东西放回原处,以免需要的时候找不到;晚上睡觉之前整理好书包,准备好第二天要穿的衣服等。这些都可以帮助孩子养成做事有条理的好习惯。做事有条理是判断好孩子的重要标志。当然,这需要家长的耐心和恒心,还需要善于抓住教育的契机对孩子进行适时的引导。

2.为孩子找到榜样

许多孩子做事没有条理,当父母跟他们强调需要有条理地做事时,他们往往无法接受父母的意见。事实上,孩子需要身边的榜样来引导。如果孩子做事没有条理,父母可以列举在这方面做得好的孩子,有了榜样,相信你的孩子去认识和效仿,往往会做得更好。

3.对孩子做事要提出有计划的要求。

经常提醒孩子做事前想一想先做什么,后做什么,怎样做最好。如孩子初学洗手绢,可以让孩子洗前先计划自己的行动程序:准备好水和肥皂——卷起衣袖——将手绢浸湿——擦肥皂——搓手绢——用清水洗净——晒手绢。再按计划程序行动。经常指导孩子有计划地做事就能养成有计划性的好习惯。

4.通过有计划的活动安排去影响孩子

要让孩子做事有计划,父母可以向孩子示范自己的计划,即把自己的计划告诉孩子,并且征求孩子的意见,让孩子帮着计划。比如,在一个星期天,你打算带孩子出去玩,你可以向孩子展示自己这一天的计划,并且征求一下孩子的意见,让孩子知道计划的重要性。慢慢地,孩子就会学着去安排自己的事情了。

5.按计划办事,克服半途而废的坏习惯

在日常生活中,父母要向孩子强调计划的重要性,并给孩子的各项行为制订一些计划。当然,这些计划的制订应该让孩子参与进来。制订了计划以后,孩子必须按计划办事,不能半途而废。对于年龄小的孩子来讲,父母应该要求他们在玩的时候自己把玩具拿出来,玩完以后自己收好,对于上学的孩子来说,就应要求他们看书做作业的时候要认真,写完作业才能去玩。

6.让孩子来参与安排一些活动。

父母也可以有意识地让孩子参与讨论一些事情的计划安排,如星期日的活动安排可以事前让孩子参与讨论:上午做好家务劳动,下午去公园玩,然后去看姥姥。要鼓励孩子发表自己的意见,如果孩子的意见合理,则予以肯定,如果孩子的意见不合适,则应帮他分析。如孩子提议先看姥姥后去公园玩,则可与他分析:去公园玩可能会久一点,有一定的时间限制,去晚了可能就玩不了那些蹦蹦车了,即使进去了也逛不完,所以还是先去公园后去姥姥家合适。这样的讨论可以使孩子明白做事为什么要有计划,怎样合理地计划。

7.按规律办事,树立科学的做事态度

任何事情都是有一定规律可循的,引导孩子计划周密,学会有条理、有规律地生活,就是在教孩子树立科学的做事态度。也就是说,要遵循客观规律,而不能打乱了计划。

8.节约时间并合理安排与利用时间

培根曾经说:"若要敏捷而有效率地工作,就要善于安排工作的次序,分配时间和选择要点。"只是要注意分配不可过于细密琐碎,善于选择要点就意味着节约时间。时间对每个人来说都是平等的,谁有紧迫感,谁珍惜时间,谁勤奋努力,谁就可以得到时间老人的奖赏。父母要让孩子懂得珍惜时间,就是要让孩子有时间观念,并能合理地安排和利用好时间。时间比金钱要珍贵,时间就是生命。孩子能不能安排好自己的时间,与他们的学习效率有很大的关系。一个不珍惜时间、无法合理安排时间的孩子,往往缺少自我控制能力,缺乏不断前进的动力。如果父母在早期的教育中让孩子养成良好的时间观念,就等于给了孩子知识、力量、聪明和美好的开端。

诚信：孩子的立身之本

儿子:"妈妈,我想吃冰淇淋。"

妈妈:"写完作业妈妈带你去吃冰淇淋。"

儿子:"先吃嘛,吃完我就写作业了。"

妈妈:"好吧,吃完写作业哦。"

······

妈妈:"快去写作业吧。"

儿子:"妈妈,现在都晚了,我明天再写吧,你看,明天还有一天假期呢。"

妈妈:"······"

诚信顾名思义诚实守信。诚实就是忠诚老实,不讲假话,不歪曲事实,不隐瞒自己的观点,光明磊落,处事实在。守信就是遵守诺言,讲信誉,重信用,履行自己应承担的义务,从而取得信任。诚和信是一个事物的两个方面,诚是信的基础,信是诚的表现形式。诚实之人行动上必然守信,守信之人在社会上必能赢得别人的信任,在健康社会中这是一个良性循环。

诚信是人们在公共交往中最起码的道德规范,它既是一种道德品质,也是一种公共义务,还是一个人能在社会生活中安身立命之根本,是人之所以为人的最重要的品德。为了让孩子在将来激烈的竞争中立于不败之地,我们应让孩子从小懂得要做一个讲诚信的人。这就必须从孩子的小的时候就开始对他们进行诚信教育,让孩子伴随诚信健康成长。

几年前,美国一所学校的多名学生在完成生物作业时抄录了某网站提供的一些材料,任课老师就毫不客气地将这些学生的生物课评为零分。这位老师说,第一天上课她就和学生订下协议并由家长签字认可,协议说,所有布置的作业都必须完全由学生自己独立完成,欺骗或剽窃将导致课程失败。支持她的老师们说,教育学生成为一名诚实的公民比通过一门课程更加重要。

可见,教导孩子信守诺言,做一个诚实的人,对孩子的成长是大有帮助的。必须让孩子明白:一个人只有诚实、不说谎、信守诺言,才能够建立起良好的信誉。如果经常说谎,会令人觉得你的话不可靠,到你说真话的时候,别人也可能仍然不相信,那时就后悔莫及了。

培养孩子诚信的性格要从下面几点做起:

一、培养孩子诚信从点滴做起

培养孩子诚信的品质,它既要求家长有长期坚持的耐心,与时俱进的细心,又深深扎根渗透于日常生活的琐碎点滴中,贯穿家庭生活和亲子成长的全过程。

家长应从小就要求孩子说真话,不说假话;做错事时勇于承认自己的错误并能及时改正;不拿别人的东西,借别人的东西要还;做到言必信,行必果。

针对社会上那种坑蒙拐骗的行为,父母要态度鲜明地进行批判,要让孩子坚信,这种弄虚作假的行为是必将受到惩罚的。这样,孩子长大以后才能成为一个光明磊落的人。

与孩子共同阅读一些有关诚信的图书,讨论有关诚信的话题;鼓励孩子多与人交往,在交往中感受诚信,思考诚信。

总之,父母要从点滴做起,从小事做起,塑造孩子的诚信之心。

二、为孩子做诚信的榜样

父母要培养一个有责任心,以诚待人的孩子,就要以身作则,做诚信的表率。常言道:"身教重于言教。"父母的行动对孩子来说是无声的语言,有形的榜样。

曾子是我国著名的思想家。有一次,他的妻子去街上买东西,独生儿子哭闹着一定要去。可曾子妻子嫌麻烦,就随便哄他一句说:"你在家玩吧!等妈妈回来给你杀猪吃。乖!"儿子果然不哭闹了,等着吃猪肉。

妻子回来后,曾子拿起刀就去杀猪。妻子感到很奇怪,就问丈夫:"咦,今天又不是过年过节的,你杀什么猪呀?"

曾子回答说:"不是你自己说回来后要给儿子杀猪吗?"

"哎,我是哄孩子玩呢,你怎么当真了,应付一下就算啦。"

曾子严肃地说:"孩子可不是开玩笑的对象。他小,不懂事,凡事都要向父母学习，听从父母的教诲，如果父母说话不算数，欺骗了孩子，孩子就会认为人是可以欺骗的，转而去欺骗别人。如此一来，孩子骗人就成为父母教的了。而且，你骗了孩子，孩子以后就不再相信你了，你说的话他还听吗？"曾子的妻子恍然大悟。

父母的这种诚信行为直接感染了儿子。一天晚上，儿子刚睡下又突然起来，从枕头下拿起一把竹简向外跑。曾子问他去做什么，儿子回答："我从朋友那里借书简时说好要今天还的。虽然现在很晚了，但再晚也要还给他，我不能言而无信呀！"曾子看着儿子跑出门，会心地笑了。

家长是孩子的第一任教师，家长的生活习惯，兴趣爱好，思想感情，言行举止，待人接物等等，都无不在孩子纯洁的心灵上留下深刻的烙印。父母这些润物细我声的影响，对孩子的品德、个性的成长具有重大的作用。甚至会影响孩子的一生。从这个道理上讲，父母是孩子最早的偶像。这就要求父母要时时为人师表，处处率先垂范。难以想象，一个出尔反尔，经常失信一人的家长，能够培养出诚实守信，不欺骗别人的孩子，有的家长觉得孩子小，好哄，经常向孩子承诺却不兑现，殊不知，这无形中在孩子心目中形成了"父母的话未必可信"的印象。一旦形成他就有可能效仿父母，随意承诺，失信于人。日常生活中，我们经常会看到一些家长向孩子许诺。例好，考了好成绩就买什么什么的，达到家长某个要求了，就带孩子去那里玩，参观等等。这些有的只是随口说说，到时候打个借口敷衍了事，久而久之家长的话对孩子不再有威信。更令人担忧的是这些行为将直接影响孩子人生观，价值观的形成，有可能隐伏下来，成为孩子个性及行为方式的一部分，严重的可能在孩子身上继续发展，演变成品行障碍，甚至人格障碍。

三、营造诚恳、互信的家庭氛围

父母要做有心人，为孩子创造愉悦的讲诚信的氛围，以感染孩子的心灵。特别是家庭成员之间应相互信任。孩子尽管年龄小，但他同样会体会到家长对他的尊重和信任。要知道从小受到尊重、信任的孩子，会更加懂得怎样去尊重、信任别人和怎样得到别人的信任。

在有些家庭中存在着这样一种情况：面对孩子说谎，父母不分青红皂白就加以苛责、训斥，甚至打孩子。有些孩子本来不想说谎，不敢欺骗父母，但畏惧于严厉的家庭环境，为了逃避惩罚，也为了让自己少受点皮肉之痛，于是编造了各种各样的谎言。基于这种情况，做父母的就应该反思一下自己的教育方式，当孩子在认错时，就不要再给孩子施加精神上的压力。在一种轻松的环境中，告诉孩子说谎会有什么样的危害，告诫孩子说谎或许能让你一时蒙混过关，但迟早也会让他人发现事情的真相，等真相大白之后，不仅会让你处于一种尴尬的境地，还会失去老师、父母、同学、朋友对你的信任，久而久之，别人就不愿意再跟你接近了。这样的话，孩子便会在愉悦互信的氛围中受到启迪，讲诚信的意识也就会逐步培养起来。

四、满足孩子合理的需要

有位美国学者，他到监狱里面去访问 50 个罪犯，研究他们是怎么犯罪的。他发现了一件很有意思的事：有一个罪犯说他是从撒谎走向犯罪的。他为什么要撒谎呢？他小时候，家里面兄弟姐妹好几个，有一次分苹果吃，其中一个苹果又大又红，孩子们都想要那个大红苹果。老大说："妈，大的红苹果给我吃。"妈妈瞪他一眼说："你不懂事，你怎么带头吃大的呢？"

这个罪犯回忆说，当时他观察发现，谁越说要，他妈妈就越不给谁，谁不吱声或说了反话，谁就最有希望得到。这时他就撒谎说："妈妈，我就要最小的苹果。"

妈妈说："真是个好孩子，就把大苹果给你。"哎呀，好家伙，说假话可以吃到大苹果！啊，越想要就越不说，到时候，你"表现好"就可以得到。孩子为了吃大苹果，所以就说假话，你看这就是妈妈的失误。

每个父母都希望自己的孩子诚实守信，不喜欢撒谎的孩子。但是，许多孩子却表现得不如人意。究其原因，大多是由于后天的某种需要引起的，比如为了满足吃的、玩的需要甚至是为了逃避受批评、受惩罚，这些都助长了孩子撒谎的恶习。

父母应该认真分析孩子的需要，尽量满足其合理的部分。而满足孩子的时候应该用孩子的眼光来看待事物。要分析孩子的需要，认真倾听孩子的心里话，而不要以成人的想法推测孩子的心理。当孩子向父母讲述了他的需要后，父母应该跟孩子一起分析，让孩子明白哪些是合理的、正确的，然后及时满足孩子合理的需要；对于不合理的需要，则要对孩子讲明道理。千万不要觉得孩子还小，或者觉得事情无关紧要就放纵他们。长此以往，孩子就会不断地强化不良行为，形成不良的品格，最终影响到他的人生。

在当今的市场经济时代里，诚实守信是每个人必备的素质，每个家庭都应该从小培养孩子有一颗诚信心,让孩子拥有诚实守信的品德,得到别人的尊重和信任,获得真诚的朋友和友谊,将来在事业上才能得到更好的合作伙伴和他人的支持。

诚信是一种道德品质和道德规范。无诚则无德,无信则事难成。聪明而睿智的家长们,您一定能领悟到诚信教育的作用和真谛,那么就从现在做起,从身边的点滴小事做起吧。播下诚信的种子,给孩子以力量和耐力,赢得诚信这张人生的通行证!

第五章 培养意志

古往今来，许多成就大业的人，都是意志坚强的人。由此可见，从小养成孩子良好的意志品质，将为孩子一生的成长奠定坚实的基础。良好意志品质的养成必须在家长的指导下进行，必须经过长期不懈地努力，并根据孩子意志品质的发展特点进行具体指导。

如何锻炼孩子的意志力

古往今来，许多成就大业的人，都是意志坚强的人。由此可见，从小养成孩子良好的意志品质，将为孩子一生的成长奠定坚实的基础。

良好意志品质的养成必须在家长的指导下进行，必须经过长期不懈地努力，并根据孩子意志品质的发展特点进行具体指导。

1.指导孩子确定正确的行为目的。由于知识经验的不断积累，孩子对成人所提要求理解能力的不断增强，在游戏、学习和生活中已逐步表现出明显的目的性，但由于孩子年龄小，目的易受情绪、兴趣等因素的影响，目的往往不稳定。因此，成人必须根据孩子的心理特点，通过游戏的方式帮助孩子确定正确的行为目的。

2.鼓励孩子做好每一件事情。鼓励孩子自始至终做好每一件事情，是指导孩子经受意志锻炼的重要手段。孩子年龄小，做事易受外部环境影响，如果遇到困难，就会放弃原始目的，因此，做事往往有头无尾，半途而废。要克服这种缺乏意志力的行为，成人就要及时表扬孩子已取得的成绩，帮助孩子克服行动的困难，鼓励孩子坚持把一件事做完，还可以选择一些有关意志力培养的故事讲给孩子听，以培养孩子良好的意志品质。

3.注意从点滴小事做起，锻炼孩子的意志力。指导孩子经受意志锻炼还必须从点滴小事做起，通过日常生活小事指导孩子经受意志锻炼是一种行之有效的方法。家长要善于利用身边的小事有计划地培养、锻炼孩子的意志力。

4.家长做孩子的表率。家长如果意志坚强,做事具有不怕困难、百折不挠的意志力,那么孩子也会在耳濡目染、潜移默化的过程中逐步完善自己的意志品质。反之,家长如果做事拖拖拉拉,遇着困难绕道走,工作、生活缺乏勤奋精神,那么他们的孩子决不会成为一个意志坚强的人。

比尔·盖茨读小学时,有一年夏天,学校组织为期一周的50英里徒步行军,很多家长怕孩子受伤,不让参加。比尔的父亲却对孩子说:"这是你锻炼的大好机会,这时候才看得出谁是真正的男子汉!"为了这次活动,母亲还特地为比尔买了双新靴子。在父母的支持下,比尔第一个报名参加徒步行军。

行军开始后,因为新靴子不合脚,第一天走完8英里后,比尔的脚后跟就磨破了,脚指头上也出了不少水泡。第二天,还没走完一半路程,他的脚已经开始红肿,鲜血从裂口中流出来。老师劝他不要继续行军了,但比尔坚决不肯。老师只好打电话给他的父亲,让他劝劝自己的儿子。父亲跟比尔通话时,老师开始为比尔收拾行李,以为爸爸一定会让孩子立刻回去。这时,只见比尔一瘸一拐地回来了,兴高采烈地对老师说:"不用收拾了,我不回去!爸爸说了,他相信我,要我坚持下去,直到我自己认为可以停下来为止。"

就这样,比尔又坚持了两天,和大家一起爬山涉水,一直到他一步都迈不动了,才由母亲接回家。

并不是想要有大作为,才需要意志力。平凡的生活如果缺少意志力的支撑,简单的生活你也会觉得苦不堪言。没有经过痛苦的磨炼,会生在福中不知福,也无法追寻到真正属于自己的幸福。第一代独生子女成家后,短婚现象特别多,有的结婚两个月就去办了离婚。原因多半是因为对方不会照顾。自己而产生矛盾。有的孩子就因为缺乏独立生活的能力谈恋爱屡屡告吹,家长还跟婚姻介绍所的工作人员提要求:"这次一定不能找独生子女。我那孩子不会做事,得找个会照顾人的。"家长的过于保护是造成孩子意志力欠缺的重要原因。所以,家长,尤其是视子女如掌上明珠的父母,要学会把握好爱的尺度,不要让孩子成为温室的花朵。

(1)让孩子吃点苦

孩子将来面对的是充满竞争的社会。"适者生存""优胜劣汰"的法则是毫不留情的,家长再宽大的翅膀也无法护送孩子抵达理想的彼岸。如果今天孩子没有吃苦的精神准备,缺乏吃苦的能力,将来会真正体会到"苦"的滋味。家长对孩子过多的呵护,实际上就好比在无意中制造陷阱,最终会让孩子跌进去。

美国前总统肯尼迪的夫人杰奎琳是位坚强而独立的女性,她的儿子约翰自幼羞怯、自卑、优柔寡断,依赖性很强。杰奎琳认为儿子之所以有这样性格上的弱点,跟缺少锻炼有直接关系。于是她在约翰11岁的时候,把他送到英国的德雷克岛"勇敢者营地"去受训,学习驾驶帆船、独木舟、爬山。13岁时,她又送儿子到缅因州的一个孤岛上学习独立生活的技能。在20天的训练中,不给食物,只给一加仑水、两盒火柴和一本在野外如何谋生的书。当约翰15岁时,母亲又送他去肯尼亚的荒野里自求生存。在约翰读中学放暑假时,她还把儿子送到"国家户外"学校,接受为期70天的训练。为了进一步强化约翰独当一面的能力,她让儿子参加和平队赴危地马拉从事地震救灾工作。

在一次次异乎寻常的训练中,约翰的表现越来越出色,终于锤炼出了刚毅果断的独立人格,成为一个自信潇洒、求实向上、理性节制、圆通练达的青年。

对普通家庭来说,让孩子吃苦,并不需要家长刻意制造"苦头"给孩子吃,只要让孩子承担他们应该承担的责任,完成应该完成的任务就能达到锻炼意志、增强毅力的目的。日常生活起居、家务劳动、学校的各种活动、社会公益活动,孩子能够参与的就让他们参与,只有流过汗、磕破皮、出点血,孩子的意志才能坚韧起来。家长需要做的是:

a.别把孩子当婴儿。

只有初生的婴儿才需要全方位、一条龙的细致关照。即便七八个月的婴儿也可以学着自己抱奶瓶喝牛奶了。许多家长可能需要不断提醒自己这一点,充分了解孩子目前的能力水平,确定对孩子的恰当期望。有些家长留恋婴幼儿对自己的依赖,孩子长大越来越独立使他们感到失落,不知不觉中就希望孩子永远长不大,并一直把孩子当婴儿看待。这种家长对孩子的依赖性,会阻碍孩子心理上的"断乳",妨碍孩子发展独立性。

b.从吃穿开始,让孩子自理。

一岁半孩子就可以自己用手抓食物喂自己,2岁学用勺。哪怕孩子吃得满地狼藉;让孩子自己削水果皮,哪怕他削出来的苹果只剩下了一半;让孩子自己洗碗刷饭盒,哪怕他弄得厨房水满金山;让孩子自己铺床叠被,哪怕他动作缓慢像蜗牛。别怕孩子没吃饱,别嫌麻烦,别嫌孩子慢,鼓励他,教他正确的方法,孩子的进步会让你吃惊的。

c.培养孩子的劳动观念和习惯。

不会做可以学,不肯做就可怕了。如果孩子养成了懒惰、好逸恶劳的心理,就很难摆脱对家长的依赖,获得独立的能力。其实,大多数三四岁的孩子对劳动是充满兴趣的,他们会争着去倒垃圾、帮忙拣菜、扫地抹桌,但家长或怕累着他们,或嫌他们越帮越忙,总把他们打发到一边。殊不知,这样不仅剥夺了孩子能力的锻炼和在劳动过程中学习的机会,剥夺了孩子享受劳动乐趣的机会,还给孩子传达了一个错误的概念:劳动是一种负担。有的家长把劳动作为惩罚孩子的手段,"你不听话,罚你洗碗。"这样更让孩子觉得劳动是一种痛苦。所以家长自己得从根本上审视自己对劳动的看法,提醒自己劳动的价值。实际上许多家长自己是很吃苦耐劳的。为父母的总是希望把最好的东西传给孩子,为什么不把热爱劳动的优秀品质传给孩子呢?

让孩子承担一定的家务劳动,跟孩子一起唱着歌儿干活,把劳动的过程变成加深亲子关系的最好途径。欣赏孩子的劳动成果,让孩子体会到劳动所带来的成就感,赞扬孩子的干活劲头,让孩子明白爱劳动是一种美德。

d.给孩子受点"磨难"。

如果孩子所做的事都是家长精挑细选出来的干净、简单、容易的活儿,孩子遇到出其不意的困难时,就会备受打击,束手无策。教训和经验一样重要,不经历风雨,何以见彩虹;不遭遇失败,就难以深刻体会成功的喜悦。不时遭受小挫折的孩子,才可能不被大的打击所吓倒;在过去的挫折中学到克服困难的方法的孩子,才能同样有能力摆脱困境;有过战胜困难的经历,孩子才能对自己更有信心。让孩子吃苦受难不是故意找茬惩罚他们,而是希望孩子能从中获益,使其身体、智力、意志品质都得到锻炼。

所以,让孩子多走点儿路,使他在体力上更强壮;让孩子搬点儿重的东西,他可以动脑筋想出最省劲的方法;让孩子参加夏令营,他能学会适应与平时完全不同的环境,应对从未遇到的问题。

(2)锻炼心理承受力

坚强意志的培养除了需要经历磨难的机会,还需要有正确对待成功与失败的良好心态。帮助孩子学会客观分析成功或失败的原因,才能使他们成功时自豪但不骄傲,不断再接再厉;失败时失望但不气馁,依旧勇往直前。

孩子因思维能力的限制常常不能全面地分析问题,当自己做成了一件事,或达到了自己的目标,容易把功劳归因于一个方面。自信的孩子会认为是自己的能力强、聪明所致;不自信的孩子可能觉得自己侥幸,或认为都是别人帮忙的缘故。家长在肯定和表扬孩子成绩的同时,可以问问孩子自己认为成功的原因是什么,针对孩子的分析,提醒孩子考虑他们没有想到的因素。这样既有利于孩子总结经验,培养孩子分析问题的能力,也有利于孩子形成对自己的正确评价,树立合理的自信。

当孩子犯错或是没有达成目标时,家长更要冷静地帮助孩子分析原因。错误和失败不仅令孩子沮丧,也会让家长急躁气恼,但家长需要弄清楚,孩子一时犯错或失败并不说明孩子就是失败者,而是反映出孩子缺乏技巧,需要学习和继续。这是再普通不过的事。错误和失败是生活中自然的一部分,是一个人努力成就一件事的证明。它只表示努力的过程尚未完成,但决不是真正的失败。当孩子犯了错误或暂时失败,家长应该从问题本身着眼来处理问题,也就是就事论事,专注于问题的现状,看看目前可以做些什么,给孩子引导和鼓励。千万不要对孩子做出"无能"的评价。形成了对错误和失败的正确认识和态度,孩子才能够获得勇于进取、百折不挠的品性。

劣性刺激有助意志力培养

在日常生活中,父母可以多给孩子适当的劣性刺激,以增强孩子的坚持力,借此磨炼孩子的意志力。劣性刺激是指一些令人不舒服或不愉快的外界刺激,这些刺激对培养孩子的自控能力来说是必须和有益的,这些刺激主要有:

1.困难

美国一些儿童专家指出,有条件的父母应该为孩子有意识地设置一些困难,常给孩子出一些经过努力可以克服的困难。当然,在这一过程中,父母需要教给孩子克服困难的勇气,也要教给孩子克服困难的办法。比如,在外出游玩的时候,妈妈和幼小的孩子一起去爬山,山路高低不平,对于幼小的孩子来说非常难走。但是,妈妈应该有意识地让孩子在前面跌跌撞撞地走,直到孩子踩着小石子摔倒在地上,而妈妈对孩子说:"摔倒了,勇敢的孩子都会自己站起来！"父母在给孩子设置困难时，一定要有目的、有计划地组织一些困难以及障碍性的活动，既不要超过孩子的心理承受能力，又有利于提高孩子的适应能力，达到增强孩子韧性的目的。

2. 饥饿

饥饿是一种挑战生理极限的刺激。许多孩子无法接受吃自己不喜欢吃的东西，这时候，父母可以适当让孩子尝试一下饥饿的滋味，让孩子在饥饿的刺激下学会控制自己的偏好。宋庆龄的父亲宋耀如为了锻炼孩子们的耐力和自控力，便与孩子们一起禁食一天。在这一天里，让饥肠辘辘的孩子们面对吊胃口的饭菜，克制食欲，宁可忍饥挨饿，也绝不碰一下食物，以此来培养孩子的自控力，让他们成为意志坚强的人。后来，庆龄虽然与蔼龄、美龄她们因政见不同而分道扬镳，但意志坚强却是她们共同的特点，这与父亲对她们的教育训练是分不开的。

3. 吃苦

大部分孩子在面对吃苦的时候就显示出娇弱的一面，父母不妨有意识地锻炼孩子，多让孩子参加一些野营活动，让孩子在艰苦的条件下吃点苦头，这样比较有利于培养孩子坚强的性格。董建华的父亲董浩云是香港首屈一指的大富翁之一，但他对子女的要求却非常严格，从不娇生惯养，他十分重视孩子的吃苦教育，唯恐孩子走上"贵族化"的歧途。他认为长辈如果真为孩子着想，再富不能富孩子。因此，在董建华的童年时代，父亲董浩云就适当地设置一些障碍，让他多受些挫折，少花钱，多动手，逐渐增强自力更生的意识，这才是对孩子的真爱。通过受苦，孩子能感受到生活的艰辛，珍惜父母的劳动成果，对未来大有益处。

4. 批评

许多孩子的心理非常脆弱，根本无法接受别人的负责任的评价。美国阿拉斯加州的埃丽希·弗说："没有规矩不成方圆。因此，必须明确规定一些孩子不应做的事情，比如，打人、骂人、偷东西等，这些都是绝对不允许做的。如果孩子做了，就要接受批评，有时还要严厉一些。这样对孩子的身心健康成长是有益的。"

5. 惩罚

对于孩子犯的较大的错误，父母应该给予适度的惩罚，这种惩罚可以是物质上的，也可以是精神上的。但切不可把惩罚与棍棒画上等号，动则武力相加,让孩子产生对立情绪,这不仅不能让孩子改正错误,反而对孩子健康成长不利。比如,惩罚可以是把孩子关在一个比较安全的地方,不允许孩子买他想买的玩具等。

6.忽视

父母们总是一味以孩子为中心,无论是在哪种环境下,孩子们似乎永远是主角。那么,如果环境发生变化,孩子不能再当主角了,不被重视了,孩子的心理就会失去平衡,他就可能承受不了这种角色的转变。因此,父母在生活中不要把孩子作为生活的重心,有时候可以适当忽视孩子,让孩子调整自己的心态,从而帮助孩子在与人交往中保持良好的心态。

不管吃苦也好,批评、惩罚也罢,最终的目的就是让孩子从小磨炼意志,提高自控和忍耐能力。其实,生活中困难、挫折无处不在,比如,和伙伴相处的冲突、搭积木的失败、考试成绩差……父母应该利用这些日常生活情景,通过自然方法妨碍或干扰孩子某些目标的实现,让他们摆脱依赖,增强对困难的承受力。

克服恐惧,成就勇敢品质

娜娜上小学一年级,放学回家走上楼时,娜娜紧紧拉着妈妈的衣服,神态紧张,好像怕妈妈把她丢了。进家门后,娜娜依然拉着妈妈不放,直到妈妈把所有的灯都打开,娜娜才放心地松开妈妈的衣襟。妈妈去厨房做饭了,娜娜拿着学习用具也到了厨房,妈妈问娜娜:"你怕什么?"娜娜回答:"怕鬼。"妈妈再问她:"鬼是什么样子的,有多可怕呢?"娜娜说:"鬼是青面獠牙、龇牙咧嘴的,可吓人呢!而且经常在夜深人静的时候出来。"妈妈乐了,觉得娜娜很有意思,就开玩笑地再问:"你怕我吗?"娜娜愣了一下,回答说"怕"。妈妈很高兴,继续问,"你怕老师吗?"娜娜看着妈妈说:"怕。"妈妈觉得不对劲了,追问为什么,娜娜想了想说:"不知道,就是怕。"

生活中有很多胆小的孩子,他们惧怕很多东西,怕人,怕事,像受惊的小老鼠,稍有风吹草动,就会飞奔逃命,躲回洞里。他们有的看过恐怖镜头,有的被大人批评或打骂过,受过惊吓,有的见"世面"太少,胆量没有练出来。家长对于孩子有恐惧心理要负主要责任。

有的妈妈很长时间不在孩子身边,孩子丧失了安全感。有的家长对孩子过于严厉,轻则训斥,重则打骂、惩罚孩子,使孩子看到家长就想到自己身上的痛。有的家长自己看恐怖片子的时候,认为孩子还小,不会怕的,却没有想到孩子看见了,也记在了心上,使得很小的孩子生活在恐惧中。

不敢在人面前讲话,来了客人或躲在家长背后不露头,或躲在房间里不出来,或在某个角落里一言不发、大气不出,即使家长强行叫出来也是躲躲闪闪、扭扭捏捏;在班里不敢回答问题,自己有问题也不敢向老师提问,甚至老师点名叫他回答问题,也会脸色通红,难于开口,即使回答了也是声音细小,匆匆结束,像犯了什么错误一样;在无人的环境里,不敢一个人待;怕黑、怕鬼、怕狮子、怕老虎,等等,有的甚至是连怕什么都说不清楚;有的不敢一个人出门单独去做事情,必须依赖大人;有的孩子受了欺负也不敢讲理,更不敢反抗,只有哭泣和一味忍受;还有的孩子不敢和人打招呼,见到熟人也回避。总之,孩子恐惧的事情多种多样,是不是不能消除呢?不是的,需要家长有方法,教育和帮助孩子。在孩子生长发育过程中,对某些人物、事物、情景产生恐惧,时间长了会影响孩子的身心健康。孩子的心灵特别稚嫩,很容易就会受到挫折。家长如果及时发现了孩子的心理变化,并及时加以抚慰,就能帮助孩子的心理免受伤害。

为了不再让孩子感到恐惧,家长努力在孩子周围创造出像动画王国那样温馨平和的氛围,但即使你费尽心思不让孩子看到可怕的东西,不让孩子听可怕的故事,孩子也会感到恐惧。因为电视里播出的事故新闻和鬼故事都是没有经过任何过滤直接传送到孩子耳朵里,而且孩子之间也会互相传播一些可怕的故事。

孩子的恐惧感在日常生活中频繁出现:妈妈不在身边时会哭泣、被放到高处时身体会不自觉地蜷缩起来、与陌生人打招呼时会往妈妈怀里钻,这些都是恐惧的表现。逛商场时孩子会悄悄拉上妈妈的手,这往往也是恐惧的表现。

稍微大一点的孩子一看到狗就会躲得远远的,更不敢去摸它了;夜里害怕一个人上厕所,必须要有人陪着才行;有时候还担心小偷进来,或害怕有鬼;有时候会做噩梦,说胡话;有的孩子还会因害怕死亡而不敢入睡……

孩子所感受到的恐惧,一方面是来自生理本能,更多的是出生后从周围环境中感受到的。

西方的孩子从小就不怕狗,而且喜欢与狗一起玩耍。而东方的孩子大部分害怕狗,因为孩子从小就看到别人怕狗的样子。

有位家长对此颇有感触,育儿经历中的一件事让她至今不忘:

在她的三女儿快2周岁时,有一次,小狗咬伤了一只飞进园子里的鸟。家里的保姆是个善良的阿姨,不忍心看鸟等死,就把鸟放到了厨房里,准备慢慢喂养。

那天下午,女儿跑进厨房玩耍发现了小鸟,并拿起了它,献宝似的向她跑来。当时她正在很投入地看一本书,孩子突然把那只受伤的鸟拿来给她看,小鸟的鲜血染在了女儿身上,把她吓了一大跳,她尖叫了一声。这下孩子也吓坏了,女儿把鸟扔到一边开始大声哭起来。她觉得很内疚,同时也担心会在女儿心里留下阴影,就对她说:"晓晓,刚才真对不起,妈妈没看清楚是什么东西,原来只是一只小鸟啊?"她摸了摸鸟的羽毛,但女儿再也不愿意摸了。从那以后,女儿特别害怕动物,有时候看到蜘蛛也会大声尖叫,并赶紧躲起来,就连看到蚂蚁也要避开。

为了重新恢复孩子受到挫折的好奇心,消除对动物的恐惧,这位家长确实花了不少时间和精力。这让她感慨不已并印象深刻。

孩子还会对死亡感到恐惧。有时候,亲人的去世会成为孩子害怕死亡的起因。孩子喜爱的小动物死了也会给孩子带来很大的打击。

有个叫洪基的孩子躺在自己房间的床上,眼睛死死地盯着天花板,流着冷汗,不敢睡觉。"我害怕一闭上眼睛就会死掉。"一个才6周岁的孩子会有这种恐惧简直不可思议。如果他的母亲不以培养孩子的独立性为理由,让他单独睡一个房间,如果母亲能用温暖的怀抱来安抚孩子,相信他会非常轻松地克服对死亡的恐惧。父母应该告诉孩子,人人都会死,但不是现在,那是很久以后的事情,并告诉他,爸爸妈妈会一直陪伴在他的身边。那么,孩子的恐惧感就不会那么强烈了。

要消除孩子的各种恐惧,或一开始就让孩子较少感到恐惧,就应该让孩子勇敢地面对恐惧。孩子跟成人一样,当他们面对现实时反而更容易理解它。让害怕猫狗的孩子养一只小狗或小猫就能消除他们对动物的恐惧。

想让孩子面对现实,父母首先要坚强起来,敢于面对恐惧。例如,家里有人过世了,这时孩子就会从父母坚强的表现中学到一些东西,在日后他们碰到相似问题的时候就可以用同样的方法处理。

孩子的恐惧心理与成年人的恐惧并无两样,只是不同的年龄阶段的表现有所不同。一般来说,每个孩子都会经过这个情感发展的阶段。爸爸妈妈怎样帮助孩子有效地战胜恐惧心理呢?

1.不要惩罚或嘲笑孩子的胆小,这样只会适得其反,正确的应是承认孩子害怕的东西确实存在,这样,孩子知道你了解他的恐惧,也就会相信你的劝慰、解释,才能解除恐惧的心理。

2.教育孩子不要掩饰害怕。有些孩子往往会否认自己害怕,这是孩子常用来对付恐惧的一种方式,但实际上,越是这样,孩子自己越是恐惧。爸爸妈妈应该让孩子说出恐惧的具体内容,让孩子解除心理上的羞耻感,并逐渐克服恐惧心理。

3.平时爸爸妈妈要注意不要强刺激孩子。在日常生活中不要用"你不听话,大灰狼就会来把你吃掉"、"你不吃饭,就把你关到黑屋子里去"等等的话来吓唬孩子,爸爸妈妈可以讲授有关知识帮助孩子克服恐惧心理;如有的孩子害怕雷电,爸爸妈妈可以给他讲解有关雷电的知识,虽然孩子不完全懂得,但他会减少恐惧,感到安全。

4.利用孩子的愉快情感来克服恐惧心理,应经常让孩子参加游戏、去公园玩等活动,产生愉快情感吃大锅饭服恐惧心理。同时,还可以鼓励孩子用讲故事、绘画等活动,讲出或画出自己最害怕的东西,把内心恐惧表达出来,渲泄出去,从而解除恐惧心理。

就像我们无法完全消灭周围的细菌一样,我们也不可能完全消除恐惧,重要的是培养孩子战胜恐惧的力量。

打造完美自制力

自制力是一个人约束自己的能力。它能帮助人们控制和调节自己的行为和情绪,激励自己去做合理的事情,抑制不合理的情绪和行为等。

对于现在的孩子来说,物质条件更好,需要面对和抵制的各种诱惑和新鲜刺激也更多。拥有较强的自制力就成为他们的一种"免疫力",这种免疫力能够帮助他们抵制不良刺激的影响。因此,拥有较强的自制力对于孩子们的健康成长非常重要。

其实,一个孩子自制力的强弱并不是与生俱来的,而是在后天的教育和引导中逐步培养和锻炼出来的。所以,要培养一个孩子的自制力,家长需要注意对孩子进行自制力的训练和引导。

对于家长而言,应该怎样做才能让孩子具有自制力呢?

1.从"他制"到"自制"

低龄的孩子还不能判断和评价自己行为的适宜度,这时,家长就要制定一些必要的"家规"了。起初,孩子可能只是粗略地懂得"要这样做"、"不要那样做",即使不理解为什么,但是习惯成自然。随着孩子年龄的增长,"家规"也应赋予更多的道德意义,要让他们明白为什么要这么做。但要注意,规矩不能太多,要善于抓住主要矛盾。

2.循序渐进,允许孩子犯一些小错误

自制力的形成需要一个过程,不是一蹴而就的。当孩子缺乏自制力的时候,如:打坏东西、提一些过分要求等,父母应当宽容一些,粗暴行为只会让孩子产生反抗情绪。父母对孩子要有足够的耐心,当孩子的行为变成一种习惯时,自制力也就自然而然地形成了。

对于屡教不改的孩子可以"少说多做",这类孩子说多了,没有用,只能少说,但说出来的话要算数,否则就没有威慑力。

3.奖励已形成的自制力

家长的奖励可能是孩子坚持的动力。精神上,家长可以多赞赏孩子,"你真的长大了,坚持下去,一定会成功的!"物质上,家长要注意奖励不要过于频繁,不能说"你今天要是能学习一个小时我就给你买件新衣服!"这样会使孩子的自制力带有表演性质,不利于孩子的发展。

4.在游戏中培养自制力

游戏是培养孩子自制力的好方法。例如,让孩子充当哨兵的角色,跌倒了不许哭,站着也不许随意走动,再胆小或调皮的孩子也可以做到。

5.建立合理的家庭制度

这就是现在所说的"契约教育"。家长跟孩子定好规章制度,比如玩游戏的时间、看电视的时间。规矩一旦定下来就不许变动,孩子和家长都要遵守。当孩子行为不合规矩的时候,家长就要跟他讲道理,告诉他,他越界了。

6.学会给事情制定计划和目标

很多自制力较差的孩子做事情时没有明确的目标和计划,行动缺少动力和兴趣，半途而废的可能性就会更大。所以，家长需要教育孩子学会制定计划，给自己设定目标。刚开始进行这方面训练的时候，家长可以协助孩子安排计划和目标。

在引导孩子设置目标时，最好建议孩子将大目标分解成各级小目标，最先要达到的目标难度应该最低，越往后的目标难度应该越高。这样能够在保护孩子积极性的同时，激励孩子不断努力以达到最终目标。在不断地坚持和努力中，孩子的自制力会慢慢提高。

比如，像这位孩子提到的早上睡懒觉不愿起来的情况，家长可以和孩子一起规划接下来的暑假时间，每五天为一个阶段。第一阶段目标为早上八点之前起床锻炼，五天之后的目标是 7 点半之前起床锻炼。就这样，循序渐进直到做到六点半起床。

7.多做积极心理暗示

有的孩子知道自己自制力不强，他们也很苦恼。这个时候，我们家长可以教育孩子在觉得控制不住自己的时候，静下心来，给自己做些积极的心理暗示。就像这位提问的小朋友，面对他的苦恼和疑惑，家长可以这样教育孩子：当你控制不住地拿起遥控器开始看电视的时候，你可以这样暗示自己：现在还不能看电视，学习计划还没完成，应该先完成学习计划再来看电视。这一次，我一定能控制自己，我是有自制力的孩子。现在我只要按下电视开关，转身走到书桌旁，翻开书本开始看书就是一种胜利。

这种积极的自我暗示能够帮助孩子树立信心，提高自制力。通过这种积极的暗示，相信孩子的行为慢慢地一定会发生一些变化的。

8.利用榜样提高孩子的自制力

给孩子找一个自制力较强的榜样，比如一些名人、孩子喜欢的卡通形象、孩子喜欢的作者、孩子的同学、家庭中的成员等等。将他们自制力较强的事件给孩子当成故事讲一讲，适时地对孩子提出一些希望和建议，鼓励孩子向榜样学习。孩子在自制力方面有所提高时，哪怕是一点点小小的进步也要及时对孩子进行精神上的鼓励，达到提高孩子自制力的目的。

9.在克服消极情绪中提高自制力

自制力除了表现在自我激励、提高活动效率、激励孩子做正确的事情方面，还表现在帮助孩子战胜弱点、克服消极情绪方面。有时，孩子遇到让自己不高兴的事情绪可能会比较过激，行为比较冲动，这时就需要发挥自制力的作用了。所以，平时家长需要对孩子进行一些针对性的训练以提高孩子的自制力。家长可以告诉孩子消极情绪对于问题的解决并没有很好的帮助，所以在遇到不如意的事情想要发脾气之前需要有意识地克制一下。比如，想想对方的难处、说话之前把舌头在嘴里转上 10 个圈或者是先数 7 个数。

这些方法其实是一种转移注意力的方法，通过让孩子有意识地尝试转移注意力，控制和调节自己的情绪，间接地提高和锻炼了孩子的自制力。

孩子的健康地成长，需要家长帮助和引导他们克服心理上的弱点，战胜自己，超越自己，在不断努力中实现目标，追求幸福人生，而这些都需要自制力的帮助。而自制力的培养和其他任何一种品质的培养一样，都需要一个长期的坚持和教育过程。

将梦想进行到底

在这个世界上，有了坚持，桑叶就能变成丝绸。把梦想坚持到底，就没有什么不可能实现的愿望。

在很多父母眼里，孩子的梦想总是"虚幻"的。

山姆从小就对各地风格迥异的风景着迷。一次考试，山姆考了第一名，奖品是一本世界地图册。山姆特别高兴，一有工夫就抱着这本世界地图册看。

一天，家人都在洗澡，所以就让山姆帮忙看着炉子上烧的热水。山姆一边看水，一边又习惯性地拿出世界地图册开始看。刚好看到的是一张埃及地图，小山姆完全沉浸在兴奋中，古老的埃及金字塔、尼罗河和很多神秘的东西……他心想，长大以后一定要去埃及看看。

正想得出神，后背重重地挨了一拳。原来水早烧开了，沸腾的水把炉子都浇灭了，爸爸在里面听到了响声，从浴室里冲了出来。

爸爸很生气地问山姆："你在干什么？"

山姆说："我在看埃及地图！"

爸爸很生气，他用力在山姆的屁股上踢了一脚，严肃地说："你一辈子也不可能到那么远的地方去！"

山姆看着爸爸，满脑子都是："这一生我真的不可能去埃及吗？"痛苦了好久后，山姆终于想通了，他告诉爸爸："我的人生不要别人来保证。"

20 年后,山姆第一次出国就去了埃及。到达埃及后的第一天,山姆坐在金字塔前的台阶上,买了张明信片寄给爸爸,他在明信片上写道:"亲爱的爸爸,我现在正在埃及的金字塔前面给你写信,记得小时候,你打了我一拳,踢了我一脚,说我不能到这么远的地方来,现在我就坐在这里给你写信。"

爸爸收到明信片很开心,逢人就说:"一脚把儿子踢到埃及去了。"

现在的孩子个个都很聪明,聪明的孩子往往爱好也比较多。小孩子最大的特点就是好奇,什么都想尝试一下。对于孩子的这个特点,对孩子的智力开发与兴趣培养有很大的好处。但是凡事有利必有弊,孩子的这些兴趣爱好如果不适当的引导,也会变成坏事。让孩子养成做事没规律,遇到困难就退缩,不能坚持到底,做事不能够专心致志,容易被外界所吸引等不好的习惯。

家长肯定都有这样的经历:孩子做一件有难度的事情;刚开始还很有兴趣,但是长时间不能做好时,孩子就开始烦躁,不想做了,这是没有耐心的表现。要不就是任何兴趣爱好只能坚持几天,好奇心没了就不再去做。这不是真正的兴趣爱好,会让孩子心里没目标。如果一个孩子从小有这些不良习惯,并且伴随着他长大,那么以后很可能会一事无成。

所以,在保护孩子好奇心,创造能力的同时,要从小培养孩子坚持到底,认真,细心地好习惯。而这些习惯也不是一天两天养成的,是生活中点点滴滴积累的,所以家长要有耐心。具体从五个方面做起:

第一,孩子认真投入时不要打扰。孩子做任何事情,比较专注的时候家长尽量不要打扰。比如孩子正在专心致志搭积木,妈妈非要让孩子吃水果呀等等打扰孩子的行为,这样会对孩子专注力有影响。

第二,和孩子一起战胜困难。孩子做事情遇到困难家长要多多鼓励,和孩子一起完成目标,让孩子感受解决难题的自豪感,从而勇于战胜困难,不被困难所吓倒。

第三,孩子从小做事情就要有始有终。一件事情做不完不能去做另外的事,养成坚持到底,不半途而废的好习惯。

第四,不强迫孩子,理解孩子真正的需要。搞清楚孩子真正的兴趣在哪里,不强迫孩子学习他不喜欢的东西。就算是必须要学的,首先应该想办法培养他的兴趣,而不是硬逼着孩子学。

第五,做事形成规律性,从小培养孩子的时间观念。要教会孩子做事的规律性,先做什么,后做什么。教会孩子合理安排时间,从小给孩子定一个时间表。什么时间应该做什么,就认认真真地做,不要想其他的事情。有个孩子学钢琴,每次都学的很痛苦,老是弹不好。问他为什么弹不好呀?他说因为我想着看电视的事情,要是妈妈让我看电视多好呀。这就是孩子没有集中精力的表现,这样只会浪费时间,没有任何意义。

然后我们再看看现在好多大一些的孩子写作业多困难啊!一边写,一边玩,一个小时完成的可以拖两个小时,这样长大做事能有效率吗?所以应当给孩子定时间,他们越是早点掌握学习内容,就早点让他们去玩。上课走神不能掌握就会延长时间。因此他们上课很认真,因为他们知道认真掌握了就可以早点去玩,时间长了他们就养成了做什么事的时候都专心致志,认认真真的习惯。做这件事情时,绝不想着其他的事。

举一个例子:有些孩子整天坐在书桌前学习,但是学习并没有提高,学的很痛苦。为什么呢?因为他一大半时间没有学习,在走神或是发呆。所以表面看着孩子很用功,其实大部分时间因为不能集中精力而白白溜走。那他的这个习惯会让他一生很多的时间也白白溜走。而有的孩子并没有整天的学习,有很多玩耍的时间,但是学习还是很优秀。这是因为他有一个良好的习惯,在上课的时候认真听讲,作业也能够踏踏实实认真完成,大大缩短了学习时间,但是因为比较集中尽力,所以学习效率却提高了。

如果我们在孩子小的时候就能够培养他们的这些好习惯,有目的的去锻炼他的意志力,那么他做任何事肯定也是认真负责,有坚持到底,这些将是孩子一生最好的财富!

第六章 寻求最佳方法

教育孩子要讲究方法。家长运用科学合理的方法能够引导孩子个性发展，做最好的自己。反之，孩子的健康发展势必会被扼杀。因此，在家庭教育中，寻找最佳教育方法是一个不能回避的课题。

教育从尊重开始

两岁多的孩子跟妈妈一起参加一个幼儿园的开放日活动，孩子正兴致勃勃地在教室的书架上找书看，这时老师走过来跟妈妈打招呼："你好！孩子叫什么名字？"妈妈说："你好！他叫豆豆。"这时，孩子听见说话声转过身看着老师，老师伸出手轻轻捏了捏孩子的脸蛋说："你长得真可爱！"孩子皱了皱眉，赶紧转过身去拉住妈妈的手。老师说："没关系的，小朋友刚来都会有点害羞，时间长了就能跟我们一起玩了，我们就是要培养小朋友与人交往……"

这是一种明显的不尊重孩子的表现。老师轻轻地捏捏孩子的脸是想表达对孩子的喜爱，但并没有问过孩子是否喜欢这样一种表达方式，虽然本意是好，其实并没有尊重孩子。这里做一个简单的比喻：假设你和朋友参加一个聚会，这时迎面走来一个陌生人，朋友将你俩互相介绍了一下，这人突然伸出手捏了捏你的脸说："你真可爱！"这时你会是什么心情？你会认为这个人有病赶紧躲开？还是会很享受地被捏了一下然后热情地跟他/她聊天？在案例所述的场景中，孩子是赶紧躲开了，但老师却认为孩子是因为害羞，不知道什么人能做到被陌生人捏了脸之后还能大方地和他/她聊天？

现在有些年轻父母由于自身受过良好的教育，对孩子的成长需求认识得比较到位，在日常生活中能尊重孩子。但也有相当一部分家长虽说也知道一些尊重孩子的道理，但在实际生活中却做不到。在他们眼里，孩子是自己的私有财产，子女必须一切听从大人的安排。这样的父母往往把孩子置于完全依附家长自己的位置上，没有把他们当成一个独立的个体来对待。一旦孩子的行为与他们的意志相左，或达不到他们的期望与要求，斥骂、棍棒随之而下。这样的环境下，孩子很难有良好的心理状态和行为习惯。

对不少家长而言，学会尊重孩子不是一件容易的事，因为它不是一朝一夕想学就成，它应建立在正确的认识基础上，花费百倍心思，万般功夫，真正发自内心的自觉行为。

1.尊重孩子成长发展的自然规律。

儿童的发展过程是一个自然的进程，无论是孩子的生理还是心理发展，均有其自身发展的内在规律。在教育孩子的过程中，如果违背了孩子发展的自然规律，往往会把事情弄得很糟，这样不仅达不到父母的预期效果，还会影响孩子的正常发展。在学龄前儿童的教育中，表现得较为普遍的就是父母缺乏等待孩子自然成长的耐心。许多年轻父母迫不及待地要求幼小的孩子学这学那，过早地让孩子投入到所谓的"学习"环境之中，把识字、拼音、计数、外语当成早期教育的全部内容。父母这种片面的认识和盲目的举动，背离了孩子的自然发展规律，加重了孩子的认知负担和心理负担，以致产生不良后果。据调查：上海市儿童梦呓、磨牙、夜惊、梦游，五岁以上孩子遗尿等睡眠障碍的发生率高达46.97%，其中一个重要原因就是学习压力过大。孩子过早进入学习阶段，免不了会遭遇种种困境与失败，而不少父母只是一味地批评、责骂孩子，却很少检讨自己的心态和行为。父母在急于求成的心理驱使下，往往只能接受孩子的成功，不能接受孩子的失败。在这种状况下，尊重孩子就谈不上了。其实，孩子们需要的是自然发展的时间表，家长应让他们逐个地、循序渐进地走完每一个发展阶段。

2.尊重孩子的独立人格和自我意识。

身为父母，要认识到孩子是一个独立的个体，孩子虽然年幼，但他们有独立的人格和自我意识，他们有自己的想法和观点。父母不能因孩子的弱小、对成人的依赖，而无视他们独立人格和自我意识的存在。

孩子的自我意识是孩子社会适应性发展的基础，没有良好的自我意识就没有良好的社会适应性。自我意识包括自我感觉、自我评价、自尊心、自信心、自制力、独立性等。在孩子的早期，这些素质发展不好，就会影响他日后适应社会的能力。孩子最早的自我意识来自父母是如何看待他的，当他肯定自己被父母爱时，他就能认识到做人的价值。孩子在两三岁时，其自我意识逐渐形成,他们会提出"我自己来""我自己做"的要求,并跃跃欲试地尝试着做每一件事, 这是孩子心理发展到一定阶段的正常现象。可是许多父母生怕他们做不好,总是包办代替,从而剥夺了孩子学习与锻炼的机会。当孩子到时候什么也不会做或什么也做不好时,却又受到父母的指责与埋怨,这对孩子来说是不公平的。作为家长应随着孩子年龄的增长和独立意识的增强,通过各种方式以实际行动给予支持,如对孩子表示信任、让孩子拥有独立的空间、给孩子支配时间的自主权、尊重孩子的选择、善待孩子的朋友,等等。

尊重孩子,还要注意保护孩子的自尊心。心理学家认为,自尊是一种精神需要,是人格的内核。维护自尊是人的本能与天性。孩子的自尊心是他们成长的动力。保护好孩子的自尊心,增强他们的自信心,这是做合格家长的责任。家长应懂得孩子的自尊心是他们一生做人的资本,不能伤害与践踏它。

3.给他们一定的自由空间。

我们经常听家长说,现在的孩子不愁吃不愁穿,要什么有什么,真是身在福中不知福。可孩子们说,爸爸妈妈总是逼着我学这学那,一点儿自由都没有,真没意思。为什么现在的孩子备受宠爱,却反而感受不到快乐?为什么家长为了孩子省吃俭用,却得不到孩子的理解?其主要原因在于家长总是以自己的愿望和感受来替代孩子的主观需求,忽视了孩子除了吃好穿好的需要外,还有渴望得到尊重、渴望独立自主、渴望自由创造的需要。这些需要的满足, 才能使孩子感到真正的快乐和幸福。孩子在最初的几年里是用身体、活动、游戏去感觉世界和认识自己的,而不少家长却剥夺了孩子的这种学习方式和活动的权利,用各种各样的学习安排把孩子活动的时间和空间都占据了,这对孩子的发展十分有害。研究表明,受家长支配太多、指责太多的孩子自我激励能力很弱,创造能力和想象力的发展受到压制,好奇心也受到打击,他们很难发现自我价值。同时孩子们由于过早地承受太多的学习压力,从而早早地失去了童年的乐趣, 没有正常孩子那样的欢乐, 这将影响他们的社交能力和其他各种能力的发展及心理发育。

尊重孩子,就要把自由和独立还给孩子,让孩子自主选择自由探索。家长的责任在于引导孩子的行为合乎社会的规范。孩子成长的每一个年龄阶段都有其特有的身心发展特点和生活内容,父母应给他们一定的自由空间,把原本属于他们的权力还给他们。只有这样,孩子身心发展的巨大潜能才能得以挖掘。

4.正视孩子间的差异。

由于受遗传因素和不同环境的影响,孩子间存在着一定的发展差异,这并不奇怪。可有些家长总喜欢拿自己的孩子与别人的孩子比。当自己的孩子比别人强时,父母就沾沾自喜,反之就不停地数落、讽刺、挖苦孩子,这样很容易使孩子消沉、迷惘。孩子由于年龄小,见识少,他们往往以父母、他人的评价来评价自己,过多的批评、责骂容易使年幼的孩子迷失自我。其实每一个孩子的身心发展特点都是各不相同的,父母不能用别的孩子的长处来比掉孩子的自信,也不要因孩子某方面的欠缺而否定他的一切,更不能照搬别的孩子的成功个案来培养自己孩子。父母要有足够的勇气承认并正视孩子间的差异,要怀着沉稳的心态耐心引导孩子,以他们自己的速度成长。父母要牢记,对孩子的信任与尊重是促使孩子健康成长的最佳营养品。

育人如同育树:"能顺木之天,以至其性焉尔。"这是指教育要尊重孩子的天性,让孩子自由发展。但是在家庭教育实践中,尊重孩子却有一个"度"的问题:只有讲究好分寸,把握好尺度,才能使家长的有意引导和孩子的自主发展达到和谐的统一。而要解决这个问题,就要注意处理好以下几种关系:

一、平等地位与主导作用

平等地对待孩子是尊重孩子的首要条件。家长努力营造一种民主、和谐,在日常生活中,我们要允许孩子根据自己的意愿进行选择,鼓励孩子自己作一些决策。比如问问孩子:"你想吃苹果还是香蕉?"和孩子一起协商:"星期天你想怎么安排?"等等。其次,要学会做孩子的朋友,多参与孩子的活动,多和孩子一起嬉戏玩耍,成为孩子开心的伙伴。另外,还要注意自己的言谈举止给孩子的感受,经常与孩子保持同一视平线谈话,从一个简单的动作表情到教育方式的运用上都要体现与孩子的平等。

但强调平等,并不意味着可以忽视家长的主导作用。孩子年龄小,是非辨别能力差,时时处处都需要家长的悉心引导才能进一步获得有价值的经验和知识,才能养成良好的行为习惯。但家长的这种主导作用不是通过强制性的手段来体现的。针对孩子的特点,采用游戏的方式,往往更能体现平等与主导的结合。比如,我想让孩子听故事,常常不是直接提出这一要求,而是说:"你看布娃娃太孤单了,他想听故事,你陪他好吗?"想让孩子玩橡皮泥,我就说:"小熊肚子饿了,你做一些面条给它吃吧!"孩子不肯洗手,我就一边念儿歌一边和孩子做洗手的游戏。在轻松愉快的游戏气氛中,孩子不知不觉地接受了家长的要求,养成了良好的习惯。

二、自由发展与遵守规范

每一个孩子都有其自身成长规律,只有尊重这一规律,给孩子充分的自由发展空间,才能调动孩子内在的发展积极性,发挥其主动性,更好地促进孩子的身心健康发展。在家庭中,只要无碍孩子的健康、安全和他人利益的活动,都可以让孩子尽情探索、自主选择、自由创造。比如,有的家庭规定星期六晚上是孩子自由活动的时间,只要孩子不干出格的事情,家长从不干预。有的电器设备,除了电源总开关及插座规定不允许孩子动外,其他都鼓励孩子动手操作。这既增加了孩子探索的乐趣,又使孩子学到了必要的生活知识,可谓一举两得。

当然,尊重孩子的自由需求并不等于放任孩子。俗话说:"没有规矩,不成方圆。"只有自由与规范相结合的教育才真正有利于孩子的身心健康发展。因此,在给孩子自由时一定要有相应的规则约束。比如,在家里,要让孩子知道各种用品、玩具都有固定的位置,使用后应物归原处;每日饮食起居也要有一定的规律,按时就寝,按时起床。在外面,要告诉孩子有关公共秩序和文明规范,并在家长的带领和示范下自觉遵守。家规的内容涉及家庭生活的各个方面,有一些是需要家庭成员共同遵守的,而有一些家规在家庭生活中却要因人而异。有个家庭,曾为看电视闹过一场"纠纷",孩子每天要跟着父母看完电视才肯睡觉,后来父母没有办法,只好每天晚上不看电视。其实家长应当告诉孩子:"你年纪小,正是长身体的时候,要有比大人更多时间的睡眠,才能长得更快。"让孩子明白该明白的道理。由此可见,在规范孩子行为时,要给孩子说清道理,使孩子自觉自愿地接受规范。

三、孩子的兴趣与家长的要求

兴趣是孩子认识事物的内驱力。孩子一旦对某个事物产生了兴趣,就会倾向它、注意它,并且积极主动地去探求它。因此,家长只有尊重孩子的兴趣,善于启发引导,才能最大限度地发挥孩子的潜能,才能得到更好的教育效果。有个孩子在五岁时,曾经按照家长的意愿开始学习书法,在家长的督促下,他每天都要进行一小时的书法练习。有一天,孩子竟哀求说:"妈妈,我实在不喜欢写毛笔字了,一点意思也没有。每天你们都逼着我写,其实我是为你们写的。别人夸我,你们就高兴。"这一番话,使家长震惊,也使家长伤心,家长就问他:"那你喜欢什么?"孩子说:"我喜欢钢琴,想学钢琴。"家长思考再三,觉得还是应该尊重孩子的意愿,满足他的要求。由于有了兴趣,现在他学习钢琴非常自觉,在完成作业之后,他把丰富的想象融汇在对乐曲的理解和弹奏过程中,充实了心灵,陶冶了情操,取得了事半功倍的效果。他把付出的努力作为一种满足和享受。

尊重孩子的兴趣,并不是说家长不能对孩子提出要求。特别是处于学龄前期的孩子,他们的兴趣往往带有很大的情境性,受偶然因素影响较大,稳定性较差,兴趣来得快,去得也快。为此,家长在尊重孩子选择的同时,要帮助孩子形成较为稳定的兴趣。另外,由于孩子判断能力差,有时也会产生一些不利他们身心健康发展的兴趣,这时就需要家长及时提出要求,及时引导。为此,家长应及时发现孩子的消极兴趣,并在说理的基础上进行严格的教育,从而使孩子防患于未然,走上健康成长的道路。

尊重孩子是家庭教育的首要原则,而爱而不骄,严而有格,宽松而不放任,自由而不放纵,则是家教的成功之道。

以身作则,建立模范效应

望子成龙,盼女成凤,是普天下为人父母者最大的心愿。可作为父母,我们究竟要如何教育自己的孩子呢?孩子在成长过程中,除了接受学校老师的教育外,父母的影响是最持久、最直接、最有效的。孩子的模仿能力很强,他们时常受周围环境的影响,模仿身边的人或事物家庭的生活环境、家长的榜样作用便是一种"无声的教育"。

莉莎上二年级,有一次,妈妈问她:"莉莎,你长大后,希望做什么样的工作呢?"莉莎作了片刻思考,大眼睛骨碌一转,以极快的语速和轻松的神情回答道:"在家炒股。"妈妈是个自由职业者,时间比较自由,经常在电脑前看股票。莉莎一定是觉得坐在电脑前炒股是轻松愉快的事情,进而把它选作自己将来理想的职业。从那时起,妈妈开始反省自己的日常言行,作了一些调整,争取做到在孩子面前,不看股票、不玩游戏、不网聊,不给孩子带来任何不良影响。

由此可见,平时我们家长的所作所为,会潜移默化地影响孩子。

对孩子来说,榜样是最好的激励。家庭是孩子成长的第一个小型社会团体,在家庭中孩子学习、发展他的认知及行为。父母的言谈举止自然而然成为孩子模仿的对象,然而现在的父母都很喜欢用说教的方式来教育子女,甚至有"照我所说的去做,不要照我所做的"说法,真是一大讽刺。而子女们则认为"与其热心的叫我做,倒不如他们自己做一次,然后我便会照着做"。

曾有孩子抱怨父母买了一大堆书给他,告知书是人生中最大的财富,说书是最佳的精神粮食,希望他能用心读书,但父母却从来不看书。也有父母成天守在电视机旁,却要求孩子读书、再读书。试想,没有适当的环境,却要求孩子有那样的特质,这是很难的。特别是有关人生意义及生活智慧,除了父母亲身实践外,是无法让子女学习到的。

鹏鹏上小学的时候发现,自己的妈妈与其他的妈妈不同,其他孩子的妈妈是在上班,而自己的妈妈却跟别人不一样,总抱着一摞又一摞的书,像个学生一样在刻苦的学习。

鹏鹏妈妈是一所大学的教师,硕士学历。对于她的岗位来说,硕士学历已经足够了,但鹏鹏妈妈对自己并没有放松要求,如今,她正在攻读教育领域的博士学位。

正是这种潜移默化的影响,让鹏鹏也爱上了读书,爱上了学习。鹏鹏虽然也像同龄人一样爱玩爱闹,但却没有很多孩子都有的厌学倾向。在他看来,学习是件再正常不过的事情,在他的家庭中,妈妈都在学习,何况自己呢。

学习上,妈妈是鹏鹏的榜样;生活上,妈妈也对他有着深远的影响。

当某个动画片、连续剧大范围流行,同学们都为之着迷时,鹏鹏常常会不知道这个东西的存在。因为在家里,妈妈很少看电视,更不会让儿子对于某个连续剧上瘾,她极力避免在鹏鹏学习的时候去看电视。

每天只要鹏鹏没睡觉,家里的电视就不会开。作为教师的妈妈在鹏鹏学习的时候,自己也在认真地备课。只有当电视台播出教育类和探险类的节目时,妈妈才会和鹏鹏一起观看。

言传不如身教,如果在孩子学习的时候,父母沉浸在一部又一部的电视剧中,又怎能让正处在好奇心旺盛时期的孩子不动心?电视嘈杂声中,孩子怎会安心地思考、学习、创造?这一点上,鹏鹏是幸运的。在父母给予的安静的环境下,鹏鹏可以安静地思考,尽情放飞自己的想象力。

现在的父母对自己的孩子通常是寄予极大的期望，他们总是认为自己的孩子最好、最聪明，将来能够如何如何。这是一种不理智的培养孩子的观念，是在家庭教育中诸多失败案例的根源。认为教育孩子最为重要的是实事求是，在孩子成长的每一步只要家长尽力了，一切都应顺其自然。应该"不求结果最好，只求过程最佳"。

如果希望明天你以孩子为骄傲，那么今天孩子应该以你为骄傲。对孩子有很高要求和期望的家长们，首先应该问问自己：你要求孩子抓紧时间学习，那么你自己每天的业余时间都用来做什么呢？你要求孩子在班里考试保持前几名，那么你在工作单位是不是成绩也是前几名？你想以孩子为荣，那么你的孩子现在是不是以你为骄傲呢？我做到了这些，我能够为孩子提供一个好的成长环境。事实上，我们在和孩子一起进步。

有些父母会推说生活过于忙碌，其实日常生活中便有很多机会，例如一起工作、购物、准备餐具、家庭大扫除等，从工作中教育孩子基本的生活技能及态度。在亲子互动的温馨情谊中，从父母身上所学习到的将是他这一生最丰富、最珍贵的财产。因此，先身教，再要求孩子吧！

家长如何对孩子进行"身教"呢？

1.父母要以身作则

父母不仅是一种权威，而且是孩子言行举止标准的提供者，父母的表现在很多情况下成为孩子的参照。父母要使孩子的言行有所遵循，切不可言行不一。言行相悖比对孩子放任自流效果更坏。古人云："以教人者教己"要求在孩子身上形成的品质和良好习惯，父母都应具备。父母榜样作为一种具体的形象具有强烈的暗示和感染力量。

2.父母要以身示教

在家庭教育中，父母经常会对孩子说应该这样做，不应该那样做来规范孩子的言行。可是这种空洞的说教所起的作用往往微乎其微。父母的一言一行，一举一动，孩子都会看在眼里对父母产生崇敬，并以父母为榜样模仿效法。在日常生活中，谨言慎行，以身示教，凡是不良的言行，首先要杜绝在自己身上发生。

3.父母要说话算数

父母一旦答应了孩子的事一定要兑现，兑现有困难的事不要轻易许诺。如果父母经常言出不行，说话不算话，就会降低在孩子心目中的可信度，孩子对父母的崇信、敬仰与爱戴,就会由于你的失信次数而递减。再者,如果作为父母经常说话不算话,孩子也会下意识地效仿,对自己说出的话不负责任,便会成为他的一种不良习惯。

父母是孩子一生的老师。明智的父母都会以身作则,以身垂范,来引导不听话的孩子,给孩子做出好的人生榜样。

信任才是最大动力

在现实生活中,孩子因智力原因而导致的学习困难或者成绩不理想是很少的。绝大部分孩子的学习困难很大程度上是与情绪、兴趣、心理环境等因素密切相关。而家长对孩子是否信任直接导致孩子出现情绪、兴趣上的波动,影响孩子学习的心理环境和学习效率。其实不只是在学习上,在生活上也是这样。教育孩子想要取得良好的效果,首先要相信自己的孩子。

其实,孩子从懂事开始,便有了自己的思想,就跟成人一样,渴望被理解、被尊重以及被信任。可是,很多父母往往忽略了这一点。

一位家庭教育专家曾指出,教育的奥秘在于坚信孩子"行"。每个孩子心灵深处最强烈的需求和成人一样,就是渴望受到赏识和肯定。父母要自始至终给孩子前进的信心和力量,哪怕是一次不经意的表扬,一个小小的鼓励,都会让孩子激动好长时间,甚至会改变整个面貌。

浙江有一个孩子因贪玩耽误了学习,马上面临中考了,孩子妈妈没有放弃,一直在鼓励他,给他信任,认为自己的孩子一定能克服困难,提高学习成绩。孩子在妈妈的鼓励下,以优异的成绩考入了一所重点中学,在高中阶段又奋力拼搏,以高分考入了北京大学。事后,这位学生非常感谢妈妈:"当时如果没有妈妈的信任和鼓励,我不会有这么大的学习劲头,恐怕也难以取得这样的成绩。"

信任是孩子前进的动力

有这样一个学生,很聪明,但太调皮了,逃学、打架、不及格是家常便饭。因此,都高二了,还挨他爸爸打。父母对他的表现很失望。

期末考试前夕,他趁中午休息时,偷偷跑到学校,手里拿着他那根长长的细竹竿,竿儿头上弄些面筋,平时去粘个小虫子、蝴蝶或知了之类的昆虫的。

但是，这次他要粘卷子。他早已观察好，那卷子就放在老师的办公桌上。没有人注意他，他终于瞅准机会，把卷子粘了起来，一份语文、一份数学。

凭借"小手段"，那次考试，他语文考了80分，数学考了85分，两门课在班里都排第三。当时同学们都怀疑他成绩的真实性。但班主任老师选择了信任他，并在班上表扬了他，说他脑子聪明，今后只要刻苦用功，就一定会有更好的成绩，也一定能考上名牌大学，还要全班同学为他鼓掌加油。

掌声响起的时候，那个孩子趴在桌子上大声地哭了。这是他升入高中以来第一次得到老师这么高的评价。

为了证明期末考试是他真实的成绩，为了对得起班主任的信任，他开始发奋努力，天天都学到深夜，就像换了一个人一样。不久他的成绩就真的跃到了全班第一，到考大学时他考上了矿业大学。

毕业后他到母校开座谈会时亲口对师生们说出这件事的真相，感谢老师在那样的情况下信任他。他说一生都感谢老师对他的信任。其实，老师早就知道了真情，但老师看到了他内心向上的渴望，所以给他以信任，信任他不会第二次犯同样的错误，信任他从此能改变自己，最终信任创造了奇迹。

一位家庭教育专家曾指出，教育的奥秘在于坚信孩子"行"。每个孩子心灵深处最强烈的需求和成人一样，就是渴望受到赏识和肯定。父母要自始至终给孩子前进的信心和力量，哪怕是一次不经意的表扬，一个小小的鼓励，都会让孩子激动好长时间，甚至会改变整个面貌。

信任自己的孩子，对于父母来说是个考验，对于孩子来说是一种动力，一个跨越。

犯错的孩子更需要信任

一位父亲讲过这样一个故事：

记得那是儿子上初二时的一个星期天，儿子的班主任来家访，说儿子的代数考69分。我很诧异，儿子的成绩单上明明写着89分，怎么能成69分呢？望着儿子低垂的头，我一下子明白了。老师走后，我拿出成绩单一看，6字上加了个半弧就成了8。儿子噙着泪说："爸，就这一次，以后我再也不这样了。"我本想狠狠教训他，看他有悔过之意，我只说了一句：考多少没关系，别骗爸爸。儿子使劲点着头。

从那以后，儿子变了，学习成绩直线上升，很快成了班上的尖子。我欣慰之余，也曾自问：孩子为何出现如此大的变化？后来，儿子的一篇作文在《学校与家庭》报纸上发表了，写的就是那次家访："……我的脸发热，心发慌，而爸爸始终没提起这件事。谢谢您，爸爸，我知道您为了照顾我的自尊心没有告诉老师。爸爸，我再也不欺骗您了……"读着这篇文章，我流泪了。我没有想到，自己不经意间的一次信任，竟在孩子的心中引起如此之大的震动。

家长要对孩子的成长负责，不能放纵孩子，但应该信任孩子。有时，在家长看来是微小的信任，也许就能改变孩子的一生。

每个孩子的潜力都是巨大的。做父母的就要在孩子成长的道路上不停地为他们鼓掌欢呼、加油喝彩。去信任自己的孩子，对于父母来说是个考验，对于孩子来说是一个跨越。无论是老师还是父母应该给予孩子们以充分的理解、信任，这样才能真正地读懂他们，才能真正走进他们的心里，才能在他们真正有了需要时，给予他们支持，让他们有充分发挥的空间，才能促进他们得到更大的发展。

在教育史上，有一个著名的实验后来被称为"暗含期待效应"。其原理就是信任，这种效应被广泛运用于现代教育中，教育工作者从对孩子的信任出发，培养孩子们的积极性，让孩子在别人的鼓励和信任中不断地进步。

对孩子的信任，能够激发孩子内心的动力，让孩子体会到成功的快乐和失败的快乐。他们会在父母充满信任的目光和言语中，自己从摔倒的地方爬起来，一步一个脚印地走向成功，实现他们心中的理想。

从细小处教育孩子

教育孩子是一个大课题，但所有的理论都要落实到细小的行为当中，教育孩子的最优操作方法，还是要从细节上做起。这些细节包括孩子家庭、学校生活的各个方面。

1.学习用品的整理

通过一些小事来培养孩子独立自主的能力，刚入学的孩子，由于识字不多，入学2~3周内，家长可帮他理好书包，提醒他第二天需要带的物品。3周以后，家长可站一旁引导孩子如何理书包，例如：教孩子将第二天要的本子、试卷理在一起,放进一个塑料袋,其它各学科书分档归类,剪刀、胶水、短绳之类,可放在书包侧袋中,以免弄脏其它书本。一个半月后,家长可完全放手让孩子自己做。有些家长将孩子的独立自主能力估计得太低,对孩子不放心,一见孩子理不好书包,或理书包动作太慢,就索性代劳。久而久之,常由家长包办一切的孩子,易显得毫无主见,时时处处都要依赖家长。因而,可家长可从旁指导。另外,孩子极易弄丢学习用品。针对这一点,家长可帮孩子在每件学习用品上均写好名字,对于一些无法直接书写名字的文具用品,可把名字写在小张纸上,再用胶纸贴好。家长要让孩子从思想上自觉地爱惜学习用品,自发地管好学习用品。为避免孩子上课时开小差,家长不要让孩子把玩具及易分散注意力的学习用品带至学校。

2.日常行为规范

从早上起床到到学校,从课堂学习到课间休息,孩子的细节行为规范"学问"也不少:

(1) 家长要保证孩子充足的睡眠时间,培养孩子有条有理地安排早上时间,让孩子有足够的上学时间,做到上学不迟到。上学的前一天晚上,家长应督促孩子按课表理好书包,将第二天要穿的衣物叠好,放在身边。孩子早上的时间较为紧张。有的孩子早上起床拖拖拉拉,再加上有时学习用品尚未理齐,致使匆忙上学时,拉下了当天所需的学习用品。而且,由于早上匆忙准备,有的孩子还不能保证早餐,时间长了,会直接影响身体健康。常此以往,孩子易养成丢三拉四,做事得过且过,缺乏统筹安排的坏习惯。因此,家长教会孩子安排好早上的时间很有必要。

(2)早上到校后,孩子可做一些学习的准备工作。诸如:整理好晨会或上午第一堂课的学习用品,将要交的本子放在桌上,然后,可背诵一些优美的儿歌、古诗,同学们也可讲一些听到的、看到的新闻、故事,老师会从旁引导大家讨论。

(3)学生在校的大部分时间是花在课堂上的。上课时,要求学生专心听讲,做到"眼到、耳到、口到、心到",遵守上课的纪律,不插嘴、不做小动作、发言先举手、不随便离开座位。怎样才算认真听了课?家长可从这些方面进行检查:孩子回家能否轻松地完成作业,以及作业的正确率;家长可根据上的课,提一些问题,看看孩子的反馈如何;孩子能否将课文读通;家长还可查一下孩子的书上是否有乱涂的画,乱写的字。此外,不少学校一年级学生还有对家长开放日,这一天,家长不要忘了向老师了解一下孩子的学习情况。

(4)学校里每节课后都有课间休息时间,时间一般为 10 分钟。这段时间供学生上厕所和休息片刻放松神经。为避免孩子下课贪玩,上课要上厕所的情况,家长应配合学校,督促孩子在下课上好厕所,合理安排下课时间。此外,课间时,学生应在上一堂课一结束,就迅速理好下堂课的学习用品,做好上课前的充分准备,上课的前几分钟,孩子就不会因忙于找书而影响听课。由于课间休息时间不长,学生可在这段时间散散步,做一些轻松、简单的小游戏。相反,进行剧烈的运动,将会影响上课前段时间的听课。

有的学校将这 10 分钟分为 8 分钟和 2 分钟两段,8 分钟供学生课间休息,上课铃响前,还有 2 分钟预备铃时间,这 2 分钟让学生的心情从从激动归于平静。在这 2 分钟里,有的老师常组织学生背一起古诗、儿歌等。这样,既能帮助孩子静心,又可增添孩子课外读书量。

3.作业与成绩

家长要从孩子实际出发,制定恰当的学习目标。每个家长都十分关心孩子的成绩。孩子测试成绩的高低,较为客观地反映了他对知识的掌握情况。由于每个孩子自身情况不一样,因此造成成绩不好的原因也不同。如有的孩子成绩不好是因为太贪玩、缺乏毅力,这就需要家长严格要求,教育孩子认真对待学习;有的孩子成绩不好则是由于接受能力较差,这就需要利用多次复习的方式补缺补差。针对不同的原因,家长要对症下药,有的放矢地进行教育引导和帮助。父母要冷静客观地看待孩子的成绩,既要鼓励他们取得优良成绩,也要允许他们有失误,要理解、尊重孩子。如不问青红皂白,采取打骂教育,会引起孩子的抵触情绪,甚至会造成他们弄虚作假。家长要从孩子实际出发,制定恰当的学习目标。

4.品德修养

家长不能忽视孩子在一言一行中所表现出来的不良道德因素,尤其要重视"第一次信息"

对孩子的教育,决不可重智不重德。有的家长,只注重孩子的学习成绩,对孩子思想道德上存在的问题却视而不见,不加以重视,反而一味迁就,致使他们的孩子怕吃苦,没有劳动习惯,处理问题"以我为中心",对同伴不谦让,不愿帮助有困难的人,对集体不关心。这样的孩子,将来走向社会,很难与人协作,而且脆弱的心理难以承受来自各方面的压力和挫折。

孩子的品德修养需要从一点一滴抓起。家长不能忽视孩子在一言一行中所表现出来的不良道德因素，尤其要重视"第一次信息"。如第一次借同学东西不还，第一次撒谎，第一次拿了不属于自己的东西，第一次放学后不及时回家……对于孩子的不良行为，家长要引起重视，决不可迁就，在教育时，要注意方法，以耐心说服引导为主，让孩子明白什么能做，什么不能做。古语说："爱子，教子以义方，弗纳承邪。"爱孩子，就当用道义、规矩去教导他，不要让他走上歪路。

适度惩罚的智慧

容忍宝贝的不良行为，甚至为宝贝的不良行为寻找诸如"他累了"、"他没有午睡"、"他情绪不好"之类的借口，都是父母对宝贝"不负责任"的表现。适当的惩罚是爱的表现，也是规范宝贝行为的有效手段。惩罚远远不是打宝贝小屁屁几下那么简单的事情，惩罚是一门艺术。

冷处理，让宝贝体验后果

新西兰 伯尼 儿子2岁半,女儿半岁

在新西兰，打孩子是一种违法行为，因此，父母一般都不会体罚孩子。如果儿子在公共场所闹腾，只要不影响到别人，伯尼一般都会采取冷处理的方式对待孩子，比如随他闹去。如果影响到别人，伯尼会将孩子抱走，将他放在一个比较开阔而安静的地方，让他继续闹，直到他闹够。伯尼认为，孩子闹是为了吸引父母的注意或者通过这种方式来达到他的某些目的。如果孩子看到自己的闹腾没有效果，他自然会选择放弃。有段时间，老大总喜欢往花园的鱼池里扔鹅卵石，并且屡教不改。伯尼会对儿子说："你看看，你把小鱼砸痛了，把水池弄乱了。水池不漂亮了吧？"然后伯尼会要求儿子把水池里的石头捡出来。有的时候，儿子可能也会耍赖，不肯去捡石头。如果儿子耍赖，伯尼一般不会强迫他去，他会自己下去把石头捡出来给儿子看。如果正好碰上儿子闹着要跟爸爸玩，伯尼就会借机对儿子施行教育："你看看，你把石头扔进水池了，现在我要去捡石头，没有时间陪你玩。"这时候，儿子会体验到他不良行为的后果。于是，他会明白，他真的不能把石头扔进水池。

伯尼认为，孩子并非我们想象的那么不懂事，他只是控制能力差一点而已,因此,伯尼主张父母把孩子当成人看,从孩子小的时候起就教他学会承担责任,学着约束自己。

给宝贝留下尊严

日本 筑波 儿子2岁半

对日本家庭来说,父亲是绝对的权威。如果宝贝犯了错误,日本父母会采取各种措施惩罚孩子。比如取消宝贝外出玩的计划,甚至让宝贝饿上一顿,或者进行适度的体罚等等。

但是,如果宝贝在公共场所犯错,父母一般不会当众处罚孩子。筑波像大多数的日本父母一样,她认为在公共场所处罚孩子是不符合礼仪规范的行为,而且也会损害宝贝的自尊。因此,她会在回家之后再对孩子的表现进行点评,或者给宝贝一些惩罚。

惩罚——养育智慧的摇篮

英国 艾克 女儿5岁半 儿子2岁

英国父母基本是爱孩子的典范。他们对孩子的爱体现在生活的方方面面,但又绝对不溺爱孩子。英国人的绅士风度对孩子进行着潜移默化的教育,因此孩子一般也会比较绅士,很少在父母面前撒泼。每当孩子出现不良行为,英国父母也会采取一些惩罚措施。但是他们的惩罚十分耐人寻味。

艾克描述了一件非常有意思的事情。女儿4岁那天,艾克给她买回一只会学多种小动物叫声的特别漂亮的玩具小闹钟。小女孩对那只小闹钟爱不释手,为闹明白闹钟"肚子"里的秘密,她将闹钟拆了个稀巴烂。无法妙手回春的女儿急得大哭起来。艾克平静地对女儿说:"你把闹钟弄坏了,你可以自己把它修好。如果需要帮助,你可以找妈妈。"小女孩真的动手开始"修理"小闹钟。虽然最终她没有把她的小闹钟修理好,但是整个修闹钟的过程给了她不少很特别的体验与锻炼,并从中学到很多知识,同时也让她明白了,她必须对她所有的行为负责任的道理。

惩罚教育从小做起

美国 哈里 女儿3岁半

美国父母十分关注宝贝个性、创造性、独立性与心理健康等问题,因此,对美国父母来说,惩罚是一件需要慎重对待的事情。一般从宝贝一出生开始,父母就会考虑如何惩罚孩子以及怎样掌握惩罚的"度"的问题。当女儿几个月的

111

时候,哈里就开始对她进行惩罚教育了。

某一天,女儿咬了哈里。哈里对女儿说:"哦,你把妈妈咬痛了。"与此同时,哈里将女儿放进她的婴儿床,并离开她一会儿以示惩罚。哈里对小宝贝的惩罚总是善意的,并且她在惩罚孩子的时候也会尽力让宝贝体会到她深厚的爱意。美国人从来不打骂孩子,因为他们认为打骂会损害孩子的自尊。

每次女儿有比较过分的举动,哈里都会以很严肃地眼神看着女儿,大多数时候,乖巧的女儿立刻就会明白妈妈的意思,并对自己的行为进行检点。当然女儿也有不乖巧的时候,如果她的错误比较严重,哈里会采取一些措施对女儿进行惩罚,比如取消周末女儿最喜爱的活动等等。

美国的幼儿园、学校也会对孩子的不良行为进行惩罚。他们的惩罚方式是:让犯了错误的宝贝一个人到某个角落单独呆上几分钟。当孩子意识到他所犯的错误带给了自己麻烦之后,老师就会抓住时机对宝贝进行教育,让宝贝明白自己究竟错在哪里。如果宝贝过分顽劣,幼儿园或学校则会同家长联系,让家长一起参与来改造孩子。严重的甚至会请家长把孩子领回家教育好了再送回幼儿园或者学校。

加拿大 波尔 儿子2岁半

加拿大也是个不主张体罚孩子的国度。以往时常有家长因为体罚孩子而被警察带走的事情发生。不过最新的加拿大法律规定对2-12岁的孩子可以适度地进行体罚。体罚孩子的程度可重可轻,问题是这个度很难掌握。如果孩子不懂事,在幼儿园向老师告发父母打骂的话,有关部门就会立刻介入。情节严重的,父母甚至会丧失抚养权。波尔的一个朋友就曾经历过这样的事情,虽然最后有惊无险,但毕竟已经在警察局有了案底。

波尔认为惩罚孩子应该制定一个长远目标,并围绕这个长远目标来进行。首先,他会给儿子定一些必须遵守的规矩,让儿子明白自己的底线究竟在哪里,一旦越过这个底线,他就会受到惩罚。前不久,波尔经历了一件让他十分难堪的事情。

那天他们在一家餐厅吃饭。儿子约翰一坐下就开始玩他的刀叉,并故意将刀叉扔到地上。波尔不动声色从地上捡起刀叉,将刀叉放在原来的位置,并坚定地对约翰说"No",但是约翰继续拿起刀叉往餐桌下扔,并大声而生气地喊叫起来。波尔平静而坚定地将约翰手中的刀叉拿走,从椅子上站起来,抱着约翰到了外面。波尔将约翰抱进自家的汽车，严肃地对约翰说："约翰，你把刀叉扔在地上，影响了其他人。我告诉过你不能这样做。因为我爱你，所以我希望你学会服从。现在我要让你明白我说'不'究竟什么意思。"波尔在约翰的小屁股上以适当的力度拍了五六下。受了惩罚的约翰安静下来，并立刻明白波尔并没有跟他闹着玩的意思。

不同人种不同民族的父母惩罚孩子的方式各不相同，但是不管采取什么样的方式惩罚孩子，惩罚只是爱的一种手段，因此父母的惩罚一定要有度。在美国的公共场所时常可以见到这样的牌子，上面写着："当你生气时，请数到10；当你很生气时，请数到100。"当宝贝的行为让你无法忍受，你恨不得狠狠地揍宝贝一顿时，请数到10或者数到100吧。

切忌操之过急

家庭教育应当有理有据，最忌讳的就是急火猛药，操之过急。

有一名学生写字特别慢，成绩也不是太好，周末在做家庭作业时他父亲因为看到自己的孩子半晌才写一行字，心里一股无名之火油然而生，大声呵斥起来，这个学生心里不服气，和自己的父亲顶撞起来（父子俩经常闹口角，父母因其他事早就离婚了，孩子一气之下就去他妈那里了，好几天都没上课了）。

当您的孩子对学习有抵触情绪，甚至逃避学习时，您会采取什么样的措施呢？是抱怨、愤怒或指责吗？其实，这个时候孩子也是很无助的，作为孩子父母，需要学会用理智和有效的方法来帮助厌学的孩子，分析原因，发现孩子所处的困境，和孩子一起来克服困难。切忌"急火猛药"，操之过急。

有一些心急的家长在看到孩子的成绩单后，总是拿其他小孩和自己的孩子进行对比，甚至猛烈批评自己的孩子，使孩子受到打击。这样做，使孩子毫无努力学习后的快乐感和自豪感，严重时还会使孩子产生没有出路的想法。

很多家长谈起孩子成绩差，就会认为他在其他方面也不如人，是个差生。其实家长应该懂得学业成绩的评定并不能全面地反映一个孩子，更不能简单地认为没有得到"应得"的分数,就意味着这个学生成绩差。家长们要清楚地认识到,并非所有的孩子都具有同样的能力。一个孩子能很轻松地拿到A,而另外一个孩子能得到C就已经是很大的成就。所以,不要把孩子的分数看得太死,孩子有一点进步家长都应给予鼓励。

孩子不爱学习不一定是智力差所致,而主要是在非智力因素上面,比如孩子的学习态度不正确、家长对孩子的学习指导不当、孩子早年养成的不良学习态度和习惯等。一般而言,磨蹭、依赖和缺乏毅力等都是不良的习惯,家长都应加以重视。

另外,孩子不爱学习的一个重要原因是因为成绩不好,特别是在经历了连续几次失败后,使他们失去了学习的信心及兴趣。为此,家长首要的任务是设法激发孩子的学习动机。动机来源于需要,在学习的过程中,孩子会有三种需要,包括兴趣、成就感及受到赞赏。当孩子具备这三种需求后,就会对学习产生好感,然后逐渐爱上学习。面对不爱学习的孩子,最忌操之过急,诸如责骂、鞭打孩子等,会弄巧成拙,增加孩子对学习的厌恶感。

"育儿的成果只有到最后才能看得出来。"这就像对待一粒种子,在刚刚开始的时候,谁也不会知道它开的花到底是什么样子。只有当它扎下了根,长出了茎和叶,结出了花蕾并绽放出了花朵之后,我们才能知道它的名字叫什么,香气怎样,花开得漂亮与否。立竿见影的急火猛药只能是拔苗助长。

正是由于这个原因,关于孩子的潜力问题需要时间来佐证。有大人喜欢说这样的话"这个孩子在小时候本来挺聪明的,可是长大以后却不怎么样了","这个孩子在小时候连话都说不好,可是现在不管做什么都比别人快。"确实如此,孩子完全按照父母的期待和预想成长起来的例子可以说绝无仅有。随着孩子大脑发展的过程、孩子周围的环境和条件、以及孩子与生俱来的个性和气质等等的不同,孩子的潜在力会在谁都无法预测的某个时间突然呈现出来。

所以父母可以做的事情只是:相信自己孩子的成长,并设法去除掉妨碍这一过程的各种因素。即你所能做的事情只能是:使孩子身上那种肯定性的自我意识不要受到侵害,不要丧失自信心,使孩子不要丧失对我们这个世界和社会的信赖感。

孩子们失去快乐童年的根源并不是教育本身。家长们不反对"劳动者光荣"的观念,但那是对别人。对自己的孩子,只有做"栋梁"、"精英"的期许和成功与淘汰的二分法,如何要求孩子常怀一颗平常心在追求快节奏、高速度、成功率、欲望不灭、加分不止的氛围里,怎么可能让孩子有发展个人兴趣的从容?从这一点上来说,教育,不管是学校教育还是社会教育,都应当是循序渐进的过程,不应当操之过急,斧锯加身。有各种各样的成器,有早慧的,有平常的,有大器晚成的,教育者不应当按照固定规格施教。为分数下降而轻生的花季少年,为所有活着的人留下启示:孩子健康愉快,胜过一切。家长们要想通这一点,坚信这一点。可是,在一段时间里,有些学校寒暑假不设补习班,首先反对的就是学生家长。这种状态下,哪有"快乐童年"!

女孩邹束英从小在家中接受父亲教育,没有进过小学课堂,九岁进入初中学习,被认为是"神童",引起了社会的普遍关注。

而邹束英的班主任彭老师介绍说:小束英并不是特别聪明的天才儿童,读初一时成绩还勉强跟得上,可初二就几乎跟不上了。造成这种状况的原因:一是由于邹束英年龄太小,一般上课能集中精力听课的时间不到 10 分钟,第二就是由于初中一些课程开始侧重于理解和分析,以邹束英的年龄来说,理解力和分析力还远远不够。

因此,希望把自己的孩子培养成材的父母们必须要具备的一个条件就是:凡事不能操之过急,要有懂得等待的智慧。

就像日本一位有名的学者所说的那样:"所谓人生就是背着沉重的行李去赶一条长长的路,着急是绝对不行的。"

第七章 教养最大化

> 言行有礼、胸襟开阔、关怀他人……一个有教养的人总能让他人感到舒服，处处受到欢迎。教养是一种内在的品德、习惯涵养，应从小开始培养。那么，应如何培养孩子的教养呢？这是每个家长都关心、都亟待解决的问题。

有教养的孩子最喜人

小鹏和小雁走在校园里，看到路上有垃圾就会自觉地捡起来丢进垃圾箱。走到操场时，他们看到清洁工阿姨正在扫地。这时候，一个塑料袋被风吹到他们脚边，小鹏没有去捡，"反正清洁工阿姨会过来扫的"。但是小雁就弯腰捡了起来，她说："清洁工阿姨平时为我们清洁整个校园，已经很辛苦了，我们也应该做自己力所能及的事，为阿姨减轻一些负担。"

两个小朋友都有环保的自觉，但是从后面这一举动上，我们可以看出他们的不同。小雁的行为既是关心他人，又是自觉承担责任，是一个有教养的孩子应该做的。

苗苗妈妈的同事陈阿姨来苗苗家做客，她是来和苗苗妈谈一件很重要的事情的。苗苗妈把陈阿姨请到了客厅，并告诉苗苗和他的同学胖胖，在房间里做作业，并保持安静。

但是，苗苗妈和陈阿姨谈到关键之处时，听到苗苗和胖胖在房间里传来了拖动椅子的声音、嘻嘻哈哈的声音、尖叫声和争吵声……苗苗妈对陈阿姨表达了歉意，然后打开苗苗的房间："孩子们，安静一点好吗？妈妈和陈阿姨正在谈重要的事，你们的声音太大了，这样很不礼貌。"

胖胖赶紧说："阿姨对不起，我们应该体谅您，我们不吵了，您继续谈话吧。"

日常中很多小朋友在外面讲礼貌,但在家里无所顾忌。其实,教养是一个人从内而外的修养,无论何时何地都应该能够自然地表现出来。家长们不要忽略了孩子在家里的表现。

妞妞跟着妈妈去看电影,随着情节发展,后排的一个小女孩一会儿大笑,一会儿尖叫,一会儿又问:"妈妈,那只小狗真好玩,我可以养一只吗?"她妈妈不但没有阻止她,还有问必答,让周围的观众都很不满。妞妞悄悄对妈妈说:"妈妈,那个小女孩真没教养,她妈妈怎么也不教她呢?"妈妈说:"嘘,在电影院保持安静是基本礼仪,咱们回家再说。"

有教养的孩子会注意自己在公共场合的形象。不大声喧哗、不随意嬉闹、不以自我为中心,这些都是基本礼仪,更不用说在电影院里了。这个案例中最不应该的是那位家长,不仅没有教孩子基本礼仪,还和孩子一起破坏公共场合秩序,孩子缺乏教养,家长是罪魁祸首。

教孩子明辨哪些行为"没教养"

"在进出肯德基、麦当劳的时候,很多孩子推开弹簧门后随手就放开了,也不管后面是不是有人,会不会砸到身后的人。事实上,很多孩子并不知道哪些行为是有教养的,而哪些行为缺乏教养。"家长陈梅认为,家长应当引导孩子明辨哪些行为有教养、哪些没有教养,在事件发生的当时主动提醒孩子,比如,"不要对着别人打喷嚏,这是很没礼貌的","自己造成的垃圾要随手收拾带走","碰倒别人的东西要及时拾起来放回原位"等。

家长还应帮助孩子将行为变成习惯,"一开始需要家长的提醒,到后来自己有意识地去做,最后变成自然而然的习惯,孩子的举手投足都透露着教养和文明。"陈梅建议,当孩子做了有教养的行为,家长要用微笑、点头、竖起拇指等方式表示赞赏;当孩子做了缺乏教养的行为,家长要及时阻止,并温和、耐心地进行纠正,不要当着众人的面数落孩子。

怎样才算是有教养

1.守时,无论是开会、赴约,有教养的人从不迟到。

2.谈吐有节,注意从不随便打断别人的谈话,总是先听完对方的发言,然后再去反驳或者补充对方的看法和意见。

3.在同别人谈话的时候,总是望着对方的眼睛,保持注意力集中,而不是翻东西,看书报,心不在焉的样子。

4.避免高声喧哗。

5.在待人接物上,心平气和,以理服人。

6.不自傲,在与人交往相处时,从不强调个人特殊的一面,也不有意表现自己的优越感。

7.信守诺言,自己说出来的话,要竭尽全力去完成,即使遇到某种困难也从不食言。

8.关怀他人,不论何时何地,对妇女、儿童及上了年纪的老人,总是表示出关心并给予最大的照顾和方便。

9.大度,与人相处胸襟开阔,不会为一点小事情而和朋友闹意见,甚至断绝来往。

10.富有同情心,在他人遇到某种不幸时,尽量给予同情和支持。

造就"谦谦君子"

有家长说:我女儿上小学一年级,考试成绩不错,期中期末考试经常考双百。可是她中喜欢拿着成绩单在别的孩子面前炫耀,惹得其他小朋友不喜欢,我也担心她越来越骄傲。我告诉孩子你考的成绩好是应该的,说明你这些知识掌握了,有的同学成绩差点只能代表这部分知识掌握的不牢,只要他们努努力,下点功夫就能赶上你了。她从来听不进去,依旧骄傲得像个小孔雀。

骄傲是一种不良的心理状态,孩子特别是聪明的孩子,常容易产生骄傲自满的情绪,父母应该给予积极的引导,使其心理健康发展。那么,父母应怎样培养孩子谦虚的品质呢?

一、让孩子认识到骄傲的危害

父母要向孩子讲明道理:谦虚使人进步,骄傲使人落后。谦虚的人会不断学习新知识、新事物,学习别人的长处和先进经验,使自己不断进步;而一个骄傲的人则会自满自足,不愿学习别人的优点长处和新知识新事物,他不但会原地踏步,还会掉队。

此外,谦逊的人往往还懂得尊重他人,团结他人,而团结谦逊的结果往往能凝聚起更大的力量,取得更大的进步。盲目骄傲自大的人就像井底之蛙,视野狭窄,瞧不起别人,这往往会影响团结,导致失败。所以谦逊会迎来成功,骄傲会导致失败。

家长应该让孩子认识到骄傲是健康成长的绊脚石,任何成绩的取得只能是阶段性的、局部的。如果因一时一事成绩就忘乎所以,必然导致停止不前。因此,家长应有意识地给孩子介绍一些成功者的经验,告诉他:古今中外凡是有所作为的人,都是谦虚谨慎、胸怀宽广的人。

二、让孩子分清自信和骄傲的区别

自信是一种积极的人生态度,它能使人乐观上进;而骄傲是对自己的不全面的认识,是盲目乐观,常会让人不思进取。对于父母来说,应该培养孩子的自信心,但不能让他们滋长骄傲自满的情绪。形式上两者有很大的相似性,常会让人迷惑,孩子们常会把自己那点小得意看做自信,这时父母应该帮孩子分辨出两者的区别。

三、帮助孩子全面认识自己

孩子产生骄傲情绪往往是由于自身存在某方面的特长和优势,父母应该帮孩子分析产生骄傲的根源:是学习成绩比较好、有某方面的艺术潜质,还是有运动天赋什么的。

然后让孩子认识到,山外有山,人外有人。他的这种优势只限定在一个很小的范围内,在一个更大范围就不算什么了;正确的态度应该是积极进取,而不是骄傲懈怠,因为优势往往和不足并存,努力弥补不足才能不断完善自己。

父母要教育孩子,取得了一定的成绩,这确实是自己努力的结果,但是不要忘记这里也包含着家长的培养、老师的教诲和同学的帮助。

另外,不正确的比较往往容易滋长骄傲情绪。拿自己的长处与别人的短处相比较,结果自然容易沾沾自喜,自以为什么地方都比别人强,因而看不起别人。

父母应该开阔孩子的胸怀,引导他们走出自我的狭小圈子。带他们到更广阔的地方走走,陶冶他们的情操;让他们了解更多的历史名人的成就和才能,以丰富的知识充实头脑,使之变骄傲为动力。

四、指导孩子学会欣赏他人

父母应指导孩子学会欣赏他人,以促使其树立良好的"理想自我"形象。

学会欣赏他人才不会自视过高。对于孩子来说，学会欣赏他人并非易事，但只要在日常生活中稍加注意，从点滴做起，慢慢就会做到，从而克服骄傲心理。比如：学会宽容、学会倾听、尊重与理解他人、关心爱护他人等，均有助于孩子克服骄傲心理。

五、不要过分赞美孩子

我们都知道，无论是在学习中，还是在生活中，孩子都不能缺少自信，而赞美孩子是激发孩子自信的有效方式之一。但是，很多父母没有把握好自信教育，反而因为过分表扬，让孩子变成一个眼高手低、大话连篇的"低能儿"。

六、表扬孩子要适度

有些父母望子成龙心切，孩子稍微有点进步就欣喜若狂，赞不绝口。久而久之，也会助长孩子的自满情绪。正确的做法是：在表扬孩子时，高度重视感情的作用，尽量做到"浓淡"适度。有时对孩子轻轻的一个微笑，也会起到许多赞美之词难以起到的作用。并且，父母应尽量少在外人面前夸奖孩子，因为孩子的自我评价能力还较差，看到那么多人肯定自己，容易产生错误的认识，认为自己真的多么优秀，从而产生骄傲情绪。

七、开阔孩子的视野

狭窄的眼界和胸怀往往也容易滋长骄傲悄绪。因此，家长要培养孩子的广阔胸襟和视野。在班集体中，若以己之长与别人之短相比较，不外乎是沾沾自喜，自以为什么地方都比别人强，因而看不起别人。因此，父母应该开阔孩子的眼界和胸怀，引导他走出自我的狭小圈子，带他到更广阔的地方走走，陶冶他们的情操。还要让孩子了解更多的历史名人的成就和才能，以丰富的知识充实他们的头脑，使之变骄傲为动力。

八、指导孩子勇于接受批评

有的孩子只希望得到别人的赞扬，一听批评就不高兴，甚至产生抵触心理。比如，说他懒惰，批评他不讲卫生，指出他作业中的错误等等，他就会撅嘴生气、闹情绪。这些都是不谦虚的表现。父母要教育孩子懂得，谁都会有缺点，都可能犯错误，重要的是，要知错认错、知错必改，引导孩子努力改正错误。遇到孩子不接受批评时，父母可以适时给孩子讲一些伟人知错改错的故事，给他讲明道理，让孩子自觉地接受批评教育。

九、给孩子讲道理、举实例

"勤于学，严于分，善于比"的教育方法，很值得父母们借鉴、参考。

勤于学，就是当孩子在某个领域取得某些成绩后，一定要激励他戒骄戒躁、继续努力学习。告诉孩子：取得了成绩并没什么了不起，只要你继续学习，就会发现自己原来这个也不知、那个也不晓，就会知道自己的不足。父母可以帮孩子不断确立新目标，让他知道自己原来还有那么多东西不会，自己取得的成绩实在不值一提，还是谦虚一点好。

严于分，就是要严于剖析自己。当孩子取得成绩后，家长一定要和孩子一起冷静分析，用"两点论"来看待自己，告诉孩子寸有所长、尺有所短的道理，从而防止骄傲情绪的滋生。善于比，就是要教育孩子善于找出自身与别人的差距，找到差距之后，孩子才能确定自己应该向别人学习什么。

十、为孩子树立榜样

榜样的力量是无穷的。父母是孩子的第一任教师，是孩子效仿的最直接的榜样，父母对孩子的示范作用是巨大的。因此父母首先应该成为孩子高尚人格的榜样，如谦虚友善，尽量不要在孩子面前表现出骄傲情绪，以免孩子潜移默化中受到不良影响。

耐心也是教养的体现

我儿子二岁三个月了，做什么事都没有耐性，总是半途而废，虎头蛇尾。正在搭积木，突然觉得造型不好看，就全推倒；去玩小火车，玩着玩着就把小火车踢开了；看童话书也是，才翻了几页就丢开了。是不是小孩子都是这样没耐心？真怕他长大以后也是这个性格。

很多父母都反映，孩子性格活泼，好奇心强，但往往做事三分钟热度，缺乏耐心。那么，该如何培养孩子的耐心呢？来听听专家们的建议吧。

1.爸妈言传身教

父母首先要学会忍耐等待，才能让孩子学会忍耐。爸妈性子急躁，孩子长大后可能会存在畏怯或霸道等情绪问题。

2.勿包办代替

对于缺乏耐性的孩子，父母往往爱一切包办，这样一来孩子如果不喜欢时，父母便全权代劳，使孩子失去求知欲，更失去了耐性。

3.让孩子独立解决问题

无论是谁都不喜欢困难的问题和费力的事情，看到孩子做题慢或不能做出来而将答案告诉孩子的办法是错误的。应当培养孩子独立解决问题。

4.重过程甚于重结果

刚会走的孩子是不可能会跑的，初学钢琴的人不可能即刻演奏出动人的乐曲。孩子要经过爬、走的过程后才能学会跑;学习钢琴必须有一个反复熟悉琴键的过程。即使孩子着急，做父母的也不应当着急，应抱着相信孩子的态度,耐心等待。

5.别对孩子过分期望

孩子不是为了满足父母的欲求而出生、存在的。父母应当让孩子做自己喜欢做的事,并对孩子给予关注和鼓励。

6.坚持有规则的运动

有了健康的身体才会有健康的心理。运动有无与伦比的功效。让孩子确立可行的目标,每天进行一定量的运动锻炼,孩子会逐步具备自我调整的能力。

7.玩益智玩具

让孩子玩一些具有开发智力功能的玩具,例如积木类。一个个小木块堆积在一起组成不同的形状,在这个过程中锻炼了孩子的耐性。此外,剪纸同样也是一种培养孩子耐性的好方法。沿着画好的线小心地裁剪，自然而然地锻炼了孩子的耐性。

8.多玩团体游戏

与单独玩相比,多玩一些团体游戏可以使孩子养成遵守规则的习惯,在游戏等待的过程中,锻炼了孩子的耐性和团结协作精神。

9.因材施教

看到别人的孩子学钢琴,也把自己的孩子送入学琴班;看到别人的孩子学围棋,也把自己的孩子送入围棋班。这样只会让孩子感到厌烦。当孩子对某种学习确实有兴趣时,给孩子创造机会,使其潜能得到充分发挥。

10.从容易的教材入手

对于没有耐性的孩子而言,一开始就接触较难的教材,会使孩子丧失学习兴趣。如果从简单的教材入手,等孩子能很好地理解时再稍增加难度,这样一来,孩子在一点点独立完成学习任务的过程中便逐渐提高了耐性。

11.说出自己的目标

在孩子力所能及的范围内为他们确定目标,并帮助他们最终实现。此时,孩子最好要反复用嘴说出自己的目标，因为通过这一方式，向自己暗示一定要坚守承诺，从而产生坚强的意志。

12.排除无关刺激的干扰。

幼儿以无意注意为主，一切新奇，多变的事物都会吸引他们，干扰他们正在进行的活动，有碍耐心的形成培养。家长应尽量避免有关的干扰，如幼儿听故事时，家长尽量少走动，别打断，以免分散幼儿注意力；幼儿正在画画，家长最好不要进行看电视等刺激较强的活动，应为幼儿从小营造一个安静、平和的成长环境。

13.避免幼儿过度疲劳。

幼儿神经系统的耐受力较差，长时间处于紧张状态或从事单调活动，便会引起疲劳，降低觉醒水平，使注意力涣散。有时父母因为孩子缺少耐心，注意力不集中而强迫孩子一再的坚持，这不仅使孩子易疲劳，还会使孩子产生逆反情绪，更加不喜欢该项活动，不利于耐心的培养。

14.不断的鼓励，支持幼儿，使其有始有终。

不断地鼓励、肯定幼儿，给幼儿自信，使他乐于此项活动，让他明了自己可以干得好，干得漂亮。

15.给孩子设置点障碍。

家长应该有意识地给孩子设置点障碍，为孩子提供一些克服困难的机会。因为耐心是坚强意志磨炼出来的，越是在困难的环境中，越能锻炼孩子的耐心。要鼓励他做事不能半途而废，做好一件事要经过努力，才能完成。孩子经过努力完成一件事时，应当及时给予表扬，强化做事有始有终的良好习惯。

此外，要集中孩子的精力，使他们持久地沉浸在一种活动中。要让孩子知道，生活中许多事是需要耐心和等待的。有时孩子饿了马上要吃，渴了马上要喝，想要什么玩具当时就要买，家长可有意延缓一段时间，不要立刻满足孩子的要求，以培养孩子的耐心。

做一个彬彬有礼的孩子

今天去幼儿园接孩子，听到新来的幼儿园老师向一位家长"诉苦"了："你们家林林太不讲礼貌了，整天给别的小朋友起外号，还喜欢骂人。我们园方努力教育，你们家长也要配合啊，注意家庭影响。"

这位家长夫妇俩是双职工，没空带孩子，每年暑假林林都要去乡下跟爷爷奶奶过。几个暑假下来，农村孩子的淳朴善良没学会，调皮捣蛋倒是学得有模有样，再也不是彬彬有礼的小朋友了。

礼貌是拉近自己和他人的一座桥梁，懂礼貌的人容易让别人接受，成为一个受欢迎的人，在社会中，我们因为讲礼貌使我们与他人的关系更融洽，相处得更美好。它就像一根线，使无数颗心连在一起，所以父母们要从小培养孩子讲礼貌。学会礼貌待人是一个潜移默化的过程，不是一蹴而就的。怎么才能培养出一个讲礼貌的孩子呢？如何让自己的孩子成为一个人见人爱的懂礼貌的孩子呢？

一、父母以身作职做好孩子的榜样

让孩子学会礼貌待人，避免自我夸耀，作为家长，自己的言行非常重要。父母是孩子最直接的老师，孩子有没有礼貌不是天生的，是后天培养出来的，且孩子生来最大的特点就是喜欢模仿别人，所以爸爸妈妈在家里的时候要注意自己的言行举止，注意讲礼貌，给孩子树立一个好的榜样。比如每天早晨起床或上下班时，应主动与自己的父母长辈问安好；有客人来作客的时候，要给予热情的招待；接受了别人的帮助以后，要对别人说谢谢；在收到礼物的时候，可以邀请孩子和你一起写感谢卡等。有了你的示范，再遇到类似的情形时，孩子自然而然就会学你的做法。

二、教孩子使用礼貌用语

孩子可以用礼貌的语言来表达对别人的喜爱和尊敬。一旦孩子会说话，就能学会说"请！"和"谢谢！"等礼貌用语。你要让孩子明白，你愿意在他对你有礼貌的时候答应他的要求，而不喜欢听到他命令你。

同样，以身作则比单纯的说教效果要好得多。你应该经常对你的孩子(以及别人的孩子)说"请！"和"谢谢！"，这样孩子就明白礼貌用语是日常交流的一部分，不论是在家里，还是在公共场合，都应该讲礼貌。

三、用表扬激发孩子有礼貌的主动性

要让孩子能够学会礼貌待人，其实平时的表扬和鼓励非常重要。因为只有表扬和夸奖才能让孩子体会到有礼貌的孩子大人喜欢，有礼貌的孩子会有很多朋友。所以带孩子外出参加聚会等活动时要适时地给予孩子这方面的表扬和鼓励，从而让孩子体会到其中的快乐。其实用这种方式来培养孩子懂礼貌的习惯也间接地培养了孩子自信、开朗和活泼的性格。

四、在培养有礼貌习惯上不要强迫孩子

不要认为孩子这么小,就能够掌握在你的手里,其实他们有自己的个性,甚至有些叛逆。很多家长在孩子没有礼貌的时候就强迫孩子,比如有客人来家里,孩子躲着不肯与人打招呼时,家长就拉着孩子,拼命地让孩子向客人问好,结果会以孩子大哭而告终,这样非但达不到目的,还会产生反作用,所以应针对孩子的心理特点和性格特点因势利导。如孩子不肯与人问好时,可采用事后交谈的方式,心平气和的讲解一些作为小主人待人接客的道理,从而避免孩子产生逆反心理。

总之,培养孩子礼貌待人的习惯是一个长期且需坚持不懈的过程,而作为父母,我们现在必须做的是给孩子创造一个相对和谐美好的环境,并让我们自身的言行作为最好的教材,培养一个自信、阳光、豁达、乐观、健康向上的孩子。

五、设定底限

儿童教育专家认为,教会孩子懂礼貌的最好方法就是在管教孩子的过程中既和蔼又严厉。因为和蔼的态度能表现你对孩子的尊重,而严厉的态度则能表现你对原则的尊重。

如果你的孩子在超市里大哭大闹,你想尽办法也哄不住他,你应该怎么办呢?专家建议你应该心平气和但坚决果断地把孩子带出超市,等他安静下来。然后,你就可以平静地对孩子说:"现在咱们再进去买东西。"这样,孩子就能明白:自己再哭再闹,妈妈也必须买完东西,才能带自己回家。

六、容忍孩子的不同意见,避免过激反应

如果我们的孩子总是能高高兴兴按我们说的做,生活就会轻松多了——可是,这并不是人类的本性。所以,当孩子不听话的时候,你要记住,他并不是不尊敬你,他只是有不同的看法而已。

教孩子明白,用不礼貌的方式表达要求,得不到好效果(例如"你从来不带我去公园,妈妈坏!")。你应该教孩子用积极的方式提要求("咱们去商店买完东西以后能去公园吗?")。随着孩子的语言表达能力的逐渐成熟,他就能自己用礼貌的方式提出要求了。同时,家长也应该为孩子做榜样,言传身教。

如果你的孩子打了你或者叫你"大笨蛋",尽量不要生气(无论如何,你是大人,你知道自己不是大笨蛋)。记住,如果孩子想引起你的注意,他就能干出所有让你生气的事儿来。所以，你应该面对孩子，平静而坚决地告诉他："咱们家里可不能有骂人打人的孩子。"然后，你要教会孩子用礼貌的方式表达自己的要求："你要是想让我和你一起玩，你就得好好说。你说'妈妈，我想让你给我讲个故事。'就行了。"

教孩子懂得宽恕

儿子上小学，与周围的小朋友一起玩，难免会打打闹闹。有时为抢一个玩具，就会与别的孩子起争执。有些比较顽皮的孩子，从小养成不良习惯，喜欢打人，儿子经常哭着说在学校被人欺负了。看到自己的孩子被打后，我也都很心疼。原先还教着孩子要忍让，可看到孩子接二连三被欺负，内心开始不平起来。并且，也有些疑惑，还要继续教孩子忍让吗？如果不反击，恐怕孩子就要一直挨打了。

在我们身边，经常会听到有家长教孩子说："他如果再打你，你就打他。""他咬你，你不会也咬他？""你不敢打他，他以后就专门欺负你。"甚至有些家长告诉孩子："下次再有人打你，你就打回去，要是打不赢他，回来我就打你。"

一时的气恼与不平，采用了以暴制暴的教育方式。也许，可以缓解孩子一时不受欺负，但如此教育，会将我们的孩子引到哪一条路上去呢？

以牙还牙，是在教导孩子使用暴力。

一位孩子的母亲，原本教孩子要谦让，纵然被打，也教孩子不要还手，要忍耐。刚开始，孩子被其他小朋友打了，妈妈也只是安抚一下，让孩子不要计较。孩子很听话，妈妈说要忍，他便忍。可一次、二次、三次后，孩子被打的次数越来越多，妈妈终于忍不住了。一天，看到孩子的小手被小朋友咬了一口，既心疼又气愤地说："他咬你，你怎么就不咬他？"孩子说："妈妈说不可以打人。"妈妈坚定地跟孩子说："现在开始，谁敢再打你，你就打他。"

孩子很听妈妈的话，从那时起，一有小朋友打他，他便马上还击，握起小拳头就打过去。因此，常常把别的孩子打伤，孩子因此也变得暴力起来。于是，妈妈虽然不再心疼孩子被打，却转到天天为孩子担心。不知道今天又有哪个小朋友被孩子打伤了，经常接到老师与其他家长的投诉，奔波于带孩子上门道歉，给人赔医药费。

而另一位父亲,在孩子被欺负时,也气愤地对孩子说:"下次如果再有人打你,你就狠狠给他打过去,不要怕,打出什么问题,爸爸负责。"孩子记住了爸爸的话,怀着一颗报复的心,从起初的还手,变成有人稍惹他一下,他便马上反击。而且打人时还不留情,出手很重。虽然他少被挨打了,可他的性格却变得越来越暴戾,心也越来越冷漠。在他的世界里,更多感受到的是暴力和争斗,却少了人与人之间友爱与和谐。

可当心变得敏感而易怒,总是防着人,常有不善之念,那他生活的世界,是否就成了一个黑暗与邪恶的世界?

也许我们的家长会感到矛盾,教孩子打人不对,难道要让孩子一直受欺负吗?以暴制暴固然不对,但一味忍耐妥协也只会让自己的孩子懦弱。作为家长,我们应该从实际出发,采取多种手段来教导孩子。

1.看清事实 客观面对

回想一下我们自己小时,也许都不太记得自己在幼儿时发生了什么。有时谈起与小朋友打架,输了还找对方讨回自己给的东西时,还觉得很好笑。毕竟孩童时期的争执与打闹,是一种幼时冲动,并不是有意识地攻击、伤害对方。

然而如今,多数家庭只有一个孩子,在家中,孩子便是每一个人都疼惜的宝贝。甚至在家中不小心跌倒了,就有不少长辈跑过去想抱孩子。一边哄,一边还拍打着他撞倒的椅子说:"椅子真坏,让宝宝摔倒了,奶奶替宝宝打椅子。"于是假装打了几下椅子,孩子听了也觉得椅子不对,害自己跌倒,也跟着打起椅子来。

没有教孩子跌倒后学着自己爬起来,也未让孩子感受跌倒并不值得恐惧,应该自然、勇敢面对。孩子也不懂如何走,能不碰倒椅子,如何避免受伤。反而在跌倒时责怪椅子来,把将责任向外推。这样,孩子便可能养成一种习惯,遇到问题总喜欢责怪别人,看不到自己的错误,自然也就无法改正、进步。

在幼儿园中与小朋友发生争执、打架也是一样的道理,父母、长辈需要先了解清楚,为什么打架。如果只是彼此玩闹时一个不小心,自然不应过于计较。家长若过于呵护自己的孩子,总要替孩子出头,甚至因此责骂老师,如此,对孩子的成长并没有实际性的帮助,也未起到积极的引导作用。因此,首先需要看清客观的事实,到底是因为自己过于呵护孩子,还是孩子真的遇到问题,需要我们的引导、帮助。

2.教会孩子宽容

（1）对孩子宽容

"教也者，长善而救其失者也。"教育的目的，是长养孩子善的一面，同时又挽救他过失的一面。当看到孩子有错时，正是我们要给孩子引导，帮其导回正确人生道路的时候。因此，家长与老师如果发现有孩子喜欢欺负别人、打人的坏习惯，更应存挽救其过错的爱心，亲师共同配合，帮助孩子引导回来。

试想，孩子为何会变得爱打架，喜欢捉弄、欺负别人呢？幼小的孩子，好似一张白纸，他并不懂得什么是善什么是恶。因此，他成长过程中，所听所见所感受的，都在影响着他身心的健康发展。因此，家长可以先注意一下，家庭中夫妻之间是否和谐，孩子自小看的影片中，是否有暴力倾向的引导，在教育孩子时，是否会常常责备、打骂孩子？是否引导孩子保持那颗善良仁爱的心？是否在家庭中过于溺爱，导致孩子不讲道理？相信抱持着一颗挽救孩子过失的爱心，一定能看到孩子今天犯错的原因。当我们能找到原因，要对治问题便不困难了。

曾有个孩子，在家特别受宠。每天，爸爸就趴在地上给孩子当马骑，奶奶又总陪着孩子到处玩，妈妈成天忙于做家务，想管管孩子，也没有时间。孩子在家他最大，要什么就得有什么。到了幼儿园，自然也是要什么就得给什么。得不到时就闹，急了干脆就抢，抢不来时就打。一旦任由孩子养成这样骄纵的性格，如何能与小朋友友好相处呢？

反之，没有与孩子沟通好，温暖他的身心，却经常打骂，也不利孩子的成长。有些父母虽然爱孩子，可表达的方式却总是以埋怨的口气："你这小孩怎么回事，人家某某家的孩子比你乖多了。"或者，回来便问："今天是不是又在外惹事了？""你这小孩，看到你我就生气"等等。虽然父母是希望孩子变好，可孩子感受到的却是父母的批评与指责。孩子感受不到父母对他的关爱，他又怎么懂得爱人，与人和睦相处呢？

能看自己在教育过程中，是不是有不合理、不适当的地方，更能帮助我们教育好孩子。因此，遇到孩子打人，先不要着急打孩子，先问清楚他为什么打人，引导孩子认识到自己错在哪儿，也教导孩子做人处事的道理。这也需在平常中，教孩子圣贤的教诲，让孩子心中有善恶的标准，否则孩子不知道善恶是非，便无法规范自己的言行举止。

（2）引导孩子学会宽容

每个孩子，都有其天真善良的一面，我们在教育的过程中，对他善的一面需要鼓励促进。

有位小朋友,在幼儿园被人打,妈妈很心疼,对她说:"你怎么那么笨?他咬你,你不会也咬他吗?"孩子却坚决不肯,跟妈妈说:"打人的孩子不是好孩子。"坚持要做一个好孩子。

另一位男孩,与小朋友一起推小车玩。对方小朋友在推的过程中,自己撞了一下,心里不高兴,扬手就打这个男孩子。可这个男孩子却站在那儿让他打。家长看到很心疼,责备他说:"你怎么那么傻,不会跑开吗?傻傻地站那儿让人打?"孩子却说:"我如果走开了,他会摔倒的。"因为两个小朋友一起扶车上斜坡,一个走开了,另一个就可能跌倒。

当看到孩子有这颗纯真的善心时,我们难道不会感动吗?面对孩子的善良,不是去抹杀,而是需要给予肯定与鼓励。若将孩子这难得的善良与爱心,变成计较、埋怨与报复,不但起不到长善的效果,反而长了孩子错误的心理。试想一下,怀有一颗善良仁爱之心与怀有一颗计较埋怨之心,什么样的心境,会让孩子的生活更加美好?

因此,除了要保护孩子的善心外,需要做的,就是进一步引导孩子如何长养善心,更好地处理这种情况。

若是偶尔一次的打闹,大可不必计较,若是对方孩子顽皮,喜欢欺负弱小,那么可以告诉孩子:"打人的孩子不是好孩子,我们不打人,但我们也要帮助小朋友改掉打人的坏习惯啊。因为也希望小朋友跟你一样,做一个好孩子。"鼓励孩子用帮助对方的心,去帮对方改正毛病。因此,在对方要欺负自己时,可以正气凛然地对他说:"打人不是好孩子,你再乱打人,我就不跟你玩了。"或是让孩子及时走开,又或大喝一声以警诫对方。如果是因为抢玩具而打人,可以说:"你要玩玩具可以,但不要抢,我先让你玩,你玩完后也要让我们玩,不能不讲理,不讲理的孩子不是好孩子。"如此,对方的孩子也会受到警诫,不敢随意打人。孩子除了知道别人做错,自己不要跟着犯错外,也知道如何保护自己,不是任由对方继续错下去,而是懂得如何更好地制止对方不好的言行,以自己的正确言行影响对方改过。

从被动转为主动,让孩子从受欺负变成帮助他人,以更博大的胸怀与勇敢乐观的态度去面对他所遇到的困境,会让孩子更懂得如何解决问题。家长也需时时了解孩子在学校的情况,与老师多沟通,共同帮助孩子成长,长其善。

(3)补不足

除此之外,也需帮孩子补不足。孩子若经常被打,看一下,孩子是否不善于在团体中生活。或者，是因为孩子的性格过于怯懦才常常被欺负。若孩子是因为性格软弱、内向，就需我们善加引导，帮孩子树立信心，增加勇气。同时，也应更好地引导孩子如何与小朋友们和睦相处，让他更好地适应团体生活。

首先，家长可以注意一下，自己平常与孩子的言谈中，是否有伤害、打击孩子自信心的话。比如责骂孩子笨，或直接说孩子太胆小才让人欺负，又或其他可能导致孩子没信心，胆小软弱的因素。找出原由，消除这个因素。而后，尝试着提起孩子的积极性，比如每天陪孩子读读《弟子规》，读诵时姿势端正，字正腔圆，使他更有兴趣与信心。平常，鼓励孩子一起做家务，有机会可以带他参加一些田间劳动，或是主动帮助别人。让孩子多尝试，使他在生活中渐渐树立起信心。这其中，需要及时加以肯定鼓励，让他更有勇气尝试。同时，也引导他可以主动帮助小朋友，与小朋友们友好相处。

曾经有个孩子，在幼儿园常被人打，回来告诉妈妈。妈妈便问她："你为什么被打呀？你有没有做错什么？为什么他不打别人，却打你呢？"孩子听了，便开始想自己是不是哪儿错了。后来，妈妈安慰她以后，又告诉她："以后啊，你多关心一下其他小朋友，人家找你借什么，你就借给他，不要小气。跟大家好一点，与小朋友们团结友爱，到时，你再看看人家打不打你。"

而后，这个小朋友真的这样去做，主动帮助其他小朋友，也很大方，别人找她借什么，她都很乐意借给人，与全班的小朋友关系都很好，交到了不少好朋友。于是她发现，真的不那么经常挨打了。小朋友们都很喜欢跟她玩，她也觉得在幼儿园里很快乐。

当跌倒时，让孩子自己尝试着爬起来，勇敢跨出脚步去探路，也许，孩子自己会更有收获。

孩子，终究是会长大的，是要自己走完人生的。我们能在他幼小时，帮他树立好人生方向，奠定德行根基，可以帮他少走很多的弯路与冤枉路。毕竟我们不可能陪伴孩子一生，因此要教会孩子自己走好人生。当有一天，我们放开手，看到孩子能稳当地踏出他人生的步伐，勇敢面对人生，以积极乐观的心去打造他的未来时，我们也可以放心了。

帮孩子扎下宽容之根，让孩子更好地承担起家、国的责任与重担吧。他能怀有一颗真诚善良的爱心，那无论在什么境界里，他的世界也依然那么光彩、美丽。

助人为乐显教养

5 岁的麦可看到邻居家不满一周岁的小孩跌倒,一动不动不知道怎么办。过了一会儿,他想去扶起那个孩子。这时恰巧让妈妈看见了,告诉他:"这样的闲事不要管,孩子妈妈看见了还以为是你把他推到的呢。你看他现在也不会讲话,到时候你浑身是嘴都讲不清楚。"

麦可谨记妈妈的教诲。等到麦可 8 岁的时候,妈妈又给他生了个妹妹。当妹妹哭的时候,他也不管,视而不见,还和妹妹抢玩具。这时麦可的妈妈才感到后悔。

人的本质是爱的相互存在,人的生活是与他人的相互交往构成的。乐于助人,就是要求人们善于理解他人的处境、他人的情感和需要,随时去支持别人,关心帮助别人。

培养孩子从小乐于帮助他人的美德,对孩子今后具有高尚的情操、健全的人格有不可估量的影响。那么,父母怎样培养孩子乐于助人的良好品德呢?

1.让孩子阅读鼓励助人为乐的书籍

现在越来越多的儿童读物关注培养孩子慷慨大方、乐于助人的行为。父母要善于给孩子提供这样的故事类书籍,和孩子一起阅读,把故事中所含的哲理告诉孩子,让孩子从故事中懂得助人为乐,做个爱学习、爱同学的好孩子,进一步懂得做人的道理。

2.给孩子布置任务

让孩子在邻居之间或是校园里做点有益的事情,比如照料宠物,做饭,教更小的弟弟妹妹们做游戏,或者给不幸的孩子制作玩具,这些都可以培养大多数孩子乐于助人的品质。

当然,并非所有的孩子都能自发地去做这些事情,必须有人鼓励他们,教他们,甚至有时需要强迫他们,但只能是温和地强制,否则会适得其反。

3.创造温馨的家庭氛围

有些父母非常注重创造温馨的家庭氛围,经常鼓励孩子的爱心行为,他们的孩子就乐于助人,更富有同情心,更能为别人着想。这反映出孩子效仿了父母的行为。

4.做孩子的榜样

如果父母做出好榜样,孩子们喜欢参加志愿活动的可能性会增加好几倍。参加一个志愿服务项目的时候,父母也可以把孩子带上,安排孩子做一些力所能及的事情。

要是父母言行不一,孩子们只会模仿父母的行为,即使父母把原则和指令讲得头头是道,也一点用处也没有。

5.庆祝孩子所取得的成就

在孩子完成志愿服务工作之后,或是帮助别人之后,父母要主动和孩子谈论他的感受,了解孩子从中学到了些什么,并对孩子的出色表现给予肯定。

6.让孩子形成良好的礼貌习惯

父母应该让孩子知道,一个人在与人接触的时候,别人不可能很快了解你的人品与学识、能力如何,然而却能够从一个人的待人接物是否诚恳、有礼貌上看出来。

如果孩子没有形成良好的礼貌习惯,会直接并且严重地影响到他将来的社会生活以及个人事业的发展。

7.提供孩子关心别人的机会

在孩子的心灵世界当中,需要认同自己是家庭与社会当中有价值的成员,因此父母应尽量给孩子提供良好的接触社会、关心和帮助他人的机会。

比如让孩子把家里的旧玩具收集起来,送给需要的小朋友,学着帮助或者照看比自己年龄小的小朋友,试着帮助父母做一些力所能及的家务等等。

8.鼓励孩子把自己的志愿服务内容记录下来

让孩子在日志上记录下他都做了些什么,以及工作的时间。等回顾这一切的时候,父母和孩子都会对他所取得的成绩感到自豪。

在孩子志愿服务的场所拍照留念也非常好,而且可以把这样的照片放在一个特别的相册里。

9.培养孩子美好的情感

要培养孩子关心他人的良好品质,就要在孩子身上培养起对他人的爱。通过各种具体活动,使孩子关心和热爱自己的父母、周围的成人和小朋友,对别人有同情心。

现在,有的孩子接受了父母和周围人们过多的爱,而缺少爱别人之心。这是一种危险的倾向,发展下去就会形成"自我中心"性格,自私、任性,甚至发展成为粗暴的行为。

其实,爱不应该是单向的,而应该是双向的。不仅父母爱孩子,还要培养孩子从小爱别人,使孩子心地善良,能把别人的不幸当作自己的不幸,从心灵深处关心别人。

10.让孩子学会保持距离

父母应该告诉孩子,在做事时应当与人适当地保持距离,留有余地,因为彼此心灵都需要一点空间。

如果想帮助别人,而且想和别人维持长久的关系,那么不妨适当地给别人一个机会,让别人有所回报,这样才不至于因为对方的内心有压力而疏远了双方的关系。

孩子在交往中常常会碰到一些困难,家长不仅要鼓励孩子自己想办法解决问题,同时还应支持孩子帮助其他的朋友克服困难,如朋友摔到了急忙扶起来,同伴的玩具不见了帮着去寻找等。

要让孩子知道,乐于助人的人会有很多的朋友。向孩子灌输助人为乐的价值观永远都不会太晚。

第八章 练出好性格

习惯决定性格，而性格影响命运。儿童性格的形成虽然有着一定的先天因素，但其决定因素的还是后天的影响。家长以身作则，从日常生活中引导孩子形成健全、健康的性格，对孩子成长、成才有着深远影响。

我家小孩是个"乐天派"

父亲欲对一对孪生兄弟作"性格改造"，因为其中一个过分乐观，而另一个则过分悲观。一天，他买了许多色泽鲜艳的新玩具给悲观孩子，又把乐观孩子送进了一间堆满马粪的车房里。第二天清晨，父亲看到悲观孩子正泣不成声，便问："为什么不玩那些玩具呢？"

"玩了就会坏的。"孩子仍在哭泣。

父亲叹了口气，走进车房，却发现那乐观孩子正兴高采烈地在马粪里掏着什么。

"告诉你，爸爸。"那孩子得意洋洋地向父亲宣称，"我想马粪堆里一定还藏着一匹小马呢！"

乐观是"一种性格倾向，使人能看到事情比较有利的一面，期待更有利的结果。"也许有些孩子天生就比较乐观，有些孩子则相反。但心理学家发现乐观思想是可以培养的，即使孩子天生不具备乐观品质，也可以通过后天的努力来实现。幼儿期是心理发展最为迅速的时期，对孩子一生的成长和发展至关重要。家长应当重视孩子的乐观主义教育，使孩子得到健康、全面的发展。

那么如何才能使自己的孩子积极乐观呢？

1.营造一个乐观而温馨的家庭环境

乐观建立在一定的安全感之上。家庭的气氛，家庭成员之间的关系，在很大程度上会影响孩子性格的形成。研究表明，孩子在牙牙学语之前就能感觉到周围的情绪和氛围，尽管当时他还不能用语言来表达。可以想见，一个充满了敌意甚至暴力的家庭,绝对培养不出开朗乐观的孩子。而稳定的家庭、深厚的爱,会带给孩子强烈的安全感,让孩子拥有乐观的情绪。

2.让孩子感受到父母的爱

从小无感情体验和感情依恋的孩子长大后不会对他人施以爱和同情,他们将生长成冷漠无情的性格,很少体验快乐,难以与人相处,当然也就不会具有乐观精神。随时从父母那里得到坚定支持的孩子,会认为生活可以信赖,人生充满机会。即使生活中偶然出现艰难、失望的境遇,他们仍然能对生活保持积极的态度。孩子不小心打碎了杯子,父母不要对孩子说:"你真蠢,这点小事都做不好。"这会损害孩子对自身价值的承认以及对你的信任。你不妨换一种口气说:"没有关系,以后多注意点。"

3.对孩子说"你能做好"

乐观的孩子,总是觉得自己能够驾驭生活,能够克服学习中的困难,能够摆脱人生中的痛苦。作为父母,首先要帮助孩子树立切合实际的期望目标,并且清楚自己的孩子要怎样做才能达到那个目标,最后,对孩子迈向目标的每一个细微的进展,都给予鼓励和赞扬。

4.要学会欣赏孩子

现代心理学之父威廉·詹姆斯指出:"人最大的需要就是被了解与欣赏。"孩子也是如此。父母对孩子每时每刻的了解、欣赏、赞美、鼓励会增强孩子的自尊、自信。因此,在孩子有了哪怕是一丁点进步时,都要对孩子竖起大拇指:孩子,你真棒!这样孩子在体验到被父母鼓励的幸福感的同时,也产生了乐观向上的态度。

5.父母要保持乐观情绪

父母在教育孩子的过程中,自己首先要做乐观的人,每个家长在工作、生活中也会遇到各种困难,父母如何处理困境会直接影响孩子的做法。如果父母能以身作则,在面对困境、挫折时保持自信、乐观,奋发向上,孩子也会受父母的影响,在遇到困难时,乐观地去面对。平时,父母应该多向孩子灌输一些乐观主义的认识,让孩子明白,令人快乐的事情总是永久的、普遍的,一旦有不愉快的事情发生,那也只是暂时的,不具普遍性,只要乐观地对待,生活仍然是美好的。

如果父母整天抱怨,表现很悲观,孩子自然不会觉得快乐。在生活中,父母还要注意自己的言行,常说些积极乐观的话,比如孩子抱怨说:"我太笨了,连足球都踢不好。"这时父母最好说:"你刚刚练习,踢到这个程度已不错了,以后经过努力,你一定会成为足球健将的。"如果父母是一个乐观的人,孩子成为一个乐观主义者的机率就会相当大。

6.引导孩子摆脱困境

每个孩子都会碰到不称心的事情,即使天性乐观的孩子也是如此。当孩子遇到困境时,父母要多留心孩子的情绪变化,如果孩子闷闷不乐,父母无论自己多忙,也要挤出一点时间和孩子交谈,教育孩子学会忍耐和坚强面对,鼓励孩子凡事多往好的方面想,不要尽往消极的方面想。

父母一定要注意观察孩子的情绪,只要孩子愿意与父母沟通,父母就要引导孩子把心中的烦恼说出来,这样,烦恼很快就会消失,孩子也会恢复快乐。当然,父母也可以帮助孩子克服一些困难,教给孩子以正确的态度和措施来保持乐观的情绪,这些都是促使孩子摆脱消极情绪的好方法。

7.不要对孩子"抑制"过严

许多孩子不快乐主要是因为他们没有自己的自由。父母由于对孩子太过溺爱,往往会抑制孩子们的一些行为和举动,甚至替孩子包办一些事情,这样,孩子就事事不用做,也无法在做事中得到乐趣。美国儿童教育专家认为,要培养孩子乐观开朗的性格,就不要对孩子"抑制"过严,而是要允许孩子在不同的年龄段拥有不同的选择权。

例如,对于两三岁的孩子,应该允许他自己选择早餐吃什么,什么时候喝牛奶,今天穿什么衣服;对于四五岁的孩子,应该允许他在家长许可的范围内挑选自己喜欢的玩具,选择周末去哪里玩;对于六七岁的孩子,应该允许他在一定的时间内选择自己喜欢看的电视节目,什么时候学习等;对于上小学的孩子,应该允许他结交朋友,带朋友来家玩等。一般来说,只有从小就享受到"民主"的孩子,才会感受到人生的快乐。因此,聪明的父母不妨做个"懒惰"的父母,让孩子自己去选择、处理自己的事情。

8.允许孩子自由地表现悲伤

孩子的个性各不相同,因而悲伤时表达情感的方式也不相同,父母应该允许孩子自由表现他的伤悲。孩子在哭泣时,父母千万不能要求孩子憋住,甚至可以不要去劝阻,因为一个人尽情哭过之后,感情可重新恢复平衡。当孩子痛打"娃娃"或砸玩具时,父母的任务不是去指责,而是设法通过言语或行动引起孩子的情感共鸣。孩子得到父母的暗示,自然会停止"暴力",如果孩子仍不愿与父母交谈,希望单独思考,那么父母也就不要在一旁唠唠叨叨。如果孩子在哭泣的时候,父母要求孩子停止哭泣,不能表现出软弱,孩子就会把心中的悲伤积聚起来,久而久之,反而造成孩子的消极心理。

对于孩子表现出的悲伤或软弱,父母不要呵斥,应该让孩子尽情地发泄心中的郁闷,只要孩子发泄够了,他自然会恢复心情的平衡。当然,如果孩子需要父母的帮助,父母应该及时安慰孩子,用相同的心理去感受孩子的情绪,努力引起孩子的情感共鸣,从而缓解孩子的不良情绪。

9.对孩子进行希望教育

乐观的孩子往往对未来充满了希望,悲观的孩子则往往觉得没有希望。因此,父母要对孩子进行希望教育。希望教育是一项细致的工程,需要父母及时地感受到孩子的沮丧和忧愁,帮助孩子驱散心中的阴影。平时,父母要多引导孩子看到自己的进步和成绩,鼓励孩子想像自己的美好未来,让孩子对自己的未来充满希望。只要孩子对未来充满了希望,孩子必定会以乐观的心态去面对生活中的事情。

10.丰富孩子的精神生活

一方面,父母要鼓励孩子广泛地阅读,让孩子在阅读中增加知识,升华思想。可以选择阅读伟人的故事、童话、小说等文学作品。另一方面,父母要鼓励孩子多交朋友,为孩子创造与同龄人交往的机会,如带孩子到邻居家串门,邀请其他孩子到家里来玩,让孩子多到同学家去玩等。另外,父母可多搞一些活动,如带孩子外出游玩;也可让孩子做一些创造性的活动,如利用废物制作小作品,通过丰富孩子的精神生活,让孩子在各种活动中体会到生活的乐趣,增强对生活的信心,培养孩子乐观的性格。

让孩子积极参加各种活动。开始时,可以暗示孩子主动提问,主动要求,主动学习。紧接着,当孩子主动行动了,父母要用表扬、奖励等方法强化孩子的自主观念。孩子主动去做了,不一定成功。父母要激励孩子,告诉孩子:"人生不如意事十有八九。"失败了一次不要紧,失败是成功之母。让孩子接触各类事物,接触的事情多了,见多识广,心胸自然就开阔,悲观思想便不容易产生了。

11.鼓励孩子多交朋友

不善交际的孩子大多性格抑郁,因为时时可能遭受孤独的煎熬,享受不到友情的温暖。不妨鼓励孩子多交朋友,特别是同龄朋友。本身性格内向、抑郁的孩子更适宜多交一些开朗乐观的朋友。父母要为孩子创造与同龄人交往的机会,如带孩子去邻居家串门,邀请孩子的朋友来家里做客,让孩子在适当的时候去同学家、邻居家玩等。带领孩子参加一些其感兴趣的活动,让孩子在与同伴的游戏中获得乐趣,对转变孩子孤僻,培养活泼开朗的性格是大有好处的。

12.教会孩子与人融洽相处

和他人融洽相处者的内心世界较为光明美好。父母不妨带孩子接触不同年龄、性别、性格、职业和社会地位的人,让他们学会和不同类型的人融洽相处。当然,孩子首先得学会跟父母和兄弟姐妹融洽相处,跟亲戚朋友融洽相处。此外,家长自己应与他人相处融洽,做到热情真诚待人,不势利卑下,不在背后随意议论别人,给孩子树立一个好榜样。

13.不向孩子宣泄"垃圾情绪"

有的父母在外面受了"窝囊气",回来便对孩子发"无名火"。这种情况特别容易打击孩子的自信和乐观,因为孩子会把父母的恼火归咎为自己的错误,但他又不知道自己错在哪儿,于是只好全盘否定自己。长久下去容易让孩子自责、退缩,并蔓延为隐约却牢固的消极心理氛围,淹没孩子乐观的笑容。因此,父母在遭遇困难时能否乐观面对,对培养孩子的乐观品质至关重要。

14.带孩子"走出去"

除先天性格因素外,开朗源自于广阔的见识与广泛的交流。有许多父母每到周末就把孩子关在屋里做作业,或者参加各种学习班,似乎是"为了孩子的长远考虑"。另外,许多父母也不鼓励孩子参加社会活动,甚至他对来到家里的孩子的小朋友冷淡、不欢迎,还有的父母为了孩子的"安全",不支持孩子参加体育活动或夏令营等活动。一个在自然和社会两方面都没有"走出去"、朋友很少的孩子,往往会自我封闭,养成孤独、脆弱、以自我为中心的性格。父母应当鼓励孩子多参加有益的文体活动,多亲近自然,多与小朋友甚至可靠的成年朋友交往。

专家研究发现,全身心投入到一项充满挑战的任务中,会给人带来很大的快乐。对孩子而言,培养他的兴趣爱好,例如集邮、绘画等,让他投入其中,会让他很快乐。但这里的投入并非指给孩子安排漫漫的绘画课程或者舞蹈练习等,那样只会让孩子失去兴趣。兴趣爱好也不一定是指某种技能,如集邮、图,同样可以开发孩子的智力,更能让孩子学会投入的快乐。

15.告诉孩子事物的另一面

美国前总统罗斯福家中被盗,被偷去了许多东西。罗斯福在给朋友的信中写道:"我现在很平安。感谢上帝:因为第一,贼偷去的是我的东西,而没有伤害我的生命;第二,贼只偷去我部分东西,而不是全部;第三最值得庆幸的是,做贼的是他,而不是我。"法国作家阿兰在论述把快乐的智慧用语和烦恼作斗争时说:"烦恼是我们患的一种精神上的近视症,应该向远处看并保持积极乐观的心态,这样我们的脚步就会更加坚定,内心也就更加泰然。"父母应当通过生活中的实例,引导孩子辩证地看待事物,看起来有害的事,从另一个角度看也是有益的。

16.帮助孩子面对缺陷与挫折

有一个国王想从两个儿子中选择一个做王位继承人,就给了他们每人一枚金币,让他们骑马到远处的小镇上,随便购买一件东西。而在这之前,国王命人偷偷地把他们的衣兜剪了一个洞。中午,兄弟俩回来了,大儿子闷闷不乐,小儿子却兴高采烈。国王先问大儿子发生了什么事,大儿子沮丧地说:"钱币丢了!"国王又问小儿子为什么兴高采烈,小儿子说他用钱币买了一笔无形的财富,足以让他受益一辈子,这个财富就是一个很好的教训:在把贵重的东西放进衣袋之前,要先检查一下衣兜有没有洞。

同样是丢失金币,悲观者用它换来了烦恼,乐观者却用它买来了教训。生活和学习中,总免不了有一些失败与挫折,作为家长,如果只是一味批评,让孩子陷入沮丧的泥淖里,久而久之,则会产生自卑、颓废甚至自暴自弃的心态。面对孩子的挫折和失败,应当帮助孩子分析原因,从中吸取教训,鼓励孩子不再犯同样的错误,让孩子逐渐明白"挫折也是一种财富",培养、坚强乐观的心态。

17.从学习和生活中寻找快乐

一个外国大提琴家童年时的某一天,他拖着比自己身体还高的大提琴,在走廊里迈着轻快的步伐,心情显然好极了。一位长者问道:"孩子,你这么高兴,是不是刚拉完大提琴?"他的步伐并没有停下,"不,我正要去拉。"这个七岁的孩子懂得许多大人不懂的道理:音乐是一种愉快的享受,而不是我们不得不做的、必须忍受的工作。家长要引导孩从技能的获得、知识的增长、友情的加深甚至四季的变幻中找寻快乐,发现生活中阳光的一面。

18.不要总拿孩子与其他优秀的孩子比较

许多家长很容易忽略这一点——拿别的优秀的孩子与自己的孩子比,说"你看人家隔壁的兵兵,现在已经记住 500 个单词了"、"你看人家某某每天晚上学习到几点钟"。殊不知经常对孩子说类似的话,不仅不会激发孩子的动力,反而会挫伤孩子的自尊心。

有一位中学生在屡屡被父母要求一同院的另一个孩子为榜样时,终于爆发了:"妈妈,他再优秀,他不养你,我再失败,你老了我会养你!"就如同丈夫不愿意妻子和其他男人比较一样,做父母的也要知道每个孩子都是独特的,应该避免拿自己的孩子和别的孩子做比较。

19.客观评价自己的孩子

你是否因为您的孩子没有显示出超人的天赋而暗中失望?你是否因为你的孩子没有别的孩子漂亮而感到脸上无光?孩子对自己的评价很大程度上是建立在父母对他们的评价之上的。很多孩子知道自己的父母很爱他们,但是很少有孩子认为他们与父母是平等的。孩子相信父母可以为他献出生命,但同时也认为父母并不拿他们当回事儿。著名教育学家塞利格曼指出:父母批评孩子的方式正确与否,显著地影响着孩子日后性格是乐观还是悲观。父母对孩子的批评应该恰如其分,不应把几次错误夸大成永久性的过失,同时具体指出孩子的错误及犯错误的原因,使孩子明白自己所犯错误是可以改变的,并知道从何处着手改变。

华盛顿曾说过:"一切的和谐与平衡,健康与健美,成功与幸福,都是由乐观与希望的向上心里产生与造成的。"让我们和孩子一起用乐观的态度去争取人生的幸福吧!

20.尽情宣泄情绪

研究发现,孩子只有在感觉非常安全并被人无条件接受的时候,才会更加快乐和自信。所以,当孩子想倾诉问题时,父母一定不要做出好坏的判断,只要让他感觉到你在倾听和重视就可以了。譬如,孩子从幼儿园一回到家,就向妈妈抱怨幼儿园有个总爱嘲笑他的女孩。如果妈妈回答:"不要总是不停地抱怨,这样可不好。"孩子听后,或许会平静下来,但是副作用是不好的情绪被压抑在孩子的心里。如果妈妈换个说法:"哦,看来她那样做确实让你感到不高兴了。"孩子听后会感到爸爸妈妈理解他,他也就更容易消除怨气,感到快乐。如果他为此还哭鼻子的话,妈妈最好不必说什么,而是把她搂在怀里。

21.允许孩子犯错

父母都希望孩子少受挫折,所以在生活中都会不自觉地帮他清除障碍,但是等到孩子长大后,碰到的问题越来越棘手,难道父母还有能力帮他解决吗?所以,对父母而言,更重要的是从小让孩子具备解决问题、面对挫折的能力。这种能力的养成,前提是要允许孩子犯错,让他明白错在哪里,并有改正错误的勇气和能力。然而,现实中的孩子抗挫能力普遍较弱,很难做到承认错误。事实上,只有在失败后学会及时调整前进方向,才能得到快乐生活的重要素质,而要做到这一点,唯一的方法就是不断实践。

22.减去额外压力

在如今这样紧张、快节奏的大环境里,父母都希望孩子也能高效率地度过每一天,譬如孩子上午 10 点学钢琴,下午 2 点练书法,4 点还得学英语……像这样的安排,孩子怎么会感觉快乐呢?其实,对孩子而言,童年的美好正是因为能够无拘无束、轻松自在地去做一些自己想做的事吗?无数心理学研究报告都表明,那些能在自己喜欢的事情上"浪费"时间,甚至达到忘我境界的成年人,就能过上更加平静和满足的生活。所以,父母还是把追在孩子屁股后的那个计时器扔掉!给孩子更多的快乐。

父母都希望孩子快乐,但是快乐毕竟不是一件可以轻松买来或是随意送出的礼物,而是需要时间来培养和树立的生活态度。

23.教孩子会说三句话

怎样让孩子更快乐、更善良、更热情?要教孩子会说三句话:第一句"太好了!";第二句"我能行!";第三句"你有困难吗?让我来帮你"。

"太好了"实际上是培养孩子带着微笑看世界的品质,让孩子拥有良好的心态对待生活、学习中的困难与挫折,避免焦躁、埋怨情绪产生,让孩子健康成长。而这种心态的培植并非单靠孩子说这句话就能行的,需要老师、家长潜移默化的熏陶。

"我能行!"旨在鼓励孩子的自信。自信同样不是一种轻易的表态,是发自内心的肯定的把握,它也是需要家长在让孩子不断取得成功的体验中逐步培植。

"你有困难吗?让我来帮你!"这是孩子长大后,为社会为人类作贡献的心理基础。同样,为了让孩子说这句话,必须从小在家里灌输助人为乐的思想;家长热心对待同事、朋友、邻居,为孩子放好样子,使孩子自然而然养成习惯。

细心不做"马大哈"

我在平时检查儿子作业的时候,常常发现儿子作业中错别字连天,而且作业不会审题,有时错得很离谱。不仅在学习中,在生活中儿子粗心大意的现象也相当普遍的存在。我和丈夫不断嘱咐孩子细心一些,然而,七八岁的男孩子总是左耳进、右耳出,一直马马虎虎,还是经常出现一些"低级错误"。对此,我们觉得束手无策。

很多孩子在做作业或考试中都会出错,出错的原因大多数不是不会做,而是因为粗心大意。孩子粗心,往往在生活中就有体现。比如,上学时忘了带做好的作业本,开门进屋后忘了把钥匙拔下来,自己的东西总是丢三落四,到用的时候满世界找也找不到等。

经过观察我们发现,孩子粗心出错的原因主要有五点:

1.孩子的视觉识别和记忆能力不强,所以难免出现看错或看对写错的现象。

2.注意力不够集中,心在此而意在彼,那错误也就难免会发生了。

3.有时候一些看似是由粗心引起的错误,实际上是基础不够扎实、知识掌握不牢固、答题技巧不熟练造成的。

4.任务太多,孩子心急,也会造成粗心。

没有养成良好的及时纠正错误的习惯,平时做事情都有老师和家长来协助其检查错误并改正,孩子没有形成良好的及时检查、及时改错的习惯。

粗心这个毛病应该从小纠正,在将来的生活中才不会出现更大的失误。从家长的角度,我们给出了以下的建议。

不要急于批评

有的父母一看孩子粗心大意做错了事情,就大吼大吵,这样并不能产生好的效果,反而让孩子产生一种不健康的心理。父母和老师总以为孩子粗心都是因为他满不在乎,其实不完全如此。许多孩子很在乎分数,他们面对分数不理想的试卷,往往会说:"都是因为粗心!"好像这样说,自己就可以逃避考试失败这个责任了,可以心安理得地原谅自己了。事实上,考试失败不是由于粗心,更多是由于知识掌握不细致造成的。这时父母要教孩子认真地正视这一问题,让他们在平时做作业时就对自己提出"一次对"的要求,考试完后善于总结经验,这样坚持下去,下次考试因"粗心"而丢分的情况就会大大减少。

家长任意以粗心为理由地批评孩子,容易给孩子造成心理上的压力,考试过程中会把自己的注意力集中在"我不要粗心"之类的心理要求上,反而更容易引起注意力分散,出现更多不必要的错误。

在生活细节中培养孩子细致的习惯

让孩子养成细致的习惯,要从日常生活着手,从细节着眼。可以学习富兰克林,反复训练,一段时间内只重点纠正一种坏习惯,等相应的好习惯养成之后,再开始下一个坏习惯的纠正训练。渐渐地,让细心成为孩子的思维习惯。在日常生活中,家长要用自己的细心去感染孩子,比如把家里布置地井井有条,建议孩子学会自己整理东西、收拾房间,培养孩子自己的事情要自己负责的责任感。

让孩子养成自己检查作业的习惯

孩子做完作业后,父母不要帮着检查,而且不要一发现错误马上指出并让其改正。否则,孩子会更加粗心,其作业的错误也会越来越多。父母应该让孩子自己去检查自己的作业,让他自己去发现其中因粗心而造成的失误。等孩子检查出来改正后,父母要及时夸张地表扬:"我们小×真厉害。"

培养孩子发现错误的能力

父母可以在辅导孩子的过程中或是在日常的行为中,故意出点儿差错,比如故意说错一些常识或者诗句之类的,考验一下孩子是否能够发现错误。当孩子发现了父母或老师的错误,他会觉得这是一件很了不起的事情,也会在自己的学习过程中逐渐自觉地去发现错误。

让孩子重视自己要做的事

对于那些不重要的事,我们不会认真去对待它,也就会粗心大意。比如说在做作业的时候,有好多同学认为写错字是小事一桩,只要自己会写就行了,所以经常就会因为粗心而写错字;有的同学做算术题会出错,也是因为他们不重视,把 7 写成 1,把加号写成减号的缘故。但是,粗心大意养成习惯之后,在考试的时候,我们也就容易因为习惯而写错字或把 7 写成 1 导致考试失败。

教会孩子重视自己做的事,孩子才会认真细致地对待,也才会在细节中慢慢培养出细心的性格。

自信需要从小培养

亮亮特别喜欢打乒乓球。我们家楼下就是公园,每天下午好多人在这里打乒乓球。但是亮亮从来都不跟别人打,只跟自己的爸爸打球,每次别人邀请他一起玩,他总说:"我不行,你们打吧。"

其实亮亮的水平在同龄人中还算可以的,爸爸问亮亮为什么这么说,亮亮低头说:"我怕打不过他们,输了多丢人啊。"

现在不少父母存在一个共同的苦恼,就是孩子缺乏自信心,幼儿阶段是形成自信的重要时期。自信心是孩子成才与成功的前提条件,很难想象一个缺乏自信的人能够真正做成什么事情。一个缺乏自信、充满自卑的孩子,即使脑子很聪明,反应灵敏,但在学习中稍遇困难和挫折就会发生问题。

自信心可使孩子不怕困难,积极尝试,奋力进取,取得更多的知识和经验,争取更好的成绩。鼓励、赞扬对增强孩子的自信心是很有益的。

培养孩子的自信心,可以从以下几个方面入手:

第一,赏识孩子的点滴进步,多说"你真棒"。

比如让4岁的孩子自己穿衣服,不要说:"你现在自己穿上衣服,下午就给你买雪糕。"而只需说:"我想你已经长大了,能够自己穿上它了。"在这样的提示下,他努力穿好了,就会感到自己确实已长大了,就会在此后每天的努力中巩固这种感觉,从而自信心大增。

成人的评价对孩子产生自信心理至关重要。幼儿时期,成人对孩子信任、尊重,承认,经常对他说"你真棒",孩子就会看到自己的长处,肯定自己的进步,认为自己真的很棒。反之,经常受到成人的否定、轻视、怀疑,经常听到"你真笨、你不行、你不会"的评价,孩子也会否定自己,对自己的能力产生怀疑,从而产生自卑感。因此,成人必须注意自己对孩子的评价,多为孩子的长处而骄傲,不为孩子的短处而遗憾。要以正面鼓励为主,要善于发现孩子身上的闪光点,不盲目地拿自己的孩子同别的孩子比较,而是多拿孩子的过去与现在比较,让孩子知道自己长大了,进步了,从而产生相应的自信心理。尤其是特别要给予发展慢的孩子以更多的关怀和鼓励,让孩子懂得人人都有长处,使这些孩子逐渐树立对自己的正确评价。

第二,创造机会,在实践中培养孩子自信心。

那种事事依赖、处处顾惜的孩子总是期待照顾,怀疑自己的能力,缺乏自信。父母可以营造较宽松的心理环境,允许孩子自己尝试和犯错;注意"君子动口不动手"似的指导,多提建设性的意见,少为孩子做不必要的帮助,每天给孩子简单的任务让他独立完成。成就感是孩子树立自信心的源泉,当孩子自己独立完成一项任务的时候,他的自信心也会得到增强。当然,也不能过分放纵,让孩子一切自行其是。家长必须懂得,儿童自己能做什么,不仅取决于他们的成熟程度,而且也取决于生活中的各种事物对他们的适宜程度。因此,父母从日常生活入手, 适宜地提出他们力所能及或克服困难就获得成功的要求,给予独立锻炼的机会,才能让孩子体验成功的快乐,建立真正的自信心。

可以给他一些他一定能完成的任务,比如摆碗、盛饭、给爷爷拿眼镜、到信箱拿报纸等,他做到了就表扬。有时也帮他做一些比较困难的事,如洗手绢、擦皮鞋、整理玩具上架等,会做了更要大为表扬,树立她的自信心。早上起床和晚上睡觉要让他自己穿脱衣服,锻炼独立性。需知自信心和独立性要从一点一滴做起,不是抽象的。因此家长应该正确认识到孩子的缺点和优点,正确把握,创设良好的机会和条件让孩子去尝试和发现,发展孩子的各种能力,并在孩子取得成绩时, 及时表扬, 充分肯定进步, 才能让孩子体验到成功的喜悦,产生积极愉快的情绪体验。

第三,用鼓励的方法培养孩子的自信心。

鼓励是培养孩子最重要的一个方面,每一个孩子都需要不断鼓励,就好像植物需要阳光雨露一样。没有鼓励孩子不能健康成长。但我们往往轻视对孩子的鼓励,往往忘记鼓励。许多人错误地认为孩子需要的就是教育,不断地教育,而教育更多的就是灌输和训导。

当孩子试着做一件事而没有成功时,我们应避免用语言、用行动向他证明他的失败。我们应该把事和人分开,做一件事失败了并不意味这个孩子无能,只不过他还没有掌握技巧而已。一旦技巧掌握,他就能把事情做好。如果我们采取指责的态度, 孩子的自信心就会受到伤害, 这个时候就不像掌握技巧那样简单了。孩子可能永远做不成这件事情。对成人而言,我们自己首先不能泄气或失去信心。

想要鼓励孩子,最重要的两条是:第一,不要讽刺他,使他受到不同程度的打击;第二,不要过分地赞扬他,以免产生骄傲情绪。我们对孩子的教育过程中，必须时刻顾及到这一点：不要使孩子失去对自己的信心。同时，我们应该知道，如何鼓励孩子的自信心。

第四，让孩子从成功的喜悦中获得自信心。

培养孩子自信心的条件是让孩子不断地获得成功的体验，而过多的失败体验，往往使幼儿对自己的能力产生怀疑。因此，老师、家长应根据孩子发展特点和个体差异，提出适合其水平的任务和要求，确立一个适当的目标，使其经过努力能完成。他们也需要通过顺利地学会一件事来获得自信，另外，对于缺乏自信心的孩子，要格外关心。如对胆小怯懦的孩子，要有意识地让他们在家里或班级上担任一定的工作，在完成任务的过程中培养大胆自信。创造民主、和谐的家庭气氛像人类赖以生存的阳光、空气那样，无时无刻不在影响着孩子的身心健康和智力发展。

再胆小的孩子，偶尔也会有大胆的举动，也会做得很好，也许在常人看来这微不足道，但做父母的必须努力捕捉这些稍纵即逝的闪光点，给予必要的甚至夸张的表扬和鼓励。同时，要发展地看待孩子，肯定孩子的点滴进步，尤其肯定孩子的"第一次"尝试。而不是当孩子兴冲冲地说："我学会××了"，而家长却说"你得意什么，离好孩子的标准还差远了"。这样会伤害孩子的自尊心，挫伤孩子的自信心。而父母及时的一句"太棒了"，将会对增强孩子的自信心产生很好的效果。

此外，我们还可心帮助孩子，发扬优点，以己之长，克己之短的方法来培养、提高孩子的自信心、上进心。

第五，不给孩子设置过高的标杆。

"望子成龙，望女成凤"是所有家长的心愿，然而过高的期望会给孩子带来巨大的压力。一旦达不到要求，孩子的自信心就会受挫。家长要明白每个孩子都有不同的长处和劣势，不可能要求孩子什么都会，不要给孩子设置过高的标杆。孩子进步是需要一个过程的，切不可急于求成，要多份关心和耐心。家长对孩子充满信心，相信他们慢慢来一定能行的，孩子才能对自己有信心。

第六，为孩子提供做决定的机会。

做决定是一种权力，也是一种责任。别看孩子年龄小，他和我们成人一样，也是一个独立的人，也有做决定的权力。

"生命的价值在于选择。"但做父母的常常忘记这一点，他们不让孩子去做选择，总是忍不住要替孩子选择。于是，孩子只能按照父母的决定去做。但是这种方式对孩子有长远的影响。一方面,孩子获得的资源越来越多,但另一方面,孩子的生命激情却会越来越低。他们感受到这一点,于是想对父母说"不"。

怎么办? 其实,一方面家里一定要有规则,另一方面要让孩子自己来做决定、想对策、做计划。如,孩子早上如果不愿意穿妈妈拿的衣服,妈妈可以拿两套衣服给孩子选,穿这套还是穿那套;散步走什么路线,跟孩子共同商量好;傍晚是看书还是到小朋友家去玩耍;星期天去东湖公园还是儿童公园,让孩子自己去做决定。在买玩具、图书或食品前先谈好条件、制定购买计划,然后让孩子自己选择。

有研究表明,总是由父母做决定的孩子,长大后常常缺乏判断力和选择的能力,而且缺乏责任感,甚至不知道如何对自己负责。因此建议父母多给孩子一点做决定的机会,让孩子学会如何做决定。

一个经常为自己的人生做决定的孩子,他是富有生命力的。尽管因为缺乏经验,他会遇到一点挫折,但那些挫折会成为难得的体验,最终和成就感一起,让他感觉到自己的生命是丰富多彩的,是有价值的。

总之,父母对孩子来说都是最亲近、最信任的人,所以成人要起到典范作用,加强自身修养,遇事要持积极态度,让孩子在潜移默化中受到感染,逐步树立起自信的观念,去克服人生道路上的种种艰难险阻和迎接各种挑战。

自律需要自动自发

有个家长给儿子买了他最喜欢的大白兔奶糖,整整一大包,儿子抱着奶糖开心得不肯放下。当然,宠爱归宠爱,这位家长还是知道给他"定量"的,规定他每天不能超过 5 个,一来多余的营养吸收不了,二来正在换牙期,也怕他长蛀牙。

有天早上这位家长帮儿子整理书包,无意间发现书包里装了十几个奶糖,再看那一大包奶糖,已经没剩多少了:儿子根本没有按照家长要求来做。

当你正在为你的孩子从你的怀抱中挣脱,一天天长大,准备松一口气,认为可以不用再围着他团团转时,您可能会发现他越来越不听话了。

世界是复杂多变的,但社会需要统一的秩序,人类需要一种共同的道德标准和行为规范来约束自身。生命是丰富多彩的，但个体行为要置身于公共准则之下，人需要追求自身的完美，于是，自律，成为通向自我完善的阶梯。

一、灌输给儿童正确的价值文化

自律，其我约束的能力。有所为，有所不为。只有自律，才能在将来控制更多的资源，更多的人。缺少自律的人，很容易受到各种各样主客观原因的干扰，很难在某一方面做出杰出的成绩，很难实现自己的目标。

自律包括：常省察自己，善于自我控制，坚持道德准则，不违背自己做人的原则等内容。

家长要有意识地和孩子多谈各种规则、游戏规则、交通规则。最初是从孩子日常生活中不可避免的各种准则出发。告诉孩子要遵纪守法。

孩子大些了，要给孩子讲人生，讲社会，讲国家大事。让孩子有爱国心，学会道德准则，德准则，懂得法律法规。具体地，比方说不能随地吐痰，不要私拆他人信件，不能闯红灯等。

二、教给孩子自律的方法

孩子光有自律的认识，不能有效指导行为是不能发挥作用的。他有很多学生是想管好自己，可不知道怎么管。所以，我们要教给学生自律的方法。

罗伊·加恩指出，自律的方式，一般来说有两种：一是去做应该做而不愿或不想做的事情；一是不做不能做、不应做而自己想做的事情。比如，上课时很想说话，放学时很想玩，很想看电视，不想做作业等等。年龄小的孩子，他们不会控制自己，只是迫于家长的压力才去做自己不愿意做的事或者不做自己很想做的事。我们可以教给他们运用以下方法：

（一）自我命令

给自己下命令，指导自己的行动。比如学校经常会要求孩子念一首儿歌："头正身直脚放平，两膝并拢坐如钟。"起立的时候，让孩子念："头正身直手放下，脚跟并拢站如松。"写字时，让孩子念："写字时，坐端正，胸离桌子一拳远，眼离本子一尺远，手离笔尖一寸远。"要求他们这样说的，就要这样做的。其实，念这么几句话，用不了几秒钟，目的是让孩子用自己的语言给自己下命令，要求自己按说的去做。久而久之，孩子就能形成良好的坐、立、写的良好的姿势。

平时，也要学着给自己下命令，例如听到闹钟响，立刻对自己说："马上坐起来，一定要准时上课，不许迟到，不要损坏班的荣誉。"

（二）自我记录

记录能够让孩子自己看出自己的行为变化，可以制一张表，将自己每天做作业，看电视，上课不认真，发言的次数等行为记录下来。看看自己的改变状况。天天比较，一周统计一次，看看是否有进步，哪些方面需要改进。

（三）自我奖惩

根据记录情况按每周或每月做一次小结，如有进步，可奖励自己参加一次渴望已久的活动，或为自己买一份小礼物；退步了，则惩罚自己周末也不准看电视等。

（四）榜样示范

榜样法对孩子是很有效的，他们喜欢模仿，也有进步的愿望。父母一定要做到以身作则，孩子特别喜欢模仿家长。另外，让他们在自己的"朋友圈"里找一位自己学习的榜样，每天学习、对照，逐步向榜样靠近。

三、运用"五常法"，使学生形成自律行为

自律是在行动中形成的，也只能在行动中体现，除此之外，再没有别的途径。梦想自己变成一个自律的人就会变成一个自律的人吗？靠读几本关于自律的书就能成为一个自律的人吗？只是不停地自我检讨就能成为一个自律的人吗？答案都是否定的。自律的养成是一长期的过程，不是一朝一夕的事情。所以，我们可以运用"五常法"，巩固孩子的自律行为。

"五常法"是日本人推崇的一种品质管理技术，其中包括：常组织、常整顿、常清洁规范及常自律五项。当运用到孩子身上时，则可从小培养他们良好的生活习惯及自理能力，再发展到行为自律。

1.常组织

经常组织孩子整理自己的学习用品、生活用品、玩具等，让孩子们自己的事情自己做，不用的东西及时拿掉。

好处：训练小孩子的判断能力，常常检查自己的物品是否完整、有用，养成良好的习惯。

2.常整顿

首先决定按照物品的用处，并将其分类，以致能在短时间内取得或放好用品，提高效率。

好处：做个富有责任感的小孩子，晓得将物品分类，用完放回原处。

3.常清洁

小孩子要保持个人清洁，也有责任去负责保持自己卧室的清洁。使其树立"我不会使东西变脏"，而且"我会马上清理东西"的观念。

好处：每天清洁身体及衣服，保持健康卫生的生活习惯。

4.常规范

经常与孩子沟通，提供规范化的管理和环境，让孩子清楚地知道什么是应该做的，什么是不应该做的。减少错误并且提高办事效率。

好处：建立小孩子的自信心，乐意与人沟通，能自订或与家长合作制订生活标准，遇到事情知道如何解决、怎样寻求帮助。

5.常自律

持续地、自律地执行上述"四常"，养成遵守规章制度的习惯。当父母和老师了解到小孩子的长处与短处，再按情况做出适当的奖赏，让小孩子从他律，以成人的赞赏作为标准、纪律，发展成为自律。

好处：做个自尊感强的孩子，懂得自我管理生活。

在实施"五常法"的过程中，家长必须首先了解五常法，并以身作则。必须在教导上有共识。如果小孩子做错事，父母必须要有共同处事的原则。其实小孩子不知道自己正在运用"五常法"，但当他们发现自己的行为会获得成人赞赏时，他们自然地会继续做，而且可以不断增强信心。当然，若小孩子做错就需要罚。我们必须按小孩子的能力去制定标准，而非按成人的要求，过高过低都不宜。

四、培养孩子自律的技巧

孩子喜欢吃巧克力，有的父母会把它藏起来，尽量不要孩子发现。可是一旦被孩子拿到，可能就会吃个没完了。我们不如换一个方法：把10块巧克力一次给孩子，然后告诉孩子多吃的坏处，和孩子商量好一天只能吃两块。孩子答应了，就要求他按规定去做。开始时，孩子可能不能遵守，家长不要斥责。要继续鼓励，做对了就表扬。时间长了，孩子就会有所进步。

延迟满足，即不要总是在第一时间满足孩子的愿望，避免孩子的欲望膨胀。比如孩子在商店看见了一个玩具娃娃，很喜欢。提出要爸爸妈妈买给他。父母不一定当时就答应。不妨也向孩子提出要求，如果孩子每天都能按时起床，过生日的时候就把这个娃娃送给孩子。

类似的做法不仅使孩子懂得了有付出才能有收获，还让孩子学会了节制。

每到过年或是生日，孩子又要大一岁了。问问孩子，过去的一年有什么收获,有什么进步?有哪里做得不好？新的一年有什么新的打算？从而培养孩子反思的习惯。

我们都知道,人最难战胜的敌人就是自己,包括自己的惰性,自己的缺点,自己的不良习惯。如果我们的学生都学会自律,就会变得更优秀起来！这正如巴尔塔萨·格拉西安所说:"首先控制我们自己,然后才能控制别人。"

怀疑精神需赞赏

连续几天,果果的鞋袜都湿漉漉的,妈妈以为他玩水不小心沾湿了,也就没在意。有一天,果果去学校了,妈妈在他的房间里看到一个玻璃瓶子,里面装满了水。妈妈好奇地走过去,想看看里面是什么东西。刚凑近,妈妈就觉得头皮发麻:天啊,里面是几只蝌蚪!

等果果从学校回来,妈妈故作严厉地问他,瓶子里的那些蝌蚪到底是怎么回事。原来,他在学校学到一篇课文——《小蝌蚪找妈妈》,课文的大意是这样的:小蝌蚪在池塘里找妈妈,找到小鱼、大白鹅,它们都说自己不是小蝌蚪的妈妈,小蝌蚪正难过的时候,却惊喜地找到了青蛙妈妈。

果果对青蛙是蝌蚪的妈妈的事情感到怀疑,才决定自己抓几只蝌蚪,看看他们是怎样变成青蛙的。听完果果的解释,妈妈欣喜地告诉他:"你真棒,比妈妈强,妈妈还没有观察过蝌蚪是怎样变成青蛙的。这样吧,你把蝌蚪生长的过程每天记录下来,这样不仅你知道了奥秘,而且别人也能通过你的记录了解很多知识,你愿意做这件很有意义的事吗?""当然愿意!"果果开心地答应了。

生活中,很多父母对于孩子的怀疑、执著持否定的态度,认为这是孩子不听话,不好好学习的表现。其实,当孩子对身边的事物产生怀疑的时候,就是对事物有自己的独立见解的时候。如果孩子对事物有了自己的想法是可贵的,父母一定要珍惜他们的这种探索精神,而不能强迫他们去认同自己的观点,更不能强迫孩子不假思索地接受那些固有的事物。

怀疑是一个新发现的开始,处在教育黄金期的孩子,心理上的发育还没有达到成熟的状态,但是他们在对外界进行怀疑和求证的过程中,将会获得宝贵的经验,哪怕是定论、权威,在孩子的眼中也是可以提出质疑的。这个过程,其实也是孩子进行求知和探索的过程,孩子将会在这个过程中一步步向真理逼近。

有一次，璐璐正在房间写作业，突然跑过来对爸爸说："爸爸，我发现书上有一处错误。"爸爸当时心想：璐璐肯定又在大惊小怪，自己给她买的这本课外读物是正版的图书，怎么可能出现这种情况。

于是爸爸半信半疑地接了过来，问她错误在哪？璐璐看爸爸询问她，于是兴奋地说："爸爸，你看这篇讲小青蛙的故事中，指小青蛙的时候用的是'他'而不是'它'。小青蛙是动物，怎么能用'他'呢？应该用'它'呀，对吗？"

爸爸听完之后呵呵地笑了。虽然女儿说得有道理，不过这本书中所讲的是一个童话，小青蛙是拟人化地来进行描写的，在这里用"他"也很合适。不过，璐璐如此用心，敢于提出自己的怀疑，爸爸觉得很开心，便对她提出了夸奖，"你肯动脑筋，爸爸要表扬你。不过，这是一篇童话，小青蛙去找妈妈，说了很多话，和人一样了，不再是现实中的青蛙了。说现实中的动物，就要用宝盖头的'它'来指代，这点很正确。但是在这里，用'他'是最恰当的。"璐璐若有所思地点了点头。她明白爸爸所讲的意思，小青蛙在现实的生活中是不会说话的。

爸爸继续讲了下去："这只小青蛙在童话中其实变成了一位像人一样有感情，会说话的小朋友，就和你一样，他想找到自己的妈妈。童话中常借用动物的角色来讲一些人的故事，所以很多童话中的主人公都是用单人旁的'他'或女字旁的'她'来代称。你用心观察一下就能发现啦。"说完这句话，璐璐开心地表示自己理解了，然后重新回到自己的房间读书。

为了不伤害孩子的质疑精神，爸爸在璐璐看完这本书之后，又重新对她表示了肯定，同时告诉她不论是谁说的话，都可以表示怀疑，因为它们都不一定全对。科学的态度应该是相信事实，但是又不迷信事实，更不能迷信权威。

孩子表现出自己的怀疑精神之后，家长一定要善加引导，让它们保留下来成为一种习惯。怀疑精神对孩子的素质而言非常重要，怀疑精神是与批判性的思考力、创新的能力、开拓新生活的能力、选择与合作的能力紧密结合在一起的。简单地说，人的怀疑精神其实就是指"批判性的思考力"。

国外有位著名的教育家曾经讲过："用心呵护和极力弘扬批判性的思考力是教育情境中的灵魂。"可见，培养孩子的怀疑精神是一件极有意义的大事。

其实培养孩子的怀疑精神是我国的一种优秀的文化传统。在古人看来，

"学贵有疑,小疑则小进,大疑则大进","学起于思,思源于疑",怀疑是学习的开始,有疑问才会有探索,有疑问才可能创新。

培养孩子养成怀疑的习惯,其实是让孩子学会独立思考,不要人云亦云,更不能过分地迷信权威。怀疑精神其实是一种科学思维。当孩子表现出怀疑的时候,就会向家长提问,不仅是一个问题,有的时候还会一个接一个地进行追问。当孩子有这种表现的时候,家长一定要进行鼓励,这说明孩子具有很强的求知欲,不满足于一知半解,或者肤浅的解释。对于孩子的怀疑,家长一定要有正确的认识,也要认真对待,绝对不可以敷衍了事。要知道,没有怀疑,孩子就不会有探索,没有探索,孩子就不会有突破,在这样的条件下,孩子更不可能有所发展。

在平时,家长要鼓励孩子大胆说,敢于发表自己不同的见解。就算是孩子说错了,家长也不要责怪,这样才会有助于孩子的思维活跃,还会让家长与孩子的关系更加亲密,让孩子的性格向良性发展。

当然,在日常生活中,我们也要有意识引导孩子,培养孩子的怀疑精神,让它成为一种良好的习惯。要让孩子懂得在表达怀疑的时候,一定要多问几个为什么,也要"善问、会问",问得准,问得巧。首先要自己去求证,察看这种怀疑究竟是否正确,当孩子自己解决不了的,大人再协助解决,这样就会逐渐培养出孩子动脑、思考、解决问题的能力。

此外,还要注意引导孩子突破思维的常规定式,培养求异的思维能力。当孩子对某一事物表示怀疑的时候,要引导他们从不同的角度多加思考,从而培养出孩子学习上怀疑的精神。

我国现行中小学教育缺陷之一就是"应试教育"。它制约了学生素质的全面提高,"标准答案"束缚了学生创造能力的培养,同现代教育理念所提倡的怀疑精神、批判意识以及个性发展方向还有较大差距。现在不少孩子的思维受惯性影响,顺着前人的模式来想事情,一味接受现成的东西,很少从不同的方向去考虑,这不利于培养孩子的独立品质和怀疑精神。赏识孩子,就要允许孩子怀疑,要用心培养孩子善于怀疑的习惯。这样,孩子在学习中会更积极、更主动,因为整个世界正等着他去探究、去揭秘!

第九章　看待孩子求胜心

　　不想当将军的士兵不是好士兵。求胜心通常被看做孩子上进的表现。其实孩子的好胜心在一定程度上能体现孩子的心理特征，是孩子显示自己智慧和力量的途径，但任何事物都要两面观，过于强烈的好胜心也会有消极影响。对此，家长应进行疏导与利用。

怎样看待孩子的求胜心

　　我家恺恺近来特别好占上风，总爱跟同伴争比，从球踢得多远，到家里有多少玩具，都要胜人一筹，昨天他竟然说"我换牙了，航航没有"，弄得我们哭笑不得。孩子太争强好胜好吗？

　　这的确让父母左右为难。淡化竞争意识吧，孩子将来是否会处于劣势？一味强调竞争，又怕给孩子心理造成压力，还担心孩子变得功利和不讨人喜欢。那么，父母该怎样看待孩子间的竞争呢？

　　一般来说，孩子好胜是一种积极的心理现象。因为任何一个心理正常的人，都不甘做一名弱者，而好胜心强的积极作用就是不甘落后，勇于进取，勇于拼搏。一个民族如果人人争强好胜，这个民族也就大有希望。

　　孩子求胜心强不是对与错的问题，而应该是家长如何引导的问题，一般来说，孩子的求胜心有着双重意义。

孩子好胜的正面意义

　　根据青少年的心理特征，孩子好胜主要在于显示自己的力量和智慧，在大多数情况下主要是在同伴面前显示自己的能耐。在同伴面前不甘示弱是他们好胜心的开始，好表现也就是好胜心在行为上的反映。有些孩子表现在学习上争第一，有些孩子表现在开展活动和竞争干部上显示自己的才华，对孩子的好胜好强应加以爱护。

孩子好胜的负面意义

然而好胜心除了它的积极一面外,也有其潜在的消极作用。好胜者有时因求胜心切,在与他人有矛盾时,好胜心会使人产生一种非要压倒对方不可的思想,表现出好斗逞强,不挥手段,以至导致他伤或自伤,或不走正道,弄虚作假,以不正当的手段去攫取荣誉,以满足自己的虚荣心。或不顾实际情况和主客观条件,轻举妄动,盲目蛮干,造成严重后果。

以下几位家长的观点就是十分可取的:

观点一

孩子的竞争不能用好坏定义,但它能造成正面和负面的结果。

儿子上大班后,变得争强好胜,赢了得意洋洋,输了大发脾气。还喜欢夸大其辞,弄得我们很尴尬。但让我们感到矛盾的是,在社会充满竞争的大环境中,孩子们不得不为要进个好学校,参加学校活动而和同伴展开竞争。要是淡化他争强好胜的意识,那么他将来能否在这个竞争社会中生存?正是因为我们内心的这种矛盾,所以我们给儿子教导也不明确。比如,我们既想让儿子感觉轻松,体会到童年快乐,不必因为自己不是最棒的而焦虑,又想儿子在竞争中通过努力而获得成功。对此,我感到困难的是,我们无法判断,大班孩子竞争意识的程度和他的年龄比起来是否恰当?怎样的竞争行为是过火了?我之所以这样亮自己的观点,是因为想和家长朋友达成一种共识,即事实上,孩子的竞争,不能用简单的好或坏来定义,但它却能够对孩子的成长造成正面和负面的结果。因此,摆在我们面前的任务是指导孩子用正当的方式来竞争。

观点二

理解和支持孩子用行动证明自己是最棒的。

我觉得好父母应该会观察孩子,我发现,大班孩子更喜欢用行动来证明自己是最棒。因为此时,孩子的各方面能力都进步很大,这与他们日益增强的竞争勇气有直接的关系。比如,我儿子3岁时的特点是想象力特别丰富,他好象沉浸在幻想的世界里,而现在的他则生活在现实中。3岁时儿子想要成为跑得最快的飞人,他就把自己想象成那样的人;而现在,儿子却不是简单地做白日

155

梦,他会经常和小朋友比一比,然后证明他跑得最快。我想,孩子喜欢和小伙伴做比较,是和他们突飞猛进的行为能力发展有关的,比如我记得儿子在某一天突然就学会自己系鞋带了、能骑两轮小自行车了……他是多么的自豪呀,所以他总是乐此不疲地向别人炫耀。因此,请理解和支持他们的这种"炫耀"。孩子掌握了哪种新技能,无论掌握的程度有多深,他都会非常引以为荣,并把这些能力当成和其他人做比较的资本,孩子在用行动来证明自己是最棒的,还有比这更有价值的竞争意识吗?

观点三

不要给孩子制造激烈竞争的机会和场合。

我 5 岁的女儿非常争强好胜,玩什么都得她赢才行。有一次,我和她玩跳棋,还没走几步呢,她发现自己落后就忍受不了,无论我怎么说,她都不服气,最后竟然把棋盘弄得乱七八糟。我想,也许我们太在意输赢了,导致她不能承受任何挫败。因此,为了避免刺激孩子强烈的竞争欲望,最好不要给他们制造激烈竞争的机会和场合。他们毕竟还小,还不能忍受自己被淘汰的现实。比如,新年时,我邀请女儿的同伴来家玩游戏,虽然我向他们讲明游戏的规则,但孩子们并不明白淘汰意味着什么,也根本没有想过自己会被淘汰出局。一旦他没有抢到座位(抢椅子游戏),他们不会像成人那样欣然接受游戏结果。我理想的状况是,鼓励和支持孩子们参与比赛和游戏,但同时忽略比赛结果是赢还是输,让比赛后的美食款待吸引他们。生活中,有些孩子的竞争意识特别强烈,从性情方面说,这是与生俱来的;从性别方面说,男孩比女孩更喜爱与人竞争。但如果一个孩子在游戏中只有赢他才爱玩,或者因怕输而不参与任何活动,就是父母的教育有问题。

观点四

告诉孩子无论赢输,父母都爱他。

对好胜的孩子来说,他在班里个子最矮,或不会跳绳,都会让他担心自己落在同伴后面。当孩子向我们吐露内心不安时,父母最好不用"你很聪明","你画画好"等话来应付了事。比如,我女儿学跳绳困难,有次她爸爸带她练习时,她沮丧地说:"我不善于跳绳,我善于画画。"原来是我安慰她的话,让她感到自己不行。一般情况下，父母会通过做比较的方式来安慰孩子："乐乐比你跑得快，但你游泳比他好啊。"这能让孩子明白每个人都有自己的强项。我想，还要加上一条，就是让孩子知道无论他是赢是输，父母都爱他，这更重要。

观点五

给孩子做个榜样。

轮滑课上，老师表扬了儿子，我很高兴，在回家的公共汽车上，儿子得意洋洋，我也忍不住欣喜地搂住儿子夸奖一番，没想到一起回家的同学却情绪低落。生活中，孩子把自己和同伴做比较是很正常的现象，当父母的既不必因为孩子轻视他人而惩罚他，但也不能鼓励他。而应该让孩子明白，自我炫耀和夸奖会对其他小朋友造成伤害。另外，父母还要以身作则，给孩子做榜样。比如，反思一下，当谈论自己取得的成就时，是不是洋洋得意，夸大其辞呢？总之，父母的最终目标，是要让孩子把注意力放在所做的事情上，而不是总是在意自己有没有超过别人。

观点六

过早竞争不利于孩子健康成长。

女儿竟然会失眠，原因是没评上"小红花"。我认为过早引入竞争会影响孩子内在动机的形成，比如，孩子为了得到小红花才好好表现，而不是做自己想做的事。竞争还会增加孩子的心理压力，引起焦虑和不安。我女儿天性要强又比较内向，更容易出现这种情况，因此，父母应让孩子在宽松的环境下发展和丰富自己。我不赞成过早参与竞争，还考虑到竞争不可避免会带来失败，使孩子认为自己不如别人。因为孩子还不懂欣赏自己的优势。因此，模糊竞争比较好。

如何教育求胜心过度的孩子

对于如何看待孩子求胜心的讨论中，一些家长又提出了新的极端问题，"我的孩子太爱出风头，过于争强好胜"该怎么教育呢？

孩子不求进取拖拖拉拉，缺乏竞争意识不可以，可是好胜心太强，太爱出风头也不利于儿童的健康成长。

进取不强取

我家女儿性格外向，表现欲与占有欲特强，总是让我头疼。后来我刻意引导下，慢慢改变了性格。

女儿是独女，聪明伶俐，多才多艺，自幼众星捧月，喜欢出风头。但独占鳌头惯了，不能容人，受不了挫折，特别是不愿意和别人分享。我就向她灌输分享的意识，教她好东西要大家分享，好吃的要分给每人一份，喜欢的玩具要和别人一起玩，让她感受分享的快乐，不要小家子气。鼓励她多为大家服务，孩子事事不甘落后，学会了很多东西，现在的她也很博爱，心胸很宽广。

女儿长大了，也遭遇竞争失利的烦恼。一次她在英语竞赛获得二等奖，本是件可喜可贺的事，就因为不服气同伴得了一等奖，赌气不去领奖。后来我启发她快乐地享受二等奖，客观地对比与一等奖的差距，憧憬下次的一等奖。在我的循循善诱下，女儿明白了：确定了目标就要努力实现；凡事有个度，要进取但不能强求，这样才能生活得既快乐又有意义。如果太争强好胜了，过分追求，反而受到伤害，无端痛苦。

有时绿叶也精彩，要快乐地为别人鼓掌，以荣辱不惊的平常心态迎接生活中的种种挑战。

不能出"群"

我初中有一位同学，干部子弟，长得好，刚开始学习很棒，比赛、考试总拿第一，用现在的话说就是"高富帅"。当同学问他道难题的时候，他总是小眼角一撇说："连这个都不会呀?！"同学只好再去找别人。有一次，一个同学在黑板上写板书，他看做错了，跑上讲台，夺过粉笔就写起来了——太出风头了；当同学们一起热火朝天地讨论问题的时候，她一凑过去，就都不吱声儿了，甚至走开——她成了孤家寡人，情绪低落，到初三都没入团，连本校高中都没考上——多么可惜呀！

这样过于争强好胜、好胜心强烈的孩子较孤傲，目中无人，但性格非常脆弱，特别容易走极端。对于这样的孩子不能打击、不能讽刺嘲笑、更不能压制——必须在这里挤出一个"优"字来因势利导、循序渐进。

　　儿子上高中的时候，考试总是前三名、前五名，偶尔第一。我很纳闷儿，一翻他的卷子呀，本来写得工工整整的试题，总是把答对的简单的小题勾去一两道——我问他，他乐呵呵地说："第一压力太大……也得叫别的同学享受一下第一的快乐……"他是班里最小的，同学们都把他当小弟弟一样爱护、呵护——高考时他竟超出全国重点分数线七个分数段。

　　孩子天真烂漫，比赛、竞争不过就是活跃活跃学习气氛、激发激发孩子的情绪、促进促进孩子学习的积极性，多学些知识而已；到什么程度也不能忘记自己的竞争对象是自己的同窗好友、是比翼双飞的玩伴。自己生活在这个群体之中，各有长短，取长补短才能进步。记得一次长跑大赛中，一个运动员突然绊倒了，跑在他前边的运动员回头把他扶起来再继续跑，他没得第一，但世人都对他刮目相看，留下深刻记忆。

正当获取小红花

　　女儿班上实行小红花制度，做了好人好事、考试得第一、其他比赛取得好成绩，老师都会给孩子在班级墙上的先进榜上盖一朵小红花。我一直不赞成这种做法，因为女儿告诉我，同学们为了得到小红花，甚至交给老师自己的零花钱说是捡来的，这反而培养了孩子弄虚作假的品行。

　　孩子为了得到小红花才好好表现，而不是做自己想做的事，所以，家长和老师要对孩子进行正确的引导。可以告诉孩子，好胜本身是无可非议的，但是不能为取胜而采取不合理的手段，如蛮横无理、造假甚至诬陷他人，这样就是做错事、犯错误。应该从小培养孩子公平竞争的意识，让孩子明白"胜利"来自于努力，而不是别人故意让的结果。他做得好，应该表扬，但不必炫耀。当孩子没有得到第一，而情绪反应激烈的时候，应该开导他，发挥出了最佳水平，那就是爸爸妈妈眼中的冠军。不要只关注孩子某一方面的成绩，要全方面多角度地评价孩子，让孩子真正感受到自己的长处与优点，从而更加努力，发扬优点，改正缺点。

　　家长不要当着孩子的面流露出争强好胜的心理，以平常心对待生活中的胜利和挫折，用自己积极进取、努力学习的精神来影响孩子，为孩子树立良好的行为榜样。这样，孩子在家长的言传身教中就会形成正确的价值观和生活取向了。

孩子喜欢出风头，求胜心过度，一般有两个因素。一个是对自己的能力过分自信，喜欢表现自己；一个是虚荣心作祟，喜欢追求表面上的东西。如果是前者，孩子喜欢展示才华没有错，家长不仅要加以引导，而且要为孩子寻找表现的舞台，让孩子更加自信。如果是后者，家长要教育孩子，帮助孩子正确认识自己，不能以华而不实的东西作为追求的目标。

自古以来，沉着冷静，多思寡言，似乎成了中国中庸之道的最好体现，所以我们不会，也不敢争强好胜，所以我们永远和大多数人保持一致，既不逞强，也不示弱，永远吃大锅饭。爱出风头，在传统中国家长的眼里是万万也不能容得下的。其实，现在我们提倡把握好争强好胜的度就是如何将争强好胜与合作精神、如何将个人的发展与团体的成功相结合。不要让孩子太争强好胜，不要让孩子太个人主义，就要培养孩子的团队精神、合作意识。

我们应当适时告诉孩子：一个人不能没有竞争意识，要肯定孩子的上进心，但如果凡事都争强好胜，就会疲惫不堪，甚至有可能形成一种虚荣心理。作为家长，要让孩子保持一颗平常心，不要给孩子施加太大的压力，告诉孩子努力就好。特别是有些孩子性格过于外向，容易引起其他同学的反感，被人评价为"爱出风头"，也不利于孩子的人际交往。要教育孩子经常保持谦虚的态度，这样会更受别人的尊敬和欢迎。

利用孩子的求胜心

孩子的求胜心是一件很矛盾的事情：没有求胜心的孩子容易形成散漫、不思进取的性格，而好胜心过度的孩子则又容易产生虚荣心，经不起打击。在家庭教育中，面对这一问题，家长要学会积极利用孩子的求胜心。

1.用表扬唤起孩子的求胜心

孩子的求胜心要靠父母的悉心培养。有智慧的父母要积极地为孩子创造成功的机会，让孩子在成功的体验中树立求胜心，用及时的表扬来唤起孩子的求胜心。

李娟今年上一年级了。在学校组织的家长观摩课上，老师要求孩子主动参加一个小比赛。别的孩子都踊跃参加，可是李娟却无动于衷，这让父母有点着急。回家后，父母决定要好好地培养孩子的求胜心。

父母和李娟一起玩游戏时，父母故意让着李娟，让李娟经常拿第一。父母就借此机会表扬孩子，逐渐激发起孩子的求胜心和竞争意识。

李娟的父母正是用表扬的方法激起了孩子的求胜心。求胜心是每个人都要具备的基本品质。对于处于学习阶段的孩子而言，更是不可或缺。它是孩子学习路上的强大精神支撑。父母一定不要忽视对于缺乏信心的孩子的教育，要多采用表扬的方式来唤起孩子的求胜心。

2.教孩子把握求胜心的度

把握好求胜心的度，是保证孩子取得成功的关键。适度的求胜心，可以帮助孩子建立起必要的信心，获得进步的动力，但是过强的求胜心，则会对孩子的正常发展起到阻碍的作用，它会激起孩子的嫉妒心理，使孩子不能正确认识自己，导致和他人的交往出现障碍。

父母要教孩子把握好分寸，让积极的求胜心成为孩子前进道路上源源不断的动力，而避免过强的求胜心成为孩子发展道路上的绊脚石。

3.给求胜心切的孩子"降降温"

很多孩子表现出很强烈的求胜心，他们总是觉得自己高人一等，从而蔑视身边的人。但是很多事实证明，他们并不比别人强，这严重打击了孩子的进取心。

罗会今年上五年级，是个特别自信、求胜心切的孩子。她是班里的学习委员，每次考试都能名列前茅，所以，她有一种自我优越感，觉得自己比其他同学都强。

她的强势还表现为她嫉妒平时表现好的同学。有时候他们向她请教问题，她都以不会为由推脱，这使得她在班里的人缘不好，她自然也不会开心了。

这次，学校举办数学竞赛，求胜心切的她本以为胜券在握，可是连前十名都没有进去，这让她备受打击。

罗会的求胜心切，导致了她不能坦然地面对失败。她嫉妒比她优秀的同学，又使她失去了不少的朋友，这对她的学习和生活都造成了不好的影响。父母们可以从这个例子中看到，求胜心切对孩子不好的一面。父母要及时为求胜心切的孩子"降降温"，带他回到正确的轨道上来。

4.父母做孩子的有益榜样

很多父母有时在孩子面前表现出争强好胜的一面，经常把生活和工作中求胜心切的一面流露出来，给孩子传达一种错误的人生态度。所以，父母在孩子面前要做有益的榜样，不要让自己错误的观念影响到孩子。父母在孩子面前既要显示出积极向上的一面，又要表现出达观的人生态度，以平和的心态而对人生的每次挑战。父母要引导孩子的求胜心，帮助孩子树立良好的心态，有求胜心是好的，但要学会正确地看待成功和失败，少去计较结果如何，只要好好享受过程就足够了。

适当的挫折教育有助平衡求胜心

求胜心过度强烈的孩子容易虚荣、孤傲且经受不了打击，因此家长针对性地进行适当的挫折教育有助于平衡这种过剩的求胜心，帮助孩子建立一个健全的人格。

著名教育家马卡连柯说：合理而恰当的惩罚教育不仅是合理的，而且也是非常必要的。挫折教育是指让受教育者在受教育的过程中遭受挫折，从而激发受教育者的潜能，以达到使受教育者切实掌握知识的目的。经历一定的挫折，对形成孩子的坚强意志是有益的。从孩子的心理特点出发，孩子的随意性活动占主要地位。所以在新的教育观念下我们应多为孩子进行挫折教育，孩子摔倒了之后让他自己爬起来，这对孩子来说是一个非常重要的磨炼过程，这样既强化了孩子的意志又锻炼了孩子克服困难的能力。

挫折教育的四个阶段

挫折教育不能一蹴而就，家长们应该分为四个阶段循序渐进地进行。

第一阶段：培养孩子的信任感。

孩子的挫折教育在出生后就应该开始。这个阶段的孩子需要家长格外的照顾与养育，家长应该积极的与孩子建立健康的亲子关系，让孩子对家人及环境产生美好的信任感觉，为与孩子的沟通打下基础。

第二阶段：培养孩子的生活自理能力。

当孩子可以站立、行走了,在确保安全的前提下,让他自己独立去完成,不要总是抱着或者帮他迈步等。孩子动作发展的同时也是心理的不断发展完善。孩子稍大后,可以让他试着料理自己的生活,在自理的过程中能够培养孩子的自信心,并迁移到以后的生活和交往中去。

第三阶段:培养孩子心理的独立性。

平时我们总会教育孩子要助人为乐,并且也在身体力行地帮助孩子。然而有时候需要孩子独立完成的事情,却给予过多帮助的话,反而会让孩子产生依赖心理。只要是孩子有兴趣的事情就鼓励他独立去做。

第四阶段:培养孩子解决问题的能力。

孩子步入课堂后,传统的教育重视数理逻辑和语言表达能力,但这仅仅是学习的一个层面,更重要的是要培养他的求知欲,独立思考和解决问题的能力。不少孩子总喜欢打破沙锅问到底,这就是他在思考问题的表现,此时,家长应该耐心解答,即使是自己回答不出来的问题,也不要怕丢面子,可以和孩子一起查阅书籍、进行试验来探讨。

家长进行挫折教育的方法

家长在对待孩子挫折教育的问题上,首先要意识到孩子期是个体个性形成的关键期,有意识地让孩子品尝一些生活的磨难,让孩子懂得人生的道路是坎坷的,学会在挫折中接受教育,这对培养他们吃苦耐劳的精神、独立意识、应付困难的勇气和心理承受能力,是十分必要的。

其次,要了解挫折教育是贯穿在每一天中的,那些成人看起来是不起眼的小事中进行的。如孩子摔倒了,有些家长会赶紧跑上前扶起孩子,还对孩子说:"这个地面真不好,让宝宝绊一跤,我们打地面。"

这样的结果是使孩子把跌跤归因于外因,不敢正确地面对挫折。正确的方法是帮助他了解产生挫折的原因和应付的对策,比如告诉孩子"走路看地面才不会绊到石头"。

作为家长,应大胆地放下"保护伞",只要是孩子力所能及的事都要让他自己去做,哪怕是衣服穿得一塌糊涂,哪怕是饭粒洒得到处都是。让孩子在做中体验挫折,学会克服困难。

第三,家长可以有意识地创设情境让孩子得到各方面的锻炼,即让孩子参与到各种活动中,在体验中学会克服困难、战胜挫折。苏格拉底对待打破玻璃的孩子的做法是：让犯错误的孩子独自呆在房子中，让其体验寒冷、体验孤独，使其发现自己的错误继而改正。

第四，父母既要有把孩子置于艰苦和困难中的勇气，又要有引导孩子走出挫折和困惑的耐心。

据统计，我国目前中小学生存在的心理疾患中，30%左右是源于年幼时经历的挫折和打击没有得到正确的引导。孩子在经历挫折时常会产生比较消极的情绪和抵触心理。一方面家长要注意帮助孩子获得战胜困难的成功体验，从而提高"自我效能感"的水平，增强自信。另一方面，要让孩子明白，有些挫折的产生无法通过个人的主观努力来阻挡、回避。对待它们，我们要教孩子合理运用一些心理防卫机制来保持健康的心理状态。比如孩子长得黑且受人嘲笑，家长就可以安慰孩子："皮肤黑更健康呀，我觉得你也很可爱。"

人生是要经历无数次苦难和磨炼的，让孩子从小经受这样的磨炼，才能使他们坚强和独立的面对一切。

家长帮孩子总结失败原因

在社区举行的宝宝才艺比赛中，最终只有三个小朋友获奖，他们在台上喜笑颜开。台下没有得奖的孩子默默无语、表情严肃，一些当家长的也是如此。后来有个女孩扁着嘴小声抽泣，接着所有没得奖的孩子也都哭了。面对这种情况，家长应当安慰孩子："没关系，输就输吧，得奖的小朋友还没有咱们演得好呢。"

孩子为比赛输了而哭并非坏事，既是情绪的自然发泄，也是一种争强好胜、要求上进的表现。此时家长不能告诉孩子"输就输吧，没关系"，否则会助长他无所谓的心态，而是应该帮助他分析失败原因，认识到自己的不足，才能让孩子有收获。

家长不能把想法强加给孩子

在孩子园举行的公开课上，很多孩子并不想发言，小手偶尔抬起一点又立刻放下，再扭头看看妈妈的脸色。不少妈妈都拉着脸、紧皱眉头，用期待的眼神要求孩子尽快发言，于是孩子不得不勉强举手。

家长首先必须改变自己的观念，不要把想当然的想法强加在孩子头上，给孩子更多选择，让他(她)做喜欢的事情，真正从内心去激发抗挫能力，知道跌倒了该如何爬起来。

挫折教育应注意的问题

在创设和利用困难情境的过程中,必须注意以下几个问题:

1.必须注意适度和适量。为孩子设置的情境必须有一定的难度,能引起孩子的挫折感,但又不能太难,应是孩子通过努力可以克服的。同时,孩子一次面临的难题也不能太多。适度和适量的挫折能使孩子自我调节心态,正确地选择外部行为,克服困难,追求下一个目标;过度的挫折会损伤孩子的自信心和积极性,使孩子产生严重的挫折感、恐惧感,最后丧失兴趣和信心。

2.在孩子遇到困难而退缩时要鼓励孩子,让他认识到人的一生会遇到很多挫折,关键在于我们如何正确地认识和对待它,只有鼓起勇气努力向前,才能最终克服困难,战胜挫折。另外,在孩子做出很大努力取得一定成绩时,要及时肯定,让孩子看到自己的能力,从而更有信心地去面对新的困难。

3.对陷入严惩挫折情境中的孩子要及时进行疏导。如帮助孩子分析遭受挫折的主、客观原因,找出失败的症结所在等。在必要时可帮助孩子一步步地实现目标,让孩子体会只有战胜了困难才能前进一步,而进步、达标的全过程就是不断困难的过程。在平时则要善于观察孩子的活动,把握其发展趋势,如果孩子在克服困难时几经尝试均告失败,就应及时给予具体帮助。

4.要多为孩子创设与同伴交往的机会。与同伴交往可以使孩子发现与自己不同的观点,从而更好地认识他人和自己,克服自我中心。在同伴群体中,孩子往往会经历一些挫折,如观点不一致,屈从于被领导的地位等,这样他必然要在不断的磨炼中学会如何友好相处,如何合作,从而更好地在同伴中保持自己的地位。而这种磨炼有助于提高孩子的耐挫力。另一方面,同伴之间的相互交流和指导,也能够帮助孩子更好地克服困难、解决问题。

第十章　让孩子敞开心扉

许多家长都希望孩子跟我们无所不谈，但真实情况是，他们经常抱怨孩子不愿敞开心扉与自己交流。这不是孩子的问题，而是家长根本不了解自己的孩子。如果对自己的孩子不了解，我们又怎么能走进他的内心呢？

与孩子交流的技巧

有位家长同 6 岁的小女儿艾尼尔闲聊，为了使家长吃惊，她兴致勃勃地对家长说："妈妈你知道我怎么对付老跟我开玩笑的小男孩们？我掀起裙子把他们都吓跑了。"家长反问了她一句"真的？"艾尼尔明显觉察到了妈妈的愕然、生气的表情，发现说漏了嘴，然后就像小乌龟一样钻进了壳，怎么也不肯开口了。这位家长后悔失去了一次听听孩子真实的思想的机会。

恐怕很多父母都一样，希望孩子能对我们无所不谈，因为如果不了解他们的生活、他们在想什么，我们又怎么能够帮助他们？

作为家长应该用心思考，我们到底怎样与我们孩子交流？

第一，听，让孩子把话说完，在听孩子表述的过程中，要表现出我们最大的耐心，我们不仅听，还要微笑还要点头，甚至于我们还要有诧异的表情，比如说是吗，真的是这样吗，太棒了，这么好玩，这么有趣，你们班孩子怎么这样，太有意思了，我要是你们班孩子会感到很开心很幸福……这样讲了以后，就能让孩子感受到家长认真在听他讲话并热烈地给出了恰当的反应，感受到被重视与尊重。这是我们与孩子交流时需要做的第一个原则。

第二个原则学会反问，比如说孩子讲完了，你对这个事情的看法是什么？你的看法是什么？你真的是这样想的吗？你还有没有其他想法？如果发生在你身上你怎样处理会更好……激发他思考。而不是说你说完了，思考完了，该有答案了，作为我们每一个家长都有想法，都应该得到一个基本的答案，那就是孩子内心的想法是什么，其实我们与孩子交流就是想知道他们内心的真实想法。

在人际交往学上说，沟通的最好的效果是取得积极的的良好的回应，绝大多数家长在与孩子交流方面是一言堂，孩子的一句话，我们就能讲一大堆，令孩子失去交流的兴趣，所以家长要学会反问。

第三个是原则是给孩子提建议，孩子讲完了，我们可以做这样的表述：爸爸想法和你的想法有点不一样，你可不可以听一听？或者说妈妈的意见和你一样，但细节上不太一样，你可不可以听一听？一般情况下孩子很乐意听取你的意见。

我们一边说还要一边问，我这样讲可以吗？我这样表述可以吗？千万不要说我这样说对吗？我这样说你理解吗。我们要把它放在我们讲话的主题中去，我们把建议给他以后，让他探讨，你们的差异，让他找出差异性，就会更好了。

其实很多种情况下，在与孩子交流的过程中，如果家长朋友能做到80%孩子说，20%我们说，那我们就成功了。

先看一个真实的例子：这一天，女儿在该回家的时候还没有回家。父母开始是责怪：这孩子，又贪玩了。继而是愤怒：都什么时候了，人影子都不见！"不等她，我们先吃！"心想她回来非得"好好教育"她一顿不可！晚饭后7点、8点，父母越想越焦虑：这孩子，该不会出什么事吧？遂越想越害怕，开始一个一个打电话询问女儿的同学。正在此时，门响了，母亲迫不及待去开门：劈头一阵责骂，"你死哪里去了？！害得我们差一点没去报案……"女儿试图解释，但母亲此刻哪里容得下倾听女儿解释？劈脸又是一个巴掌，打得女儿捂着脸跑进自己的房间去嘤嘤哭泣了。父母用"责骂和巴掌"传达了自己对女儿的那一份刻骨铭心的关爱。

做父母的，原本出于"心和善意"的管教，常常被这种"拙劣的沟通"阻断。当父母对着孩子愤怒责骂的时候，父母的"爱心"被淹没在"粗暴的管教行为"之中。尽管许多父母在责骂的同时不时声称"是为你好"，但子女听到的是如雷的咆哮和叱骂声，很难感受到父母的"爱心和善意"。做父母的往往只在意自己的出发点完全是"为了子女好"，甚至根本没有想过孩子的看法。

有个父亲因一个偶尔的机会，得知儿子对自己"又恨又怕"，感到非常吃惊:此前他从来没有想过儿子对自己怎么看,只一味地认为自己非常爱儿子。从那以后,他改变了管教儿子的方法。他不想让他的儿子像自己一样:直到长大成人还认为自己的父母不爱自己。

实际上,这个父亲非常爱自己的儿子,只是"拙劣的沟通"使儿子从来没有感受到父爱,许多父母相信孩子在事后,或长大了会知道父母当时、当年是"为了孩子好"。但事情结果纵然如你所想,你眼下的管教若建立在子女对你的"对立情绪"上,又如何能"真正生效"?国内外都有研究表明:父母苛求、缺乏温情的养育方式与过分保护、干涉一样,有损子女健康成长。

我们是否应该思考一下:现代管教子女,非得要用"打骂训斥"的沟通手段把自己的"爱心和善意"伪装、包裹起来吗?把父母的"爱心和善良",用良好的沟通让子女直接地、即时地感觉到,效果是否会更好?

例如,父母可以这样对晚归的孩子说:你回来得太晚了,我们都非常为你担心,我已经拨了十几个电话,还差一点要去警察局报案了!

"担心"是你真正的感觉,愤怒是由"担心"而产生的。你何不直接地坦诚地把你的"担心感觉"沟通给你的子女呢?而子女,不管他是由于正当的原因还是不当的原因晚归,听到这样的话,多半都会感受到父母的深切关心,并且产生内疚感。若有些良好的沟通开头,接下来的"教育"就容易了。

父母对孩子的一些行为表示不满,给予批评,最适当、最有效的方法是:说出你对子女行为的感觉、心情;最忌讳、易激发冲突的办法则是:责备、责怪、责骂,即直接指责子女的过错行为。

亲子沟通中,父母经常要对孩子进行批评教育,这种批评教育是父母对子女的深切关爱,又是父母应该履行的职责、义务。但父母在对孩子行使批评教育时,要达成良好的沟通,以准确地传达出你的意思和意愿,还要注意下面三点:

1.避免夸大事实,一棍子打死。

夸张,是一种语言修辞,但不宜用在批评孩子的场合。夸大孩子的过错,不仅不利于孩子认识、承认过错,而且容易激起孩子的自卫心理。夸大子女的过错,还使你的善意变成了吹毛求疵,使自己从"原来有理"也变得"也有过错"了。下面这些句式通常会夸大事实,不能准确地传达出你的本意,如:你总是、你肯定、你从来。平心而论,你的本意并非认为子女真的"总是如此""肯定如此""从来如此",而是习惯的句式与语言习惯使然,所以应该避免。

2.避免笼统模糊，表达要清晰。

笼统模糊的表达方式常常会引起理解上的不一致。比如，你为某件事叮嘱孩子早一点回来，但结果，你指责孩子回来得不够早；而孩子认为他已经回来得很早了。日常生活中，为这样的事亲子之间也常常发生不愉快。究其原因，是因为不同的人，不同的角色对同一概念的理解是不完全一样的。所以，与其笼统地说"早一点""快一点""马上"这样模糊的要求，还不如具体说定一个时间，几点几分。同样，"以点盖面"也是一种模糊的表达方式。如果你对孩子的某种行为不满，要避免笼统地指责"你这个孩子……"，而应该具体地说"你这个行为……"，"你这件事……"。因为你真正不满的是他的某个行为，而不是他这个"人"。

3.避免夸张的认错。

夸张的认错实际上是一种以退为进的威胁行为，因此常常更容易激起子女的愤怒。像"好了，好了，都是我的错！""反正你总是对的，我都是错的！"这种句式显然是在发泄自己的愤怒，毫无认错之诚意。

如果你真正想息事宁人，不想激起子女的愤怒，那么，准确的句式应该是："也许你是对的"，"也许是我错了"。这样的态度才是科学的。因为即使你现在认为孩子是100%的错了，事实也不一定你是100%对的；更何况，你现在认为孩子是100%错的，还可能明天就觉得孩子也不无道理，甚至错怪了他。留有余地，无论从平息情绪，从尊重事实，还是尊重子女都是行得通的。

爱孩子的所有

为人父母，无论是谁都会觉得自己有义务和责任去保护子女并将他们引导到正确的道路上，但是如果父母太急于去履行这些义务和责任，太急于把孩子培养得很优秀，就有可能很难做到接受孩子身上所有的优缺点，从而让孩子对自己紧闭心门，甚至躲避家长。

爱孩子身上所有的优缺点并非易事，但是，如果做不到这点，就不可能与孩子进行"敞开心扉的对话"了。因为如果想要孩子对父母畅所欲言，就要先把孩子紧闭的心门打开，而打开孩子心门的钥匙之一，也是第一把钥匙，就是父母要努力去接受孩子所有特质，即便孩子的有些行为与父母的标准背道而驰。

每对父母的成长环境、生活习惯、思维方式以及教育方式都有所不同，那么，父母都认为准确无误的那些标准和准则是否都适用于孩子呢？如果父母将自以为正确的标准强加于孩子，那就等同于迫使孩子依照父母的方式去过和他们一样的生活，再走一遍父母的路而已。这种强迫就等于做好一个套子套在孩子身上，让孩子成为父母的模子，而不是让孩子自由成长。

当今社会发展和变化的速度都超过我们的想象，如果我们想要孩子能尽快适应社会变化，在遇到问题时能够积极而机智地应对，那么我们就要培养孩子睿智的思维方式和应变能力，而不能让孩子固守一成不变的思维模式。

我们上一辈的教育方式大多是定下一套教条后用权威去逼迫子女接受，但是到了我们这一代，为了满足孩子的需求，我们有必要做更多的尝试。

但这并不是说只要孩子请求，我们就不加斟酌地全部答应，而是说我们要经历这样一个疗伤的过程。在孩子之前的成长过程中，父母习惯于拒绝孩子的请求，使孩子需求得不到满足。而现在作为补偿，父母要尽量去满足他们的需求，以抚平孩子内心的伤痕。

因此，"敞开心扉的对话"的第一阶段要先定下一个原则，即在一定期间内，无条件接受孩子的想法和请求。

当然，刚开始的时候，要无条件接受孩子所有的话语、行为、情绪等也许是一件十分困难的事，但是为了恢复父母与子女间的亲密关系，这个过程是不可或缺的。

孩子感受到自己被父母尊重，想法和请求都能被父母积极接受后，他们就会变得有底气、有自信。因为有过经验，所以他们有勇气尝试新挑战，当遇到考验时，他们会积极摸索解决方法。

如果孩子在成长过程中因为遭受过多的挫折，或是受过多制约而无法尝试新的挑战，那么孩子成年后，在遇到挑战时就会感到恐惧或不安。而"敞开心扉的对话"就是一个疗伤的过程，这个过程可以恢复父母与子女间的感情。

过度的制止会让孩子的自尊心受到严重伤害

即便是刚出生不久的孩子，到了可以随自己意志活动身躯的时候，孩子也会抑制不住好奇心，用身体去探索这个世界。孩子的好奇心是无限的，并且会为了满足好奇心而积极表达自己的需求。

而在孩子年幼时，如果父母对孩子好奇心的回应不同，孩子好奇心的发展方向也会有所不同,有的孩子会一直充满好奇心,而有的孩子则会关上心门,被动地接受父母安排。

父母过度担心,总说"不行"

当孩子学会走路,学会动手之后,孩子就会控制不住好奇心,想用手和脚去探索这个世界,所以不管是书柜、楼梯、抽屉还是碗柜,孩子都会忍不住去摸一摸或是走一走。

但父母会担心孩子受伤,担心物品被损坏,于是就会一边制止孩子,一边说"不行"。

如果孩子做出了父母无比担心的行动,而父母总是不停制止的话,孩子就会习惯于被制止、被否定的氛围。如果父母总是说"这个太危险了,不能摸""不能把水打翻了""玩具太脏了,不要放嘴里""这个玩具不能扔,会坏掉的"等等,孩子就会总是生活在禁止和否定中。

虽然父母的这些制止是出于担心,但这些做法只会让孩子认为"这世上没有什么是可以随我的意愿去做的"。

为了防止出乱子或是事故,或者为了不让孩子受伤,父母会不停地制止。而这些制止会不知不觉地遏制孩子的好奇心,同时也会使孩子的主动性变得低下。所以,现在孩子们最需要的就是能够抚平内心伤痕的契机。

如果要理解孩子的行为,就要先了解孩子各成长期的特点

18—36个月的孩子会开始出现情绪多变的特点,同时无论什么事情都想自己动手,这也可以成为"第一叛逆期"。但父母如果无法理解孩子这一时期的特点,就会无意识地以"调教"的名义来制止孩子的行为。

而如果一直被制止,孩子的好奇心就会在无形中消失,变得胆小畏缩,变得死板,同时也失去了尝试新挑战的欲望。

48—60个月的孩子情绪、语言和行为容易极端,这一时期也可以称为"无法无天的时期",许多父母很难忍受孩子这一时期的行为。

这时期许多父母没有努力去理解孩子为什么会做出这样的行为,而是将焦点放在向孩子说教和纠正孩子的行为上,因为父母们都认为"纠错要从娃娃抓起"。

反复的责备会让孩子缺乏对自我的认可,孩子变得事事都要看父母眼色,有时还会做出过激行为以吸引父母的关注。

　　而如果父母一直保持这样的教育方式，那么当孩子到了七岁后，父母与孩子间就会开始出现矛盾和冲突。孩子六岁前还会比较顺从，会服从父母的安排，但到了七岁后，孩子就开始有了判断力，孩子会观察和判断父母的行为，孩子会知道自己是与父母不同的独立个体，有时还会将自己父母和别人的父母做比较，会强力反驳父母的话，会抗拒父母的命令，性格也变得固执，不肯屈服。

　　父母如果不了解孩子各成长期的特点，而是坚持单方面的"调教"，这种方式只会给孩子与父母双方带来负面影响。

"容许"是修复孩子内心伤痕的"爱的胶带"

　　父母与孩子之间越是对立，双方交流就会越困难，关系也会变得愈加疏远。如果双方关系一直疏远，那么当孩子到了青春期，孩子与父母间就会形成又高又厚的一道墙，孩子的行为很可能会继续恶化，甚至可能厌恶社会。因此，即使是为了预防这些极端现象出现，父母也应该放宽容许的标准，努力接受孩子的话语、行为和情绪。

　　为此，父母们首先要做的第一步是努力站在孩子的立场看问题，用心去理解孩子。即便孩子做出的行为与父母的标准背道而驰，即便父母心中知道有比孩子的选择更佳的解决方案，父母也绝对不可利用自己的权威抢在孩子前头安排一切，剥夺孩子亲自选择和体验的机会，我们如此强调"容许"也是出于此因。

　　如果想要教育好孩子，首先要忍。

　　为了成为尽责的好父母，为了培养好孩子，父母用心良苦，多少个夜晚，他们因为操心孩子的问题而无法入眠，暗自落泪，但他们却很难找到可以理解和安慰自己的人。

　　加上"敞开心扉的对话"第一阶段要无条件接受孩子的想法和请求，所以在这个过程中，许多父母的心情就会变得更加焦急，每天都会因为孩子而气得火冒三丈。

　　父母会想"这孩子到底怎么了""这家伙是不是又在考验我的耐心啊"，因为在这个阶段，孩子之前越是被限制和压抑，现在就越会尽情表达自己的需求，这也是在考验父母的承受能力。

　　于是父母就要咬紧牙关忍耐，忍无可忍的时候父母就会大声怒吼或是拿鞭子体罚孩子,可没过一会儿,父母就会马上后悔"孩子还小,我怎么可以这样对他? 早知道就忍忍了⋯⋯"在面对孩子的问题时,父母也很难调整情绪。

但是父母与孩子起冲突时,最坏的状况就是父母和孩子一起动怒,孩子年纪还小, 没有控制情绪的能力, 但是作为父母有充分的能力去控制自己的情绪,因此父母要做出努力。

如果想大喊大骂,不如试着保持沉默,在心里默喊"你再调皮试试",或是在心里默念咒语也无妨,也可以数数,只要是能压住眼前的怒火,不管什么方法都可以。当怒火中烧时,父母要试着找到能压住怒火的方法,深呼吸,稳定自己的情绪。因为一时的怒火惩罚孩子后又立刻后悔,这种做法大家别再尝试了。

当然,起初大家可能都会经历几次失败,但即使孩子的反应与我们预想的不同,或是孩子让我们忍无可忍,对我们来说有一个事实是怎么也不会变的,那就是眼前的是我们最爱的孩子。有人说过"既然无法逃避,那就好好享受吧",所以,就让我们把眼前的难题当做一场虽然难但却有趣的游戏,咬紧牙关忍过这个阶段吧,如果大家心里负担过重,就先放下那些包袱,用轻松而平和的心态去忍受眼前这一切吧。

只要大家坚持无条件去接受孩子的想法和请求,那么一周左右,大家就可以见证孩子的变化,在这个过程中, 父母控制和表达情绪的能力也会得到提高。

不过,话虽容易,父母在无条件接受孩子想法的同时,也需要一些可以转换心情的方式来帮助自己调整情绪。

有的妈妈为了转换心情,在经济允许的范围内去购买衣服和鞋子,还换发型。大家还可以积极培养兴趣爱好,不想做饭时去餐馆吃饭等等,这些都是可以转换心情的好方法。

大家不必觉得把钱用来投资自己是种奢侈或浪费,因为那是为了孩子和家庭而花的。当父母感到满足和幸福时,孩子也会感到满足和幸福,当父母能量满满时,育儿环境也会变得更好,换言之,"敞开心扉的对话"学习过程并不只是为了孩子,而是为了让孩子和父母都变得更幸福。

会说话打开孩子心锁

关心话语：简练说

1.送孩子去上学,出门前,边给他整理衣服边叮嘱他:"乐乐,路上要小心,过马路时要等绿灯,遇到生人别随便搭腔,遇到什么困难,记得找警察……"可您的孩子却头也不抬:"妈妈,您真烦人,每天都讲这一套!"

2.去学校接女儿回家,一路上,边给她擦汗边关切地问:"苗苗,在学校听话吗?有没有人欺负你?还记得老师布置的家庭作业吗?"结果,女儿给您的回答却是:"妈妈,我的耳朵都要起茧了!"

在这样的交流与沟通中,家长越来越无法理解孩子:这孩子怎么越来越讨厌我?其实,每个孩子都渴望得到家长的关心和爱抚,但"小大人"意识又使他常表现出不愿接受的样子,尤其不喜欢家长"穷追猛打"式的提问和喋喋不休的说教。

有位聪明的妈妈曾在儿子上学前故意问:"路上应该注意什么?"儿子快乐而骄傲地回答:"注意安全!"由此可见,对于关心的话,家长干脆、简练的嘱咐会更加有效。

知心话语：含情说

1.忙了一天了,回到家还要拖着疲乏的身体做饭,可5岁的女儿偏偏有道算术题不会做,过来找您帮忙。您心里很烦,但压住火气跟她说"知心话":"甜甜,妈妈现在忙死了,作业待会儿再做,体谅下妈妈,啊!"结果,女儿去看动画片了,您后来也忘了这事,第二天早晨醒来,女儿发现作业没写完,大哭大闹,不肯上学。

2.发现儿子这两天心情不好,整天闷闷不乐,于是您让先生去和他说说知心话,沟通一下,可是,才6岁的儿子居然发脾气了,说爸爸侵犯他的隐私权。您和先生面面相觑,措手无策。

家长放下身段,想和孩子说说知心话,结果,却发现和孩子的距离越来越远。这是怎么回事呢?其实,并不奇怪,随着小家伙的渐渐成长,您会发现,他内心的秘密越来越多了,有时,甚至用谎言来搪塞您的关心。

家长若想与孩子交心,首先要注意营造融洽的氛围。劝导孩子,也应注意方式、方法,比如:"小强,爸爸给你讲故事,讲爸爸像你这么大时的淘气事儿……"就这样,两代人或隔代人的交流在不知不觉中完成了,知心话才能为孩子所接受、理解。

开心话语:带理说

1.今天升职了,心情愉快,想把这份快乐让4岁的女儿一起分享:"然然,爸爸厉害吧,如果你以后也像爸爸这么厉害,我和妈妈就满意了!"没想到,小家伙不以为然:"我以后肯定比您厉害。"您笑到一半,却发现女儿的嘴巴噘得高高的,很不开心。

2.女儿今天帮您洗碗了,您很开心,于是递给她一个苹果:"来,这是妈妈奖励给你的!"可您发现,女儿的眼神里似乎有些期待,可您不知道她需要的不是苹果,而是一句奖励或者鼓励的话。

家长觉得越来越弄不懂孩子,往往自己很快乐的时候,因为一句话或者一件小事"得罪"了孩子,让小家伙变得不开心,再或者,您明明是想让小家伙开心点,却弄巧成拙,反倒让他哭起了鼻子。开心话能消除孩子心里的不痛快,而一家人分享开心更能增添家庭的凝聚力,不过,如何让开心话有趣而又意味深长却并非易事。

有位父亲看书时太困,睡着了,连眼镜都没来得及摘。醒来后,女儿问他,为什么睡觉时还戴眼镜,这位父亲灵机一动,诙谐地说:"爸爸做梦也在看书,不戴眼镜看不清字呀!"而有位妈妈在儿子考试考砸后,一边讲笑话开导他,一边告诉他"失败是成功之母"的道理。寓理于趣的回答,使孩子潜移默化地接受了有益的教育。

忧心话语:变通说

1.孩子的成绩直线下滑,老师已经找您谈过很多次话了,作为孩子的母亲,您感到特别忧心,于是您对孩子说:"你不能再这样下去了,我的脸都让你给丢尽了。"可儿子的成绩却下滑得更厉害了。

2.3岁的儿子变成了"小霸王",不让任何人动他的玩具、零食、动画书,您知道这样不好，可是孩子这么小，说大道理他不懂，于是只好吓唬他："宝宝，将你的东西分一点给大家吧，否则妈妈就不高兴了！"小家伙才不管您高兴不高兴，依然"霸道"。

孩子让家长忧心、烦心的事情不少，如何将忧心话语变通说可是一门学问。因为，说得好能使孩子改变坏习惯，得到好心境；说得不好会引起孩子的逆反心理，甚至变成孩子的"心病"。

如果孩子成绩下滑了，您应该先分析一下原因，然后再有针对性地和孩子交谈，让他明白您的忧心与关心，而不是责骂和训斥。如果是"小霸王"，您可以让他试着和别的小朋友交换玩具、零食，他一旦感触到友谊和分享换来更多的东西和快乐，自然会改掉这个陋习。对于一些不适合直接同孩子当面说的话题，可采取留纸条、写信向孩子推荐一篇文章、一本好书等方式进行沟通。总之，家长间接式的变通做法，既可以表达自己的想法，孩子也比较容易接受。

谈话方式随孩子成长变化

伴随孩子的成长，家长与孩子之间谈话的内容及交流方式，都在发生着变化，从中也可以看到两代人之间心理距离的变化。譬如：

孩子在襁褓之中，家长不时动情地"自说自话"，心中充满无限怜爱，此时，家长的心态是对孩子无条件地接纳。

到了孩子已能满处乱跑时，大多数家长又要重新回到自己的职场，由于工作、家庭的双重压力，家长便期望孩子能少给自己添些麻烦。在这一阶段，有些家长在与孩子沟通时的态度、语气，会因自己情绪的不同而变化：心情好时与孩子讲话较温和；情绪差时，会因一些小事责备、训斥孩子；此阶段家长与孩子交流时，对孩子的接纳程度已不再是百分之百。

孩子上幼儿园或者学校，家长更多的是关心他学习成绩的好坏，对他接纳的程度也常以成绩为标准。家长最爱问孩子："有没有听老师的话？""考试多少分？""老师喜不喜欢你？"孩子的学习成绩常是家长态度的晴雨表。家长与孩子的对话，已然是两个成年人的对话方式。

从回顾家长与孩子谈话方式的变化过程，不知您是否悟出了什么？诸多家长与孩子沟通不良的个案中，有一个共同的特点，便是孩子自小到大的成长过程中，家长在对他说话时，比较多地从"应该对孩子说什么"角度出发，而很少考虑"怎样说孩子才接受"。常常忽视了孩子在不同的年龄阶段，知识容量、心理特点、生活经验以及社会背景都在发生着巨大的变化,并且是处在一个日益发展的动态过程中。如果家长对孩子说话的内容、方式,不能与孩子的变化相吻合,结果只能是家长的话孩子越来越不听,或者"听不懂"。

孩子在接受教育时是有选择性的,并非所有正确的、应该实施的教育内容都会为他所接受。孩子只接受乐于接受的内容和方式。因此,家长有必要研究怎样同孩子说话。

教子有方

教育专家和儿童心理专家总结了和孩子沟通的 7 个秘诀,利用这些秘诀,你就能轻松走进孩子内心,成为一个教子有方的好家长。

1.把自己也变成孩子,走进他的世界,和他融成一片。因此,家长是否拥有一颗赤子之心,非常重要。

2.和孩子密切相处,从他的语言及行为中了解他的想法、喜好和内在需要。

3.注意孩子的反应与态度。在和孩子说话时,仔细地把他的话听完,了解他的想法及立场。

4.体会孩子的感受。当孩子在外面受了委屈,与好朋友或心爱的宠物分离时,家长只是一味地告诉他"没关系,坚强一点","这没什么好难过的",会让孩子觉得家长一点都不能体会他的感受。若家长能以同情和理解的态度对待孩子,适时地给予亲情慰藉,就会有截然不同的效果。

5.了解孩子的发展,不要尽说些他无法理解的话,或提出他达不到的要求,让他觉得辛苦,压力大。

6.认真回答孩子的问话。孩子提出问题时,应先了解其真正含意,并针对孩子的需要做回答。例如孩子问:"妈妈,你要不要去买菜?"这个问题的真正意思可能是:"妈妈,我想跟您一起去买菜。"假如您知道孩子的真正目的,就可以说:"要啊!你要不要一起去?"孩子听了必定会很高兴。

7. 避免用"我命令你……""我警告你……""你最好赶快……""你真傻","你太让我失望了"等带有指挥、命令、警告、责备、拒绝等负面意义的语气说话。

让我们来看一些家长的教子宝典:

爱就是陪伴

我的宝宝三岁,刚刚上幼儿园。第一天回来非常兴奋,不住地跟我们讲幼儿园的事。到了第五天,虽然坚持去了,但回来后什么也不愿意说,问得多了,就不高兴地说:"你能不能别再提幼儿园!"我听后,只是默默给他的成长树上贴了一个果子(我为孩子制作了一棵树,每当他从幼儿园回来后,我都贴上一个果子)。停了好一会儿,我们正各干各的事,他走到我身边问:"妈妈,你今天为什么要奖励我一个果子?"我告诉他:"今天妈妈接你时,你没有哭,非常棒,这就是你的收获,所以妈妈给你一个果子,希望你明天也能高高兴兴度过。"孩子听了,就说起了发生在幼儿园的事。

孩子如果不愿意说时,不要着急,不要问,默默陪伴他,只有这样,孩子才会放松。等他想说时,再倾听,加以鼓励,使孩子对幼儿园的生活充满信心,孩子才会更加喜欢幼儿园的生活。爱,就是陪伴。

宽容也是爱

去年暑假,上小学一年级的女儿把客厅雪白的墙壁画得乱七八糟,妻子看到后立马想呵斥她,被我拦住了。我蹲下身,问女儿:"你画的是什么?"女儿说是奥运会的鸟巢。我当即表扬她画得好,鼓励她以后画在本子上,不要直接画在墙壁上。画得好的画我会给她贴在墙上,女儿高兴地接受了我的建议,以后画画的劲头更足了。

和孩子的沟通与交流有个重要前提,那就是家长首先要尊重孩子,平等地和孩子进行心灵的对话。至于沟通的途径和方法可以借助日常生活中的各种机会,比如接送孩子上下学的路上、餐桌上等,通过观察孩子的言谈举止来透视孩子的内心世界,在自然随意的氛围中引导孩子说出心里话。

另外,家长一定要注意说话的态度和语气,要让孩子感觉到朋友般的真诚,孩子才会愿意和你谈心。尽量不要使用命令式的语言,绝对不可讽刺挖苦孩子,如果伤害了孩子的自尊心,引起孩子的抵触情绪,以后沟通起来就会较为困难。

尊重让孩子敞开心扉

刘教授专门从事教育、感化、挽救失足青年工作,在工作中他发现绝大多数失足青年之所以会走上违法犯罪的道路, 父母的教育失误起了关键的作用。而父母教育失误最主要的表现是不尊重孩子, 这样孩子就和父母有了隔膜, 孩子在成长过程中有什么问题也不愿和父母讲, 父母不能有效给孩子以正确的指导,久而久之孩子就会走上斜路,最终会走上违法犯罪的道路。所以要让孩子敞开心扉,就要学会尊重孩子,这样才能跟孩子无障碍地沟通。

一次小试验

随着年龄的增长,孩子已经有了自己的想法,不再听命于我们的"这不许、那不能"。为了改变自己的育儿方法,我买了不少书,按着书上介绍的方法,在我儿子身上做了一次试验,效果还比较明显。

儿子在洗手间玩水,以往我会大声训他,并把他拖出洗手间。然后自己收拾残局。但是书上介绍了另一种方法,我尝试了。

我说:我家宝宝在自己洗手,洗得很干净。

儿子:妈妈,我还用了洗手液。你闻闻香吗?

我托起儿子的手闻闻:很香。不过地上有点湿,外婆会滑倒的。

儿子:我把地擦干吧。

说完拿起拖把使劲擦起来。我夸他会帮妈妈干活了,真是个好孩子。儿子非常开心。

找把钥匙开心锁

儿子性格内向,爱生闷气。有一次我问他为什么上课时生闷气,而且不爱举手了。儿子说,他有时举手而老师没让他回答,所以后来就不举手了。

哦!原来你是在生老师的气啊!

于是,我就开导他,举手回答一个问题只能找一个小朋友,班里几十个学生,不可能全都回答。况且你举手说明你已经会了,老师心里也有数了。如果你不举手肯定说明你还不会, 老师让举手就是想了解一下情况。通过多次开导,儿子想通了,加上老师的耐心教育,儿子进步很快。

尊重与爱才是打开孩子心扉的正确钥匙。家长要充分理解自己的孩子,对孩子表示出足够的尊重与爱意,孩子才会愿意打开心扉与你交流,你才能更好地呵护孩子的成长。

第十一章 把握天分

天分，在英文里是"gift"，与礼物是一个意思。国外的教育理念认为每个孩子出生都带有上帝赐予的礼物，也就是他独一无二的天分。家长只有正确把握孩子的天分，恰当引导，才能让孩子在正确的道路上发展。

你的孩子有天分

朋友的儿子在美国上小学，二年级不久的一天，从学校带回一张班主任老师罗伯茨太太写的便条和另一张复印的文章。罗伯茨太太的便条上说有个父母作业（Parents work），希望各位父母将那篇标题为《你的孩子有天分》的文章好好读一读，然后仔细想一想，自己的孩子有哪些天分，再写一篇《我的孩子有什么天分》（What is my child gifted in）的短文由孩子带回学校。

一星期后，正好是老师父母会面日。朋友决定将写好的关于儿子的短文亲自交给罗伯茨太太，并要当面向她说一声"谢谢"，感谢她让自己读到了那么好的文章。朋友还告诉她，那篇文章教会了他用一种全新的眼光、全新的角度看待孩子、看待天分、看待成功。

那篇文章原文较长，下面简略地试着翻译一下：

"每个孩子都至少有一种特别的天分。只有少数孩子课业突出。学习出色仅仅是许多才华中的一种。有些学校对此很看重，但我们不能因此而忽视孩子的其他天分。我们应当好好培育每一个孩子的每一项天分，否则，就是极大的浪费。

"学习成绩是重要的，但我们不能以它作为衡量所有才能的标准。孩子们的许多长处是考试和分数测不出来的。让我们看看汤姆，一个总得C的学生。虽然他成绩平平，却'雄心勃勃'。他目光远大，总是竭尽全力。可以说，他终生都会比那些智商更高的孩子做得更好。

"8岁的吉娜'好奇心强'。大部分孩子或许只是按步就班地完成布置的任务,而吉娜却总是渴望了解更多的知识。

"劳尔也不是一般意义上的天才学生。他的分数仅仅略高于平均。但他'人缘好',大家都喜欢他。他随和、善交际。他母亲有理由认为他有天分。从劳尔5岁起,他母亲就发掘并鼓励他发展社交才能。

"也许没有学校会认为依莱是有天分的。幸运的是,她母亲认为她有。依莱在校成绩只是刚刚及格,但她非常用功。'执着'是她宝贵的天分,她决不轻易放弃。

"艾肯的'组织能力'超群,他总是游戏场上的策划人,一位卓越的组织者。

"有一天,我看见一个6岁的男孩被同伴不小心用棒球棒打着了。他坐立不安,泪流满面,却始终没哭出声,虽然,他的脸因疼痛而扭曲。我知道,这个男孩天性'勇敢',比其他同龄孩子勇敢得多。我们需要勇敢,但你却无法在成绩单上为这一品质记上A。

"有些孩子有'音乐'、'绘画'、'戏剧'天赋,但不要小看没有这些天赋的孩子。他们的其他天赋也同样重要。瑟伦娜跑得快、力气大、扔得比其他孩子都远。她的天分是'体能好'。有一种天资是'协调'。瞧,简走路、跑步、跳舞都是那么优雅。而狄克拿小改锥干活的手又是那么'灵巧'。卡洛'口齿伶俐';安静的约瑟则善于'倾听'。'机灵'的依沙姆擅长把周围的事情巧妙地画成卡通。娜奥蔻的优点是'感受力强',她美感好,对和谐、色彩、漂亮的设计都很敏感。乔治的长处是'精力充沛',不知疲倦。比安卡则天性'冷静',极有耐心。

"为创造一个更美好的世界,我们需要每个人的天分。我认识的一个人有'发怒'的天分。当别人对身边的不公正事情无动于衷时,他总是拍案而起。另一位朋友的宝贵天赋是'幽默感'。常常因为她的一句话,尴尬的场面变得轻松起来。

"有天分的成年人都是由有天分的孩子长成的——他们都是那些被父母和老师发现并加以引导的幸运儿。好好看看你的孩子,努力发现他或她的优点和天赋。不要掩藏你的自豪和赞赏,因为它将催开孩子的天赋之花。"

相信很多父母在读完这篇文章后,都会发现,此文中所说的 gift 与我们一般所指的天赋或天分不完全一样。如果中国的家长、老师读到此文或许会不以为然:有谁说被考试排名压得抬不起头的来的"差等生"有天分?又有谁认为被升学压力逼上绝路的"落榜生"能成才?那文中所说的天赋天分都是考试考不好的。"幽默感"、"勇敢"、"人缘好"等等这些都无助于考上好学校。而只有考上好中学才能考上好大学，好大学毕业才可能上硕士博士，才会有好工作。在中国这个由几千年封建等级制度蜕变而来的社会里，做社会地位高的好工作才会受人尊敬，才是有身份，才是成功成才有出息的标志。

动画片《花木兰》中，木兰的父亲对木兰说："树上开的花，每一朵都是独特的。你可能是最晚开的那一朵，可是一定是最漂亮的。"

在这里对天下父母说一声：你的孩子有天分！

孩子的十种天分

科学研究表明，数学智力、空间智力、自然智力、音乐智力……十种天分决定孩子的未来，家长平时不妨多留意观察，发现并培养孩子的天分。

数学智力

指抽象思维和得出逻辑结论的能力。数学智力高的人清楚事物和数字数量之间的关联和规律。例如爱因斯坦，他通过相对论使人们对空间和时间关系的理解发生了革命性的改变。

如何判断孩子早期的数学智能发展的程度高低呢，以下几点能早期看出孩子的数学能力：

1.早期数数：在宝宝自己数数的时候，家长应做相应的记录。如果1岁数到10,2岁数到30,3岁数到50，就可以初步看出宝宝有良好的数学能力。

2.拿取准确：在家长的要求下取物体，看看能拿取几个，1岁能拿两个,2岁能拿三个,3岁能拿4~8个，会拿5个以上就算良好。

3.会向后数，说出总数：家长记录孩子何时能从一个数往后再数5个，说出总数，越早越好。如从4开始数后面的"56789"

4.能记住最长的数列：记住宝宝何时能记住本市的电话号码(8位数)以及父母的手机号码(11位数)越早越好。

空间智力

卓越的人往往具有较强的三维思维能力，能在脑中形成立体图像。16世纪文艺复兴三杰之一的米开朗琪罗就是这样的人，他用一整块大理石雕刻出了完美的大卫像。

空间智能是人们生活学习的基本能力,更是艺术、科学、数学乃至文学的不可或缺的重要能力,设计师、建筑师、摄影师、画家等等都需要很高的视觉-空间智能。

孩子的空间智能有一个从静态空间感知到获得动态概念空间的发展过程。

2~6 岁阶段

培养孩子的空间智能从他出生起就可以开始了。这一时期,虽然孩子并没有什么明确的空间概念,视力也还不是很好,但他出生时就有听觉,循着妈妈的声音和他的本能寻找乳头就是他最初的空间概念的表现。等他会抬头、转头时,就会开始积极地寻找声源,这时就可以运用声音帮助孩子建立方向感。

1~2 岁阶段

这一时期的孩子能够熟练地爬,开始蹒跚学步,而且乐此不疲,对周围的任何事物都充满好奇。父母可以给孩子创造一个安全的爬和学走的环境,多多鼓励孩子爬和走,在孩子摸索着爬和走的过程中,他对空间的意识将更加明确。

2~6 岁阶段

2~6 岁是孩子空间智能发展最快的一个时期,尤其是在 3 岁以后。经过这一时间的发展,孩子能够对物体的大小、形状、上下、前后、左右、远近产生准确的空间概念,并能通过自身的运动来确定物体的空间位置关系。

这一时期,孩子空间智能的发展主要分为两个方面,即理解空间和表述空间。家长可以让孩子画画,通过画画可帮助孩子建立大小、形状的概念;也可以让孩子搭积木、捏橡皮泥等,可促进孩子形成对前后、上下、远近等有关空间智能的概念;父母还可以在日常生活中有意识地指点孩子,比如"这两棵树哪棵高哪棵矮"、"你喜欢走在妈妈的左边还是右边"等等。这些工作都可以在孩子 3 岁以前就开始。

5~7 岁阶段

这一时期,孩子的空间智能又前进了一大步,能够利用明显的标记或路标对物体定位,并开始学习利用较为复杂的标记。家长可以指导孩子去感受、体验行走的路线和认明标志物,如熟悉去幼儿园路程,看公园导游图等,发展其空间定位能力。

7~10 岁阶段

7~10 岁的孩子已经能够利用空间整体结构的信息对空间中物体的位置关系定位,且在 10 岁左右,孩子们已开始具有大脑表象旋转能力。

自然智力

即指对大自然及其产品的敏感性,是一种了解自然界中的不同类型、关系和相互之间的联系的能力。1995 年,美国当今最有影响力的发展心理学家和教育学家加德纳提出,自然智力是人的第八种智力。很多成功的护林员、植物学家、生物学家、兽医以及环境专家的自然智力十分突出。

绝大多数孩子天生都是喜欢接触自然、回归自然的。具有自然智能特质的孩子,在生活中会呈现出敏锐的观察力与强烈的好奇心,对事特有特别的分类、辨别、记忆的方式。

要培养孩子的自然智能,父母一定要让他们接触自然、了解自然。而接触和了解大自然,需要孩子用心来观察,填鸭式的教学并不能起到培养孩子的作用。

父母要注意引导孩子的兴趣,切记是引导而非强迫。在观赏接触自然之外,应该实际让孩子懂得照顾自然,这时可以适当加入一些游戏活动,也就是让孩子在生活中学习照顾自然,例如栽种绿豆芽,并记录豆芽的生长发问。也可以让孩子饲养宠物,如果各方面条件允许,猫、狗等都可以,否则养小乌龟或小鱼,养宠物可以让孩子有所寄托。让孩子学习照顾动植物,让他体会生命成长的可贵。这些实际操作对培养孩子的自然智能会起到事半功倍的效果。

通过这些游戏活动,会提升孩子探索世界的兴趣。而兴趣则是开发孩子自然智能的基础和前提。游戏起到把孩子对周围世界的认知同化的作用,它把孩子已经开发的大脑,也就是孩子大脑已经发散出来的"触须"强化并稳固下来,有助于巩固孩子智力开发的成果。

音乐智力

音乐家通常在音乐智力方面天赋禀异,这种智力在很小的时候就会体现,例如莫扎特,他 5 岁就开始作曲。

美国脑学家曾经对爱因斯坦的脑细胞组织进行了切片观察。发现使得爱因斯坦在世界科学领域进出火花,取得世人瞩目的成就的一个不容忽视的重要因素就是音乐。对于音乐的热爱和学习,是开启爱因欺坦科学大脑的主要促因。

爱因斯坦从小并不是一个神童。相反,被人们怀疑是"傻子",在小学读书期间,曾被训导主任断言:该学生将是一事无成。而正是这样的学生,日后却成了一位惊动世界的天才科学巨人。这首先要归功于爱因斯坦所生气的良好环境。他有着一位伟大的、极具音乐素养的母亲,爱因斯坦幼年时经常躲在家里的楼梯暗处,长久地聆听母亲弹奏优雅的钢琴音乐,小爱因斯坦被音乐声中的美深深吸引,幼稚的心灵在音乐中感受到花的芳香、夜的宁静,旋律的层出迭起,五彩纷呈,又使他感到似乎有某种深深的奥秘要等着他去探寻,他贪婪地吸吮着其中的养份。

这种在音乐中所得到的探知欲,也使得当时小小年纪的爱因斯坦全神贯注地欣赏音乐一样,聚精会神地琢磨着父亲送给他的小小指南针,他在思索指南针里是否与音乐存在着相同的东西,这或许就是一种奥秘,是需要寻找的未知。于是,在他的脑海里竟冒出了一个念头:这根指南针一定是有个什么东西在推它?或许就是从这里起音乐已悄然在他幼小的心田里播下了探索自然、探索科学的种子,为他开启了智慧之门。后来,母亲开始教爱因斯坦弹奏钢琴和拉小提琴,使他对音乐有了更深邃的感悟,他察觉到了音乐内的数学结构,认为"这个世界可以由音乐的音符来组成,也可以由数学公式来组成。"这是何等的奇思联想啊!真正是由音乐引导他进入到了广阔而深涵的未知境界,并使其形象化。爱因斯坦对变奏曲极感兴趣,在学习演奏过程中,通过无数次练习各类复杂多变而丰富的音型节奏,培养了他日后攻克科学难题的坚强意志,也奠定了他创造性的思维意识。在他成年后研究相对论的日子里,正是在弹奏了一番钢琴后激发了灵感而解决了难题。

在爱因斯坦的成长过程中,音乐始终伴随其一生,特别是在青少年时代的丰富多彩的音乐生活,如同学间、周末家庭式的音乐聚会,募捐音乐会等等,良好的音乐环境大大扩展了他的右脑思维能力,也构成了其左右脑思维的均衡性。研究者们经过大量的调查研究,证明爱因斯坦和多数诺贝尔奖金获得者一样,为右脑发达型科学家。

身体运动智力

即巧妙灵活利用身体的能力,通常舞蹈家和哑剧演员在这方面比较突出,卓别林就曾在无声电影里充分展示了这一才能。

具有身体运动智能是指孩子具有协调肌肉动作,举止优美而恰当,能合理精确地使用他们的身体和其他物品的能力。它主要是指孩子具有操作事物的技巧。孩子身体运动能力的发展,就是满足孩子对运动的欲望与兴趣,从热衷于有趣的活动中,尽兴的玩,从活动中提高能力,促进健康。因此在父母与孩子平时的相处嬉闹中蕴藏着许多运动能力训练的契机。

首先要养成良好的生活习惯,注意培养孩子对身体运动的兴趣。中国传统的儒家文化向来喜静,静以修身养性。加之现代生活节奏加快,每天忙于奔波工作的年轻父母就懒于锻炼了。在一项中日比较研究中,3-6岁的中国孩子的身体运动能力明显地差于日本儿童的。为改变这一局面,家长应以身作则,养成锻炼身体的习惯,培养对某项体育活动如打羽毛球、游泳等的兴趣。利用现身教法,感染带动幼儿也喜欢体育运动,并养成习惯,从而提高身体素质及运动能力。

其次父母还应有意识地开展一些生动有趣的活动来锻炼幼儿某一方面的能力。如母亲当裁判,父子俩比赛看谁能坚持做一只独立金鸡,由此培养幼儿的平衡、协调能力。或母子一起捡豆豆、折纸船、钉纽扣,在这一过程中既增进了母子间的感情,又发展了幼儿的手眼协调能力,锻炼了手部小肌肉群的活动能力。

最后父母要注意锻炼活动的时间、量有了保证,不等于保证了质。每天跑一跑、跳一跳,形式化地做些运动,并不能真正解决问题。父母要根据自己孩子的特点,从实际出发,选择适当的形式,保证适当的活动量和运动强度,真正调动每一块肌肉、每一根神经参与其中,使孩子得到真正的锻炼。

存在智力

指哲学家、神职人员和作家与众不同的感悟理解能力,他们对世界和人的本质提出疑问,并寻求解答。

人际交流智力

在人际交流智力方面有天赋的人能洞悉和理解他人的动机和愿望,也更善于调动和发挥他人的长处。好的教师、销售人员和政治家几乎都拥有不凡的人际交流智力。

面对幼儿期的自我中心,如何教导他们走出自我中心,学会公平、分享、礼让、合作等基本和谐相处的行为,这可是培养孩子良好人际关系发展的重要第一课!

如何从日常生活做些预备,例如:常常带孩子到公园的游戏场所和一些公园里偶遇的小朋友们一起玩耍,让孩子学会排队、轮流、礼让等秩序,溜滑梯要等前面的滑下后才可以滑。安排到同龄小朋友家里去玩玩具,想玩别人的玩具时,应说请借我玩一下,也要学习把自己手上的玩具借给别人玩,不可以硬抢。

家长可以逐步的引导孩子学习,让人际交往的技巧深化在生活之中,培养孩子成为人际关系智能的高手。

个人内在智力

是自我认知的能力,它的作用往往被低估。成功的艺术家、作家、演员和经理主管都具有这种能力。

情感智力

指有意识地控制自己和他人感受的能力,像印度独立运动领导人、圣雄甘地是这方面的典范,这些人即使身处险境,头脑依然清醒。

语言智力

指处理文字的能力。

较之常人,善于辞令的人能更准确地表达所思所虑,拥有巨大的词汇量。例如,德国著名诗人歌德的词汇量达到 9 万个单词,同时期的普通人词汇量通常只有 2000 个到 5000 个。

孩子言语能力的提高,很大成度上依赖于阅读。阅读是要讲究科学的,父母在指导孩子阅读时,要注意以下几个方面:

1.根据儿童的年龄、词汇量和阅读速度选择适当的阅读材料。

低年级儿童的词汇量只是在 1600-1800 左右,开始接触词句速度比较慢一些,需要读一些有拼音注解或者图文并茂的作品。一些童话寓言故事,故事性强,道理浅显易懂,对孩子世界观的形成、语言感受性的提高都有很好的作用。到了中年级的时候,词汇量增加了,孩子应该看些层次性强的书,比如像描写"粽子"的那种文章,引导孩子了解语言的构建,学习基础的语法。同时引入一些科普方面的书籍,让儿童感受语言和自然相结合的美妙。到了小学高年级,孩子词汇量应在 3000 字左右,就可以看一些世界名著了。

2.每天保证孩子读书的时间。

一般情况下,孩子们如果在一天能有 40 分钟至 1 个小时的读书时间已经相当不错了。孩子每天只有保证相当的阅读时间,才能养成良好的阅读习惯,也才能有足够的机会品味语言的奥妙,增长对言语韵律感受的能力。

3.教给孩子科学读书方法。

我们提倡孩子要用多种渠道学会读书。不仅用眼睛看,脑子想,还要鼓励孩子读出声来。为什么要这样去做呢?据科学家的测试,眼睛扫过文字的速度和大脑对文字的反应不在一个抛物线上。也就是说,眼睛一分过去,脑子还没有反应过来。因此,在这个过程中,要用嘴读出声来统一眼睛和脑子的速度。大声地读,说明在读的过程中,眼睛到了,脑子也跟着反应过来。所以要鼓励孩子出声地读。到了高年级以后,孩子养成了好习惯,是否出声并不重要。但是要求低年级的孩子一定要读出声来, 不要太大的声音, 按照一般说话的速度就可以。

发现孩子的天分

居里夫人有两个女儿:伊蕾娜·居里和艾芙·居里。居里夫人的家教观是:开掘女儿的某种天分范畴的创造力,而不是死记硬背只会考 100 分的死常识。

早在女儿们牙牙学语时,居里夫人就开端对她俩的某种天分进行了开掘,她在笔记本上写道:"伊蕾娜在数学上聪明,艾芙在音乐上早慧。"当女儿刚上小学, 她就让她俩每天放学后在家里再参与一小时的智力活动, 以便进一步开掘其天分才干。当她俩进入塞维尼埃中学后, 居里夫人让女儿每天补习一节"特别教诲课":或由让·佩韩教她俩化学,或由保罗·郎之万教数学,或由沙瓦纳夫教文学和前史, 或由雕刻家马柯鲁教雕塑和绘画, 或由穆勒教授教外语和自然科学。

每星期四下午,由居里夫人亲身教两个女儿物理学。两年的特别教诲后,居里夫人觉得,伊蕾娜性情文静、专心,沉迷化学并立志要当科学家研讨镭,这些正是科学家所具有的本质。而艾芙生性生动,充溢梦境。居里夫人便先让她学医,然后再引导她研讨镭,又鼓舞她从事自然科学,可艾芙对科学不感兴趣。经屡次调查,居里夫人才发现艾芙的天分是文艺。

这种不断开掘孩子天分的家教观念,经过成功的家教使女儿伊蕾娜·居里因"新放射性元素的组成"而获 1939 年诺贝尔化学奖,也使艾芙·居里成为一位优异的音乐教育家和传记文学作家。

毋庸置疑,每个孩子都有本人的天分。可是,从居里夫人对女儿的教诲过程中,我们不难发现这样一个道理:尽管孩子天分与生俱来,可是,更重要的要靠家长及时发现,当令发掘。

有些孩子将自己的天分展示出来了,而大多孩子可能有一些隐藏的天赋,而没有被父母及周围人发现,通常具有某种天赋孩子,都会有一些与众不同的表现,如爱讲闲话,爱做白日梦,精力旺盛,甚至品行不端正等。本书试图通过研究天才儿童的专家们将教你如何看懂那些表明孩子有隐藏天分的迹象,以及父母如何帮助他们发展自己的天赋。

你家宝宝喜欢将东西分类吗?

她将袜子配对,将玩具车摆成一排,或者根据颜色、尺寸和形状将东西归类。她可能还喜欢将东西组织得整齐有序。

这意味着:你的孩子很有可能就是通常所说的听觉顺序学习者,意思是说,她是一个善于分析的思考者,组织力强,并且注重细节。她可能正在寻找方式,通常这是在数学和科学方面有天资的早期迹象。

如何培养:探究一些涉及到模式和匹配的项目及游戏,比如串珠游戏,或者钓鱼。找到一些促进数学技能的活动,做一些让这位初露头角的科学家感兴趣的实验。

让孩子负责将镀银餐具分类,并组织摆放橱柜里的罐子。对收集者来说,五金商店可以买到带有多层抽屉的塑料容器,这些抽屉非常适合储藏小东西,像贝壳、石块、水晶以及其他你家孩子想要收纳、整理和分类的任何东西。

你的孩子喜欢不停地说话吗?

你那爱说话的孩子可能有着超前的词汇量,能够编出复杂的故事,并且很少犯语法和读法错误。她可能语速也很快,而且通常要睡着了才会停下来。她总是喜欢抬杠,并且试图要用她的论点来将你驳倒。

这意味着:言语熟练可能是天才孩子的一种早期迹象。这也是在学业上和其他许多方面获得成功的关键。有说服能力的孩子将来有一天可能会选择像法律或者新闻类的职业。

如何培养：要求你那健谈的孩子大声讲故事给你听，以此鼓励她，然后你可以将故事写下来供你们俩阅读。采访你的孩子，然后将她的想法记录在磁带或者录像带上。除了提升她的说话和写作技能之外，也要教她做个好的听众。

经常去图书馆，找些鞭策孩子的书籍。比起同龄孩子，她可能更喜欢文字多，图片少的书。聆听她的沉思和争论——但是如果你的宝宝是个不知疲倦的讨论者，那就要给她设定时间限制。为了大家的利益，每天规定一些安静时间。

你的孩子喜欢摆弄所有的东西吗？

她会去探究东西是如何运转的——她喜欢摆弄按钮和开关。她可能会将某样东西拆开，然后再努力把它们组装起来。她喜欢用积木搭建塔楼，并对机器很着迷。

这意味着：你的孩子很可能是一位视觉空间学习者。喜欢修理东西的孩子可能是个未来的机械师、工程师、建筑师、发明家或者科学家。或者她可能会设计出任何东西，从一个更好的捕鼠器到一台最先进的笔记本电脑，都有可能。

如何培养：给你的建筑师提供大量的积木和其它建筑玩具，这样她就可以建造，拆除和重建她自己的设计。鼓励她用空的麦片粥盒子、纸巾盒或者其它任何在房间里能找到的材料进行建造。

参观一些设计有亲自动手探索之类活动的娱乐中心或游乐场。通过给她一些安全的小物件供她玩耍，比如挂锁和钥匙，或者带有许多刻度盘和开关的玩具，来满足她想要探究事物的欲望。在散步的时候，你给她指出一些机械物，比如交通灯。

要密切注视你的宝宝，因为这类孩子会伸手去拿一个动力工具，或者将一把小刀插入电源插座以便了解它。

你的孩子是个空想家吗？

她似乎沉浸在自己的世界中，与小精灵们在谈心。她或许喜欢扮家家的游戏，空闲时间喜欢画画，而且有很多想法要与人分享。她可能会用新的，不同寻常的方式来使用某物(比如用鞋子铲东西，或者储藏东西)，她容易产生一些荒唐的想法，并创造性地去解决问题。

这意味着：你的小幻想家或许精神不集中，但她很可能凭空想出一些伟大的主意。这种行为通常显示出强烈的创造性特征，是天才的迹象。

对于一个富有想象力的思考者而言，日常生活显得令人厌倦，她可能会逃避到幻想中去，因而很难区分出什么是现实，什么是虚幻。

在将来，你的孩子可能会从事一些有创造性的职业，像艺术家、演员、作家、电影制片人、服装设计师或是室内设计。或者是在艺术和科学领域，她会通过一些创新的方法去运用她的框外思维和解决问题的技能。

如何培养：鼓励孩子的创造性，不管它是哪种类型的。给初露头角的艺术家提供大量的材料任由她发挥自己的想象力。演奏音乐，唱歌，做些科学项目实验。

带孩子看戏剧，听音乐会，听她讲述怪诞的故事，给她的表演提供道具(并做她的观众)。在艺术博物馆里享受自由的"家庭日"。

但是当你听她讲述离奇故事的时候——当需要了解真相的时候，你就一定得弄清楚。

你的孩子喜欢解谜吗？

她酷爱各种类型的智力游戏——拼图游戏，捉迷藏，猜谜，或者是悬疑故事。在玩拼图的时候，她不大可能会用反复试验的方法，而更有可能在头两次尝试的时候就将一块图片放到了正确的位置上。

这意味着：这位拼图大王可能是位视觉空间学习者。她很可能采用形象思维，通过理解整张图片来运用她的天分。在将来，她可能会成为一个优秀的侦探、考古学家或者科研人员。

如何培养：让她继续玩拼图游戏，但是不要忘记图形匹配及其它训练空间思维的玩具。填字游戏、谜语和悬疑故事也是很不错的。

你的孩子是个小领导吗？

就事情该如何来做她有着强硬的态度。在游戏，表演和大部分其他事情中，她总是喜欢发号施令。

这意味着：这个专横的小家伙可能是个天生的领导者，这将在学业、运动和许多其他方面很好地服务于她。Powers Leviton 说，一个担任领导角色的孩子会激励其他人，会从不同的视角去认识矛盾，并能从团队中挑出最优秀的队员。在未来，她的领导才能会在商业、政治、社区组织及调解工作等方面受到特别重视。

如何培养：不管什么时候，只要有可能，就让孩子给你带路。在路上她可能想要你跟在她后面走。在家里，让她负责某项工作，比如摆放鞋架上的鞋子。在她的房间，让她按照自己喜欢的方式布置东西（在合理范围内）。在解决某个家庭问题的时候向她求助："我们游泳老是迟到。你能否想出什么办法让我们不再迟到呢？"

满足她的领导需求，但是要确保她知道，当涉及到安全和其他需要大人拿主张的问题时，还得你说了算。

同时要让她形成轮流，指挥和倾听的概念，这样才不会疏远了她的小伙伴们。

你的孩子一分钟也不闲着

她喜欢忙个不停地做事——或者至少是站着。她喜欢一切运动类的游戏。

这意味着：她很可能就是那种通常说的肢体运动学习者，当活动中涉及到动作和运动的时候，这种人最忙碌，并从中掌握信息。

她可能喜欢运动、舞蹈和音乐，具有高级的精细运动技能。她可能倾向于不是那么书呆子气的工作，比如教师或者公园护林员，或者运用她优秀的手部技能做个厨师。

如何培养：确保每天都有大量的体育活动。走动和摇晃很容易让人感到厌倦,因此轮流安排不同的活动以保持新鲜感。这类孩子可能还喜欢通过运动探究音乐,因此给他们机会练习唱歌跳舞。对于那些喜欢动手的孩子,给他们布置一些绘画,涂漆,串珠和雕刻任务。

对于这个忙碌的孩子,你要制定一些有安抚作用的睡前规矩,这也是同等重要的。Galbraith 建议,睡前一到两个小时的时候,给她一些有镇静作用的点心,比如牛奶和纯天然麦片粥。随后再洗澡,看书,睡觉。在黑暗中听轻音乐也能帮助坐立不安的宝宝入眠。

孩子的天分对你来说仍然是个谜

如果你没能够在孩子身上看到这些迹象,那就留心去找出她的隐藏天分。随着时间的推移,你很可能就会发现她的特殊天赋。

如何对待孩子的天分

事实上,每个孩子都不同程度地具有某个方面的天赋和潜力,只不过有的孩子天分高些,也就是人们常说的天资更聪明些而已。不论孩子的天赋属于哪一方面,它们都是宝贵的,都应该得到家长的鼓励和肯定,这样才会更加有利于孩子进一步发展。有的孩子特别有音乐的天赋,有的孩子特别有语言的天赋,有的孩子对数字特别敏感,有的孩子则非常擅长与人打交道或天生具有一种领导他人的能力,也就是具有一种领袖风范……有经验而细心的父母不难观察到,有的孩子早在一岁左右就会明显地表现出某方面的天赋和才干。

许多家长会问,怎样才能知道自己的孩子是个有天赋的孩子呢?别急,看完下面介绍的几条线索,你就会心中有数了。

1.同龄的孩子起步早。你家孩子是否比别人更早学会对着人微笑或自己坐起来?当大多数 9 个月大的孩子还只会满地乱爬的时候,你的孩子是否已经开始扶着家具站起来甚至颤巍巍地想迈动胖嘟嘟的小腿了?他是否比别人更早开始咿呀学语或拣了东西就往嘴里塞?尽管也有一些人小时候"开窍"得较晚,日后却成了知名的科学家或语言学家。但是不可否认,孩子早期的这些表现预示着你的孩子在某些方面很特别、很不寻常,具备某方面的天赋和潜质。

2.人的记忆力和观察力。在许多同龄的孩子还"混沌未开",没有任何记忆的表现的时候,你是否惊讶地发现你的宝贝居然记得他见过的一些人和事物?例如,妈妈今天的穿着和平时的不太一样或换了新的发型,平时胡子拉碴的爸爸今天下巴看起来光溜溜的等,都被他捕捉到了并且有或惊讶或欢喜的表现。

3.富有创造力和想象力。你也许会问:一两岁的孩子也有创造力和想象力?是的,尽管大多数一岁左右的孩子并不具备很好的解决问题的能力,一个有超常天赋的孩子却常会有些让父母大跌眼镜的惊人表现。例如,一岁的孩子,当他看见门背后挂着他想要但是够不着的东西的时候,他会推个小板凳过来把自己垫高(当然,他并没有意识到其中的危险性);当他在看儿童卡通电视的时候,会用手指着自己的耳朵表明他看到小白兔了。有丰富创造力和想象力的孩子的另一个特征是特别善于搬弄家里的玩具和物品,把他们当成他所听过、见过的其他东西来玩,并且乐在其中。例如,两岁的孩子也许会扛起比他个头还大的桶装水空桶,煞有介事地喊"送煤气!送煤气!"或扛起一包牛奶大喊"送奶奶!送奶奶!"这样的孩子还具有丰富的联想能力,例如,有的孩子平时上下楼的时候常被家长抱着摁电梯按键,那么到了宾馆、酒店的电梯间,他的眼睛就会不断地寻找电梯的按键。

4.幽默感和开心果。爸爸今天戴了副太阳眼镜扮酷,或妈妈早上起床时匆忙间给孩子穿了两只不同的袜子,都会令他笑得手舞足蹈,这迹象表明孩子有很好的幽默感,他会注意到身边一些不太协调的东西并感到好玩、好笑。

5.强烈的好奇心和探索欲。尽管所有的孩子都具有极强的好奇心,但大多数孩子的注意力是极容易分散的,只要大人一打岔,他们马上就会把刚才自己坚持想要得到的东西抛在脑后。但是,一个具有强烈好奇心和探索欲的孩子则不然。当他们想要弄清楚那东西究竟是怎么一回事的时候,他会倾注全力的。例如,当他看到爸爸弹吉他的时候,他会坚持要弹,大人只是哄一下让他象征性地弹弹是没有用的,一定要学着爸爸的样子抱着吉他敲打,还会一个劲地问:"是不是这样?是不是这样?"爸爸想要取回吉他,没门,孩子还没尽兴呢!

6.敏感。天赋特别聪明的孩子通常比较敏感,例如,妈妈现在不高兴了,爸爸在发怒呢等,他都能敏感地感觉到并会想法安慰。一家人一起爬楼梯的时候,如果是妈妈抱着,走着走着,他就会对爸爸说:"爸爸抱孩子,妈妈累了。"

正确对待聪明孩子

1.也许你的孩子具有上述多项特征,但也不应该过早地给孩子贴上"天资聪明"甚至"神童"这样的标签。孩子需要的是被关怀,而不是被归类。

2.家长要为孩子提供一个能让孩子继续健康成长的环境。例如,家长要多和孩子说话、给孩子讲故事、陪孩子玩耍等,让孩子的身体、情感和智力等全方面得到发展,而不要单单关注自己所期望的孩子能够继续发展的某种特质。要让孩子知道,家长爱他并不是因为他是个聪明的孩子,而是因为他是家长的孩子,即使将来有一天他小的时候所表现出来的某种天分越来越不明显甚至消失了,家长还是一样爱他。

3.无论你的孩子所表现出的天赋有多少,特质是什么,都是宝贵的,家长不应一味地从自己个人的偏见或喜好出发,认为某种天赋在另一种天赋之上,从而打击孩子或强行把孩子往自己设计的理想模式里套。

4.及时鼓励孩子所表现出来的某方面的潜质。切记,鼓励是出于对孩子的爱和肯定,会让孩子感到开心,乐意有更好的表现。鼓励不是硬逼和惩罚,让孩子对家长产生畏惧和恼恨。

总归,家长要想把孩子的天分发掘出来,首先要做个有心人,其次要讲究科学性,要有的放矢,进行针对性培育教诲。只需家长始终坚持科学的心态,持之以恒,说不定,一个将来的体育明星、艺术家或科学家就诞生在你们的家里。

第十二章 培养孩子情商

著名科学家爱因斯坦曾经说过："智力上的成就在很大程度上依赖于性格的伟大。这一点往往超出人们通常的认为。"众所周知，影响儿童成长及成熟的两大心理因素是智力因素和非智力因素。情商是指非智力因素，就是我们常说的心理素质，它是一个人获得成功的关键。如果一个人性格孤僻、怪异，不易合作；自卑、脆弱，不能面对挫折；急躁、固执、自负，情绪不稳定，他智商再高也很难有成就。情商应从小培养。

情商是什么？

"情商"（英文简称 EQ），又称"情感智力"，因哈佛大学心理学教授、《纽约时报》专栏作家丹尼尔·戈尔曼的《情感智力》一书而风靡全球。它主要指人类了解、控制自我情绪，理解疏导他人情绪，通过情绪的自我调节、控制以提高生存质量和决定人生未来的关键性的品质要素。

一个例子是：研究者告诉孩子们说："这里有糖，你们可以马上吃，但如果等我出去办完事回来再吃，你们可以得到双份的糖。"跟踪实验的结果表明：那些有耐心等待的孩子，长大后比较能适应环境、讨人欢心、敢冒险、自信、可靠；而那些只满足眼前欲望的孩子，长大后各方面的成就都不高。这就是情商的具体表现。

具体来看，情商涵盖了以下几个方面的内容：

自动自发

一个情商高的孩子，懂得自动自发、自动做事、自动读书、自动做功课…因此，就算他们的智商不比别人高，但成绩也可以比别人好。

在工作上，自发性地提升自己也是很重要的。举例而言，如果我们的心态是要和人竞争，我们会想："我要努力，因为我要比老王好，为什么他在各个方面都比我好？"如此，你是在跟老王竞争，你在以他为目标，就算你能做到，最多是和他一样好，而不会比他好。反之，如果是自发性的，你想：是，他不错，我要向他学习，我要看自己能做到什么地步。这样，你会无限量地发挥，就算你不可以，你也不会对老王存在歧见，不会因此讨厌他；老王不会觉得你在跟他竞争，心态上完全不一样，你的人际关系也会有不一样的结果。

控制情绪

你会发脾气吗，你晓得什么时候应该发脾气，什么时候不应该发脾气吗？如果你在走路时，碰到别人开车从你身边一擦而过，使你大吃一惊，你是否会破口大骂呢？很多人会因此发脾气，甚至为此不高兴一天。反之，忍住不发脾气一定是好的吗？比如，当你的孩子在念书时，隔壁的音响开得很大，你只管忍耐，不伸张权益，这等于在纵容别人做不该做的事情。两种情况对照，说明情商的另一特征，是懂得在适当的时候，对适当的人，适度地发脾气。

眼光放远

情商的提出者戈尔曼在书里举了一个很有趣的例子：研究者请来了一批小孩，把他们一个个带进房间，告诉他们："这里有棉花糖，你们可以马上吃，但如果你们等我出去办完事，回来才吃，你们可以得到双份棉花糖。"他说完走了。有些孩子看他一走，便急不可待，拿起棉花糖，往口里塞；另一些孩子等了几分钟，便不再等，也把棉花糖吃了。剩下的孩子，决心等研究者回来。这项实验的结果是，那些有耐心等的孩子，长大后，比较能适应环境、比较讨人欢心。比较敢冒险、比较有信心、比较可靠；那些要满足眼前欲望的孩子，他们没有办法克制自己，他们的情商比较低，长大后，各方面的成就，都比能克制自己的孩子低。

自我认识

很多时候，我们发现，身边的朋友和亲人，他们不善于表达自己的情感。和他出门，你说什么，他都说："随你啊！"日子久了，你会觉得内疚："我是不是剥夺了这个朋友的自由权？我是不是有点亏待他，他什么都依我，只有我高兴。"慢慢地，内疚感演变成厌恶感，你不再觉得和他在一起是有趣的事。事实证明，这种感情表达有障碍的人，对别人的感情也比较冷模。原因是他没有能力了解自己的感情，又如何了解别人的感情呢？这个例子告诉我们，提升自己的情商，也包括了学习坦然表露自己的情感。比如，你今天赶着回家，不能够答应同事的要求送他一程,就应该坦诚相告:"我有要事,没办法送你,很抱歉。"通常,对方不会因此生气,反而,他和你做朋友,会觉得自在。

人际技巧

提升情商, 包括搞好人际关系。要搞好人际关系, 应培养所谓的同理心——感觉别人的感受。很多严而不慈的父母,都缺乏同理心。他们关心孩子有没有吃饭、冲凉、读书,他们会监督孩子,但孩子不会感受父母的关爱,只感受到家庭的压力。反之,严而慈的父母,通常会参与孩子的活动,不只问孩子到底读书了没有,也会用时间和孩子沟通、说话。只要你每个星期肯定有一段时间和孩子沟通,孩子在感情和情绪上发生问题时,他会想:"下星期,当我和爸爸妈妈一起时,我一定要告诉他们。"反之,如果你的孩子根本不知道你什么时候跟他在一起,他根本没有准备好要跟你提,即使你突然出现,他也不会告诉你。

此外,我们跟人说话,吵架,都是一种人际关系的交流。我们在跟人沟通时,没有办法控制别人怎么想、怎么感觉,没有办法预知别人的行为。但是,我们却可以控制自己的行为和情绪, 用这种自制力影响和感染别人的行为和情绪。例如,当一个顾客生气地投诉公司的服务时,如果你忙着辩护,他会越讲越生气,但是,如果你表现出有同理心,让他知道你在听他说话,他生气是有道理的,他的口气将会逐渐放软的。

所以,我们要提升自己的情商,也应该培养同情心,进而学习控制自己的情绪,改变别人的情绪。

情商的重要性

现代社会,情商重要性不容忽视。

智商虽然是成功的极其重要的因素,但是影响一个人一生的,更多的还是你的性格,你的世界观,你的价值观,你的耐心,你的信心,你的毅力,你的情绪,你的情感,这些品质。

1960 年著名的心理学家瓦特·米歇尔做了一个软糖实验,这个软糖实验是什么呢?在斯坦福大学的幼儿园他做了实验,就召集了一群四岁的小孩,在一个大厅里面,墙壁上不要太花里胡哨,对他们怎么办,每个人面前放了一个软糖,对他们说,小朋友们,老师要出去一会儿,你们面前的软糖不要吃它,如果谁吃了它,我们就不能增加你一个软糖。如果你控制住自己不吃这个软糖,老师回来会再奖励你一个软糖。老师走了,老师在外面窥视,很多人,在外面窥视,这群四岁的小孩,老师走了以后,大家看软糖,诱惑,甜啊。有的小孩过一段时间手伸出去了,缩回来,又出去了,又缩回来,一会儿过后,有的小孩开始吃了。但是有相当多的小孩坚持下来了,老师回来过后,就给坚持住的,没有吃软糖的,再奖励一个。这个事完了吗?没有完,老师就分析了,他们凭什么坚持下来了?有的小孩就数自己的手指头,就不去看软糖。有的把脑袋放在手臂上,有的睡觉,努力使自己睡觉。有的数数,一二三四,不去看。这个事完了吗?没有完,他们继续观察继续分析,这些小孩上小学、上初中,他们就发现,能控制住自己的不去吃软糖的,上了初中以后,大多数表现比较好,成绩也比较好,合作精神也比较好,有毅力,而控制不住自己的,表现不好,不光是读初中,进入社会的表现,大概也是如此。

　　那么这个软糖事件告诉我们什么?控制自己,控制力,这项并不神秘的试验使人们意识到,智力在人生的作用方面过去价值估计偏高,就认为还有其他的因素,对人生成功取胜还应该有其他因素。

　　现代社会存在这种情况,有不少神童,大家都说他们是聪明的,但是没有像人们想象的那样子,长大后可以有出息,为什么?有的学生虽然也很聪明,但是性格孤僻,怪异,不合群,不宜合作。有的自卑脆弱不能面对挫折,有的急躁,固执,自负,情绪不稳定,有的冷漠,易怒,神经质,与周围的人很难沟通。特别是有的以我为中心,什么都是我,我,我,不关爱他人,不关心他人,总喜欢周围的人围绕一个人转。有的大专家,有的哪怕是大专家的人,智商特别高,做课题也可能是一把好手,也有一定的名气。但是他们与人合作方面还不尽人意,对人苛刻挑剔,不能原谅人,不能宽容人,人们对这个大专家怎么办,敬而远之,到后来可能成为孤家寡人,行不成成大气候的科研团队。也有不少人,智力虽然不太出众,也不是太聪明,甚至大家认为他可能还是低智商的,但后来却成了大事业,却成了大成就,却取得大成就,却取得成功。

　　美国有位记者后来改行做企业管理,有一次他在同学会上就发现一个奇怪的现象,当时班上读书的成绩平平的,反而都获得了成功,而当时成绩的好的,智商高的,后来有不少人出了社会过后,成就平平。那么其他的班是不是也会这样?他也了解了其他班级,几乎也是如此,于是他就得出一个结论,在一个人成功成就之中,智商只占20%。那还有80%是什么呢?他不知道是什么,他就苦苦地去找啊,找那80%成功的东西是什么。1995年,美国哈佛大学教授丹尼尔·戈尔曼他写了一本书,这本书叫做《情绪智力》。这本书中间他提到了情绪的一些问题,但是令我们一般的人,甚至你全世界的人都不得不承认,而又十分担忧的普遍性的问题,普遍的趋势他提出来了,什么趋势呢?现代儿童比较孤单、忧郁、异路、任性、好动,焦虑、冲动,这些说出来,好多家长说对啊,就是这样的。特别是我们国家好多独生子女家长就是这样的,引起共鸣。人们一再找原因,是什么原因导致这样的结果,找诸多原因,找根本原因,找到了,找到什么呢,是情商,是情绪、情感。情商是人成功的一个特别重要的因素。也就是说智商太高,智商再高,情商不高不一定能成功,不一定能持续成功。而智商不太高,情商比较高,还反而很可能成功。

于是,人们越来越认为情商对成功和取胜超过了智商。于是,那个找80%的人找啊找啊,找到了,智商占成功的20%,情商占成功的80%。《情绪智力》作者戈尔曼指出,真正决定一个人是否成功的关键是情商能力而不是智商能力。所以,有人说了一句话叫什么,智商诚可贵,情商价更高。

美国有一个企业专门搞咨询研究的,研究的机构,他们调查了188个公司,测试了每个公司的高级主管。他们的智商情商和他们的工作之间有什么关系,有什么联系,这种调查结果发现,情商的影响力是智商影响力的9倍。智商差一点的人,如果拥有更高的情商指数,完全可以获得成功。再加上我们未来的社会是高速发展的社会,人们遇到的是快节奏的生活,高频率的工作负荷,再加上复杂的人际关系,再加上越来越激烈的竞争,人们普遍感到心里的压力很大,再加上天灾人祸,还有纷繁复杂的社会,只有高智商应付显然力不从心,还必须有高情商才能够适应社会,应对自如,才能自我管理自我调节。

看一个孩子是否"将来有出息",主要看他的性格,也就是情商的外在表现。情商高了,孩子的成长才会特别健康顺利,也才能成为一个"有出息"的人。

坦率地说,儿童智商因为家长与教师的可以培养,一般远远超出年龄所需,而情商则恰恰相反。

高智商的人经常遇到,而情商高的人则十分少见。因此,在普遍具有足够的智商的前提下,高情商的人就具有明显的优势,他们比别人拥有更好的人脉,比别人更少地遭受情绪的破坏,也更容易适应环境、把握机遇。情商高的人不仅不做情绪的奴隶,而且能够转化自己的情绪,改变别人的情绪。从普遍的意义上讲,情绪控制人们的时间远远多于理智。所以有人说,成功与否百分之八十取决于情商,我想是有一定道理的。

很遗憾,尽管情商比智商在人生中发挥着更普遍、更重要的作用,但它还是经常被人们忽视。人们在学校里可以通过各种不同学科的开设来提高人的思维水平,但是却没有任何一个课堂专门教孩子如何提高情商。生理的成熟可谓水到渠成,而心智的成熟却需要特殊的磨炼。而且假如缺乏必要的指导,那些磨炼也可能变成打击,不仅不能提高人的成熟程度,还会带来痛苦和麻烦。

教孩子处理情绪

先来做个测试吧!

孩子放学回来告诉你:"今天在学校有同学打我!"

身为父母的你,这时候的反应会是……

答案 A——"这种小事别放在心上。"

答案 B——"你不会也教训他吗,你有没有打回去?"

答案 C——"我现在很忙,晚一点再说。"

答案 D——"还好吗?有同学打你,所以你很委屈?"

你的答案会是什么呢?

让我们公布正确答案吧!重视孩子情商的父母亲之答案,会是最后一个——D。

原因是什么呢?因为情商高手的基本功,就是察觉自己的情绪状态,也就是说,要能很快了解自己的当下情绪。因此父母在这个情况下,应先帮助孩子辨识出现有的情绪状态:"所以你不开心了?","所以你感到委屈了?"

帮助孩子辨认自己的情绪状态,会带来两个天大的好处。

首先,孩子可以从中明瞭,接下来要处理的,是自己的情绪,而不是那个"对方"。

也就是说，现在真正该做的事情，不是因自己感到委屈而找对方理论，而是应该意识到，真正的困扰其实是自己的情绪反应，那么随后该努力的，就是如何调试情绪，做出合适反应。

其次，孩子可以从中学会换位思考的能力。这次挨打，心理难受，以后就知道了，若去打别人，别人也就会有这样的感受。这个深刻的情绪体会，有助提升孩子换位思考的能力。所以从情商教育的角度而言，这会是个一举两得的做法。

在协助孩子辨识情绪之后，接下来，爸爸妈妈就可以再问："你要不要告诉我发生了什么事？"这是个很重要的亲子沟通方式，当父母学会发问及倾听，孩子就会愿意开口说话，培养良好的亲子沟通习惯，会让彼此的沟通畅行无阻。

在美国有些中小学，在课程中加入冥想的练习，让孩子坐下，闭上眼睛，意念集中静坐 20 分钟。而最近的实验发现，静坐冥想有助降低一个人的焦虑感，而且能够强化注意力的集中，进一步地提升学习效率。像这些设计得当，适合孩子的放松技巧，早早学会，对他们未来的抗压能力就会有所帮助。有一个妈妈周末会带着她初二的孩子去上瑜珈课。原因是她发现孩子上了中学之后，个性变得急噪。而她自己有做瑜珈的习惯，就带孩子一起去上儿童班。孩子渐渐地学会静心，放松的技巧，脾气也随之温和多了。另外，父母也可以鼓励孩子培养健康的兴趣和嗜好，来帮助他们排解压力，例如带孩子一起体育锻炼、画画、唱歌等。心理学上的研究显示，做运动是极佳的疏压方法之一，持续做有氧运动 20 分钟以上，会促进大脑中脑内啡的分泌，因而在生理上起到舒缓压力的作用。

在教孩子处理情绪时，应培养他的自信。自信是情商能力的基石。自信的孩子，在面对别人的恶意攻击时能沉稳以对，并拥有良好的抗挫及抗压能力，在人际关系上也会得心应手。

父母亲该如何着手，培养孩子的自信？

事实上，父母亲对孩子的评价，对其自信有着直接的影响，因此，若平时只是批评而极少给予表扬，父母亲就会在不知不觉中，塑造了孩子心目中不佳的自我形象。所以建议父母亲可以坐下来，写下孩子值得欣赏的优点。而在这想特别提醒家长的是，这些优点不该是孩子和别人比较的成果，而是孩子他本身所具有的特质。比如，"很有爱心，对小动物很好；很有礼貌，会主动和朋友打招呼"等等这些人格特质,而并非"每次都名列前茅"等建立在比较之上的结果。如果要称赞孩子的学习表现,"学习很认真、负责,会自我督促念书"就会是更好的理由。多鼓励和肯定孩子,让他对自己有着合适的自信,会让他的情商能力大幅度提高。

另外,对孩子来说,父母可以给他们的最佳的礼物就是:一份无可救药的乐观心态。心理学的研究发现,只要孩子对自己持正面的看法,对未来有乐观的态度,那父母就大可放心,这孩子这辈子不会离幸福太远。

乐观孩子的重要表现之一,就是懂得对事情做正面的思考。

小明是个活泼的孩子,有次老师当众批评他的历史成绩。大多数孩子都会因此而觉得有失颜面而耿耿于怀。然而小明做了心态上的调整,笑着跟妈妈说:"幸好老师批评的是我最烂的一门科目,如果我最好的一门科目还被他批评,那我不就更惨了。"有这样的正面思维能力,就是乐观特质的精彩展现。因为他知道怎么在任何环境中看到事情的优点面,从而避免了负面情绪的不当干扰,而找到激励自己的动力。

为了帮助孩子学会看到事情的优点面,父母亲应常常用正向发问的方式启发孩子的思考,比如"今天认识的这个新同学,你觉得他有什么优点?"

而在碰到挫折时,例如孩子上台演出不理想,爸妈不该说:"你今天怎么回事,表现得一塌糊涂。"而该用:"这次可能让你自己失望了,那你觉得有没有什么值得肯定的部分呢?"如此一来,孩子就有能力去思索正面的答案,例如"比起上次还是略有进步",或者是"学到了重要的经验,下次上台该做更充分的准备。"

正向思维能力是在日积月累中形成的,只要平时多花点心思,父母亲就能帮助孩子培养出乐观的正向思考习惯。

此外,也应鼓励孩子学会分享。

同时,也别忘了鼓励孩子主动向他人提供协助,这是团队协作能力中很重要的一个特质。父母亲该多鼓励孩子观察别人的需求,而主动提供帮助。不妨常问孩子:"你有注意到有谁特别需要帮忙吗?","你觉得你能够做些什么去帮助别人吗?"而在孩子提供他人协助时,例如帮家人提东西,则该立刻给予及时的表扬,如此一来,孩子就能够培养出团队意识及协作能力。日后无论对工作还是生活,皆会大有助益。

14、15岁之前,是情商能力培养及形成的重要时期。家长若能积极地进行情商教育,从而培养出孩子良好的情商能力,就能让其心理免疫力大大增强,得以应付学习和生活中的低潮与挑战,让孩子有能力去经营一个成功与快乐并存的美好人生!

培养孩子良好情商的方法

情商的高低有着先天的因素,但后天的培养更为重要,那么家长要如何培养孩子的情商呢?

一、教孩子学会生存技能

有一个故事,说的是一群在山里野餐的小孩子迷路,在潮湿饥饿中度过了恐怖的一夜,他们无望地失声痛哭,"人们永远也找不到我们了",一个孩子绝望地哭泣着说,"我们会死在这儿。"然而,11岁的伊芙雷站了出来,"我不想死!"她坚定地说,"我爸爸说过,只要沿着小溪走,小溪会把我们带到一条较大的小河,最终你一定会遇到一个小市镇。我就打算沿着小溪走,你们可以跟着我走。"结果,他们在伊芙雷的带领下,胜利地穿出森林。

也许人们会认为,像伊芙雷这样的女孩生来就有才能,其实才能不是天生的,得益于其父的后天的教育。目前西方国家,包括东亚的日本,十分重视孩子的生存教育,从孩子懂事起,就教育他们如何学会生存和自立,跌到了自己爬起来,自己学会吃饭,整理自己的东西,并知道什么情况下怎样保护自己等。

二、培养忍耐力和自制力

心理学家曾做过这样一个实验,幼儿园老师给每个孩子一块糖,并告诉他们:"现在吃,就只给一块,如果能忍一小时后再吃,可以再奖励一块。"以后的跟踪调查的结果显示,凡是那些能忍耐的孩子成功率大大高于不能忍耐的孩子。这在心理学叫延时效应,或延时满足。

许多孩子办事虎头蛇尾,缺乏意志和耐性,长大以后事业上也少有成功。那么怎样培养孩子忍耐力呢?比如,幼小的孩子急于喝奶时,不要马上满足他,让他哭一会儿,一边慢慢和他说话,一边拍他的后背,然后再给他吃,忍耐时间逐渐加长,从几秒到几分钟;对每次都把零花钱很快花光的孩子,家长可以说："如果你能忍住一星期不花零花钱,下周可以加倍给你,你可以攒起来买你需要的大东西了。"孩子遇到困难,家长不要马上给他帮助,而是鼓励他坚持一下,忍受挫折带来的不愉快,努力争取成功。

三、多接触社会,经风雨见世面

有的家长很少让孩子出门,担心这担心那。孩子看到生人就哭、就躲,长大后易敏感、退缩。有的小孩子自私自利,缺乏团结精神,因而也很少有朋友,长大以后也会因人际关系紧张,而影响才能的发挥。所以,孩子懂事时就要让他适应新环境,对胆小的孩子鼓励他多接触人,或主动站起来回答老师提出的问题,这一过程又叫脱敏。不给孩子机会,他的适应能力是不会自然萌发的。

四、培养好奇心和探索精神

孩子对外界刺激最初是被动地接受,逐渐开始对周围的一切感到好奇,都想尝试去摸摸、看看、甚至会把玩具拆得七零八碎,这是一种求知欲的表现,也是获得知识和技能的重要途径。如果家长什么都不让孩子动,不但使他失去了学习的机会,也会扼杀了他的积极性,将来你想让他有兴趣干点什么事,他也懒得动了。正确的方法应该是,家长对孩子感兴趣的事,耐心地给予讲解,或一起玩。

五、让孩子多动脑

一个男孩子因为腿短而无法爬上滑梯的第一级台阶,他央求妈妈把他抱上去,母亲告诉他:"动动脑筋你就会有办法的。"小男孩想了想:"把我的小推车拖到那儿,然后站上去。""很好,去吧,孩子。"母亲说。小男孩这样做了,一切变得十分容易了。生活中有些事情,只要我们稍微留意一下,总会想出许多解决问题的办法,因此要培养孩子勤于思考的习惯。

六、培养自信心和面对挫折的承受能力

一个在体操方面很有前途的12岁小孩来见总教练,总教练没有当即让她表演体操,而给了她4只飞镖,要她投射到办公室对面的靶子上。那个小女孩胆怯地说:"要是投不中呢?"教练告诉她:"你应该想到怎样成功,而不是失败。"小女孩反复练习,终于获得成功。因此,在生活中,你应该告诉孩子,做任何一件事心里首先要想到成功,而不是失败,相信自己成功的人才能取得成功。

七、保护孩子的自尊心

孩子做错事或弄坏东西都是在所难免的,不要老是数落孩子:"你怎么这样不听话！""这个不能动,那个不能动。"这会伤害孩子的自信心和自尊心,不要怕孩子淘气给你添麻烦,而要多考虑什么有益于孩子的心理成长,因为幼儿的心理健康主要是指其合理的需要和愿望得到满足之后。情绪和社会化等方面所表现出来的一种良好的心理状态。家长也要克制自己简单和粗暴的教育方式。如果真是不让孩子玩某样东西,应该用转移注意力的方式把孩子的兴趣转移开。

八、给予鼓励和支持

孩子的成长并不是一帆风顺的,有成功也可能有失败,甚至也可能有不切实际的幻想。在遇到困难和挫折时更需要鼓励和支持,千万不要泼冷水。尽管他们的梦想对你来说是那么稀奇古怪,你应高兴的是他们拥有较强的幻想力,幻想力正是创造的导师。

九、培养孩子尊重他人,团结友爱和合作意识

社会是一个群体,任何一项事情光靠一个人单枪匹马的奋斗是不可能实现的,必须依靠群体的力量,这就要学会同不同人打交道,并能取长补短。父母必须培养孩子与人合作的意识,训练孩子的合作行为,增加孩子的合作能力。这首先要学会尊重他人,并善于团结和自己意见不同的人。

一个具有良好情商的孩子表现为:对自己感到满意,情绪活泼愉快,能适应周围环境,人际关系友好和谐,个人聪明才智得到充分的施展和发挥。亲爱的家长,你的孩子是否都具备这些品质呢?